JN021805

VBT
トレーニングの効果は「速度」が決める

龍谷大学教授
長谷川 裕 著
Hasegawa Hiroshi

企画協力

特定非営利活動法人 日本トレーニング指導者協会

草思社

旧態依然からの脱却を図るための最新ウェイトトレーニング法

「無駄なウェイトトレーニングが多すぎる」。のっけから厳しいことを書くようですが、これが現状です。

　ウェイトトレーニングのためのウェイトトレーニングでいいというのであればいざ知らず、スポーツパフォーマンスをさらに向上させるため、ケガをしにくい身体をつくるため、日常生活やレクリエーション活動における身体運動の質を少しでも向上させるために敢えてウェイトトレーニングに取り組むのであれば、ましてそのためのトレーニングを指導するプロのトレーニング指導者であれば、いかに効率よくその目的を達成するかということを真剣に考える必要があります。

　国際レベルで競技パフォーマンスの勝負のために必要に迫られて、敢えてウェイトトレーニングに取り組む世界においては、「どんなエクササイズを何キロのウェイトを使って何回持ち上げればよいか、フォームのどんな点に気を付ければ

よいか」といったことだけを考えればよい時代はとっくの昔に終わっています。いかに効率よく最大限にトレーニング効果を上げるか、同じ効果が得られるのであればいかに無駄を省くことができるか、ウェイトトレーニングによるオーバートレーニングやケガのリスクをいかに防ぎながらパフォーマンス向上につながるトレーニングを行うか。世界のウェイトトレーニングは、この20年余りの間に目覚ましいスピードでこの課題を追求し、利用できる科学とテクノロジーを徹底的に活用するという方向で進化してきました。

　日本のスポーツ競技力は、かつてに比べれば多くの種目で世界と同等に戦えるレベルにまで向上し、少なくない種目でトップレベルに手が届くようになってきました。ワールドカップで世界の強豪と同等に渡り合えるようになったラグビーしかり、世界のトップに上り詰めた女子スピードスケートしかりです。
　こうした背景の1つには、最新のトレーニング科学の成果に基づいて処方された緻密なプログラムを、客観的なデータに基づいて徹底的に効率を追求して取り組まれているウェイトトレーニングがあります。それが本書で紹介するウェイトの挙上速度を基準として負荷質量や反復回数や休息時間を設

定し調整するウェイトトレーニング法であるVelocity Based Training（VBT）です。VBTは、長い間常識とされてきた最大挙上質量（1RM）のパーセンテージに基づいて一律に負荷を設定するという方法ではなく、挙上速度を基準とすることで、トレーニング課題に応じたより的確な強度と量を、個人の特性や日々のコンディションに合わせて自動的に調整し、確実に目標を達成することが可能な画期的なトレーニング法です。挙上速度のモニタリングにより、疲労させるだけの無駄を省くことができる最も効率的な方法であると科学的に証明されています。

　しかし国内には、まだまだこうしたウェイトトレーニング法の存在に気づかず、何キロのウェイトを何回持ち上げればよいかということだけを追求し、重ければ重いほどいい、持ち上げる回数は多ければ多いほどいい、ウェイトトレーニングで疲れて少々身体が重くなるのは仕方がないことだ、強くなるためにはそれに打ち勝って追い込まなければ……と、涙ぐましい努力をしている選手やチームがまだまだ存在します。そしてトレーニング科学を学んで資格を取得したはずのトレーニング指導者の中にも、ウェイトトレーニングにおける挙上速度のデータを用いて行うVBTについて知らない、聞いたことはあるけれども十分理解できていないため導入に至っ

ていないという人がまだまだ多数おられます。

　本書は、こういう選手や指導者に最先端のトレーニング科学の成果であるVBTというウェイトトレーニング法を知っていただき、その科学的根拠から理解を深めていただいて、スポーツパフォーマンスと生活の質やレクリエーションのレベルをさらに向上させるために自信を持ってVBTを導入していただけるようになることを目的としています。

　すでにVBTを導入している選手や指導者には、VBTに関するより深い理解と最新の研究成果を踏まえ、さらに進んだ方法をご自身で工夫していただくためのヒントを提供できればと考えています。

　私は、大学でウェイトトレーニングを研究し指導し始めて早や30年以上経過しましたが、最初は、何レップも何セットも反復してそれ以上持ち上げられなくなってからが本当のトレーニングだと、つぶれるまで追い込ませることが最も効果的だと信じて疑いませんでした。しかし1997年留学先の米国ペンシルベニア州立大学の研究室の片隅に置いてあった、ウェイトトレーニング中にその挙上速度を測るための小さな箱のような装置に偶然出合って以来、ウェイトトレーニングの効果を最大限に高め徹底的に無駄を省くためには、重さと回

数だけを追い求めるのではなく、挙上速度を測りながら行うことが最も効果的であるという仮説のもとに研究と指導に取り組んできました。

その後の約20年の間に、この仮説は世界中の研究と様々なスポーツ種目や様々なレベルの実践で確かめられ、10年ほど前にVBTという名称が用いられることでさらに普及し、今日では、ウェイトトレーニングでスピードを測ることに効果があるかどうかという科学的検証はすでに完了し、いかに測るか、測ったデータをどう使うのが最も効果的かを模索する新たな段階に入ってきています。VBTのデバイスのバリエーションも増え、様々な特徴のあるデバイスをユーザーが目的に応じて選べるまでに普及してきました。

そうした装置についてその測定原理やアプリの特徴を早く知りたいという読者は、第6章を最初に読んでいただければいいと思います。現在国内で入手可能なVBTデバイス5種についてそれぞれ何ができるのか、そしてどんなトレーニングにどのデバイスが向いているかを説明しています。

VBTについて勉強するこの機会に、ウェイトトレーニングに関する生理学やバイオメカニクスの基礎知識から復習し

ようという読者は、第2章を最初に読んだほうが他の章で説明する用語や内容がより正確に理解できるかもしれません。できる限りわかりやすく説明したつもりですので、難しそうだからと敬遠せずチャレンジしてください。VBTにとどまらず、スポーツトレーニングについていっそう理解が深まるはずです。

　難しい理屈や背景は抜きにしてVBTの具体的なやり方を手っ取り早く知りたいという方は、第5章を最初に読んでいただいてVBTの具体的な方法についてのイメージを持ってから、理論的な背景や最新の研究結果についての知識によって理論武装をすることで、自信を持った指導をしていただけると思います。

　序章では、ウェイトトレーニングの大前提となるトレーニングそのものの本質について、どちらかといえば大上段に構えた問題提起をしています。私がなぜウェイトトレーニングにおける挙上速度のリアルタイム測定というものに興味を持ったのかという出発点でもあり、ここを抜きにVBTの意義は語れない部分でもあります。そもそもトレーニングとは、という原理的な地点からVBTの必要性を把握していただく

ための基本的な論点を提供しています。

　第1章では、そもそもVBTがなぜ必要とされ、これほどまでに普及してきたのかというウェイトトレーニング指導のこの数十年間の歴史的背景を踏まえながら、VBTの現状を説明します。VBTの概要を手っ取り早く知りたいという読者は、序章を飛ばしてここから読んでいただいて構いません。わざわざ挙上速度を測り、リアルタイムでそれをモニターすることによって克服することができた過去のトレーニングで解決を迫られていた問題とは何だったのか、ということをトレーニング指導において最も重要な原則の1つである個別性への対応と日々のコンディション変動に対する調整という視点から説明しています。

　第3章では、VBTの最も基本的な根拠となっているウェイトトレーニングにおける負荷質量と挙上速度の関係について最新の研究成果を踏まえ解説します。

　そして第4章では、様々なVBTの方法を用いたトレーニングの比較研究や、VBTと従来のトレーニング法との比較研究を紹介します。VBTによってトレーニング結果にどのよ

うな違いが生じるのかについて理解していただけるはずです。

　最後の第7章では、ウェイトトレーニングというものは速度を測りながら行うのだということがほぼ常識として定着したその先に何があるのか、ある意味でウェイトトレーニングの近未来的な姿を提示してみたいと思います。人工知能AIや情報通信技術ICTの進化によってVBTの効果はさらに引き出されます。一部はすでに実用化されている内容についても紹介したいと思います。

　3章、4章そして6章では、記述のもとになったデータがどのようにして得られたのかという根拠を示し、そこからより正確に深くVBTを理解していただくために、敢えて詳しい研究の手続きや得られたデータを紹介しています。それらの情報は、皆さんのトレーニング指導の参考にもなるはずです。
　科学的研究は、得られたデータから正しい判断を下すための統計学的処理を必要とします。本書の中でも度々使う統計用語についてはコラムで説明していますので必要に応じて参照してください。
　また、トレーニングにおいて日常的に使われる言葉にはトレーニング科学やその基礎科学における用語の概念や定義と

は一致しなかったり、厳密には誤りであったりすることもあります。本来は常に正確な用語だけを使うべきですが、すでに馴染みがある言葉で、本来の科学的概念との違いや関係を十分理解した上であれば、使用しても差し支えない側面もあるように思えます。そこで本書での言葉の使い方についてもコラムにしています。

　本書は、2003年に作成したリーフレット『パフォーマンス向上のための"爆発的筋力"向上ガイド』にその10年後の研究と実践を踏まえて2014年にまとめた小冊子『VBT徹底ガイド』、その内容に当時の最新情報を追加して2017年に発行した『Velocity Based Trainingの理論と実践』、そして日本トレーニング指導者協会（JATI）の発行する機関誌JATI EXPRESSの2018年6月号から12回にわたって連載した『Velocity Based Training（VBT）の理論と実際』、さらに、これまで様々な学会やセミナーで行った報告や講義の内容に現時点での最新の研究成果と指導現場の動向に関する新情報を基にして今回新たに書き下ろしたものです。
　VBTの全貌を体系的に知っていただけるだけではなく、現在の到達点を踏まえて今後の研究課題と実践の方向性を探るためにも利用していただけると期待しています。

　最後になりましたが、本書の企画を提案いただいた日本トレーニング指導者協会理事長の有賀雅史氏、同協会事務局長の斉野恵康氏、執筆準備から上梓までの実務を取り仕切っていただいた光成耕司氏に感謝申し上げます。そしてアメリカ留学中にウェイトトレーニングにおける挙上速度のリアルタイム測定という全く新しいジャンルにめぐり合わせてくれた当時ペンシルベニア州立大学スポーツ医学研究室のウイリアム・クレーマー教授（現オハイオ州立大学人間科学部教授）、およびクレーマー研究室で見た世界で最初のウェイトトレーニング現場のための挙上速度測定装置を開発し今日のVBTの礎を築いたといっても過言ではないスロバキア、コメニウス大学のドュシャン・ハマー教授に深甚の謝意を捧げます。

　VBTという言葉さえなかった頃から、トレーニングの現場で挙上速度やパワーをリアルタイムで測定する意義を語り合い、トレーニング指導や研究のアイデアを交換していなければ、こうして本書を執筆することは絶対になかったと断言できるこの出会いに懐かしさと同時に不思議ささえ感じています。

2021年6月　長谷川 裕

目次

12

序章

あらためて問う
トレーニングとは?

1 トレーニングのためのトレーニングか スポーツのためのトレーニングか

　ひと昔前は、野球選手なら野球さえやっていれば、水泳選手ならプールで泳いでさえいれば、また柔道選手なら畳の上で相手と組んでさえいれば、それがそのままそのスポーツ種目のトレーニングでした。ところが、今日ではジュニアの選手でさえもそのスポーツをやること以外の補助的なトレーニングに取り組むことが珍しくなくなりました。

　近代スポーツが生まれた19世紀のイギリスで発行された1マイル走のトレーニング本には、1マイル（1600メートル）をどう走るかということしか記述がなく、選手はひたすら1マイルを繰り返し走っていたそうです。ところが、1マイルを他の人より速く走るためには、より短い距離でスピードを上げて走るトレーニングも必要だ、またより持久力を高めるためにはもっと長い距離を走ることが必要だ、さらに激しいトレーニングで疲労した筋肉や関節の柔軟性を保つためには柔軟体操が必要だ、そしてスピードをつけるためには筋力トレーニングも必要だというように次々と様々なトレーニング方法が開発されていったのです。

　その結果、あれも必要、これも必要と、次々といろいろな

トレーニングに取り組んだ結果、肝心の競技特異的、言い換えれば専門的な1マイルを走るという機会が減ってしまうという矛盾に陥ったのです。これは、現在のスポーツトレーニングが抱える基本矛盾といってもいいかもしれません。「サッカーはサッカーをすることでしか強くなれない」という主張と「サッカーはサッカーをしているだけでは強くなれない」という主張が世界中で常にぶつかりますが、どちらの主張をするコーチも勝利を手にしています。

　100年以上の間に近代スポーツの組織性と競技性が進む中で、このようにして生み出されていったスポーツトレーニングの種類は現在では数えきれないほどたくさんあります。しかも、そのやり方（ハウツー）に関する溢れんばかりの情報は、自分から教えを乞うために出向いたりお願いしたりしなくても、インターネットで今や誰にでも動画付きですぐに手に入りますから、真似をすることも簡単です。そうしたハウツーが多すぎて、結局、何をやるべきか迷ってしまいます。

　メンタルトレーニングを取り入れたある高校の水泳部がプールサイドで寝転がってイメージトレーニングをし、さらに陸上の補強トレーニングを取り入れた結果、肝心の泳ぐ時間が減って弱くなったという笑い話のような実話があります。これは極端な例だとしても、流行りのトレーニングを無批判

に模倣したり、有名なチームや選手がやっているからというだけで同じことに取り組んだり、著名な研究者が勧めていたからというだけで取り入れたりする前に、そのスポーツ競技において強くなるために、個々の選手やチームの直面する課題に対するパフォーマンスの向上のために、何が本当に必要かということをあらためて真剣に問い直す必要があります。

　ただ、そうした新しいトレーニング法や理論がすべてまやかしで、いわゆる基本に忠実であればそれでよいのだという主張も間違っています。私は1994年にニューオリンズで開かれた全米ストレングス&コンディショニング協会（NSCA）のカンファレンスに参加して以来、15年以上にわたって毎年欠かさずこのカンファレンスに参加し、アメリカのストレングストレーニングの動向を追いかけていたことがあります。行くたびごとに、目新しい新規のツールやエクササイズを用いたトレーニング法が披露されるかと思えば、"Back to the basic"というスローガンのもと、「基本に立ち返れ」と、従来と何も変わらないトレーニングが強調されるというサイクルが繰り返されているように、私には思えました。

2 ウェイトトレーニングにおける 基礎・基本とは?

そもそも「基礎・基本」とは何でしょうか。

私が挙上速度を測りながらウェイトトレーニングを行うということに取り組み始めて間もない頃、「もっと基礎的なことを指導するべき」「そんなことより基本が大切だ」と批判する人たちがいました。

スポーツパフォーマンスを向上させるためのウェイトトレーニングの基礎とは、ストレングストレーニングの基本とは何でしょうか。最大挙上質量(1RM)の向上をいつまでも追求し続けることでしょうか。これが正しいフォームであるとモノの本に書いてあるフォーム、講習会で習ったフォームの通りにエクササイズをすることでしょうか。バーのグリップの幅や握り方の正解は1つしかないと決めつけることでしょうか。1RMの何パーセントで何レップを何セット、休息時間は何秒、それを週に何回という推奨通りに行うことでしょうか。テキストに書いてあるピリオダイゼーション通りに1年間を期分けすることでしょうか。なぜそれが基礎・基本といえるのでしょうか。答えはそう簡単ではありません。

結局重要なことは、流行りのトレーニング法を単に無批判

に取り入れることでもなく、基礎や基本という言葉に逃げるのでもなく、目の前のアスリートやクライアントのパフォーマンスを少しでも向上させるトレーニング方法、オーバートレーニングに陥ったりケガをさせたりすることなく、少しでも効率よく効果を上げるためのトレーニング方法を現実的な課題と条件を踏まえつつ、科学的な視点から冷静かつ多角的に検討し、最善の策を見つけ出すということに尽きるのではないでしょうか。

どのトレーニングもそうですが、ただそれをやりさえすれば、スポーツパフォーマンスや日常生活動作の改善にとって必ずよい効果が得られるというものではありません。それはウェイトトレーニングにもそのまま当てはまります。

今日、身体が硬くなるから、余分な筋肉がついて切れが悪くなるから、とかいってウェイトトレーニングの効果を全否定するスポーツ指導者はさすがに少数派になり、ウェイトトレーニングをスポーツトレーニング全体の中の1つの重要な要素あるいは領域と位置づけて日常的に取り組むチームや選手が増えてきました。

しかし、特殊な器具を用い、独特の姿勢や呼吸法があり、他のトレーニングとは異なる専門用語が使われ、トレーナー、フィジカルコーチ、ストレングスコーチ、コンディショニング

コーチと呼ばれる専門職が指導するからといっても、ウェイトトレーニングはスポーツにとって強くなるために取り組むべきトレーニング全体の一部分であることになんら変わりはないのです。時間をかけてスクワットやベンチプレスなどで重いウェイトを何回も持ち上げたり、クリーンやスナッチでバーベルを勢いよく差し上げたりしているというだけでパフォーマンスが必ずよい方向に変化するという保証はどこにもありません。

　ウェイトトレーニングは決して独立したスポーツ種目ではありません。あるスポーツを専門に行っている選手にとって「もう1つの種目」というくらいに熱心にウェイトトレーニングに取り組む姿勢は評価できるかもしれませんが、ウェイト「オタク」になってウェイトトレーニングが「趣味」になったところで「本業」のスポーツの成績が上がらなければ何の意味もありません。もちろん、ウェイトトレーニングをきっかけに、パワーリフティングやウェイトリフティングに種目転向したり、ボディビルダーとしてさらに上を目指したりすること自体を否定するわけではありませんが、その方法でウェイトトレーニングを継続することが、どういうパフォーマンスの改善課題にどのように結びつくのかを真正面から問うことなく、トレーニングのためのトレーニングを続けることは時間の無駄でしかありません。

3 Howより大切なのはWhat

　強くなるために「どんな」トレーニングをしたらいいですか、と問われることがよくあります。どんな、という問いは、「How=いかに」という問いです。誰かがやっているからとか成功例があるからというだけの理由で流行りのトレーニングのやり方だけを追い求めるのは「ハウツー」だけの追求となります。

　しかし、トレーニングを考える上でそれよりももっと大切なのは、「What=何を」なのです。体力要素の「何を」鍛えるべきか、パフォーマンスを規定する要因の「どの」能力要因を改善させるのかというトレーニングするべき対象や中身に対する問いがまず先に来なければなりません。スポーツのトレーニングでは方法を模索するよりも対象を絞り込むことが先決です。「そのスポーツのパフォーマンスは何によって規定されるのか、パフォーマンス向上にとって絶対に必要な要件は何か、それは他の要素とどんな関係にあるのか」そして「そのチームや選手はその要件をどの程度満たしているのか、何が足りないのか」「それをどこまで伸ばす必要があるのか」を明確にした上で初めて、「いかに」その要素を鍛えるのがよいか、という方法を問う。これが正しい順序です。

　トレーニングではHowやWhatではなく「Why=なぜ」が大切だという指導者もいます。しかし、最も重要なのは具体的なWhatなのです。たしかにWhyという問いは大切ですが、パフォーマンスとトレーニングの関係をめぐってはいろいろな考え方があり、つかみどころのないWhyを追いかけているだけでは、具体的な方向性を絞り込むことは困難です。Whyという根源的な問いはWhatを具体的に突き詰め明確化する過程、そしてそこからHowを探る過程で常に答えていくべき性質のものであるといえます。

　いずれにせよ、最初から方法を追い求める発想では当たり外れがあります。なぜなら、もしそのスポーツで優れたパフォーマンスを発揮する上でかえってマイナスに作用する要素を「効果的に」トレーニングしてしまったら、時間の浪費だけでは済まないでしょう。

　たとえば、有酸素的エネルギー代謝の改善によって持久的能力を向上させる効果的なインターバルトレーニングを効率よく実行すれば、呼吸循環器系や末梢の代謝機能の改善によって持久力は向上するでしょう。しかし、それと同時に筋線維タイプの遅筋化（そのトレーニングを開始する前にはタイプIIbと分類される筋線維の割合が減少する）が進行しますから、爆発的筋力の低下が起こる可能性が増します。スピー

ドやパワーがパフォーマンスの規定要因となるスポーツ種目やポジションであるならば、このことは致命傷になるかもしれません。

したがって、スポーツ選手がどんなトレーニングに取り組むべきなのかということを明らかにするためには、最初にそのスポーツのパフォーマンスの成り立ち、言い換えればそのスポーツでよい成績を上げるためにはどんなパフォーマンスが要求され、そのパフォーマンスを成立させている個々の技術的要素や戦術的要素そして体力的要素が何であって、それらが全体的なシステムの中でどのような因果関係や前後関係や集合関係や上下関係に位置づいて関係し合っているのか、すなわちそのスポーツの競技力構造を検討することから始めなければなりません。そして対象となるチームや選手の能力が、そのパフォーマンスの成り立ちに照らして見たときに、どの要素が基準をクリアしており、どの要素について改善が必要なのか、それらの全体における関係や位置はどうなのかといった観点から導き出す必要があるのです。

例を挙げるならば、バレーボールの選手は、守備において高所から打たれる相手スパイクのブロックのためには、その場でできるだけ高く跳ぶ能力が求められるとします。しかし、バレーボールというスポーツでのパフォーマンスの成り立ち

においてこのブロックジャンプを捉えると、ただ単に高く跳べればよいのではなく、いかに速くかつ高く跳べるかという時間の要素が関わってきます。このとき、いかに速くという要因を無視してトレーニングし、わずかに高く跳べるようにはなったものの、ブロックジャンプにとって重要な速さという能力が向上せず、むしろ低下してしまったら、垂直跳びのテスト結果は向上してもバレーボールという競技のためのブロックというパフォーマンスの改善は見られないかもしれません。

　ですからVBTも、ただ単にウェイトトレーニング中に挙上速度を測るというハウツーだけに目を奪われて、スピードを測りさえすればいいのだという考え方では何の役にも立ちません。何のために挙上速度を測るのか、それによってどのような能力の向上を目指すのか、それが他のどのような能力に関係して、どのようなパフォーマンスの改善に貢献するのかという明確な見通しがないと、何をどう測り、測った速度を何のためにどう生かすのかという方法論も正しく導き出すことはできません。

　VBT導入の大前提として、そのスポーツで優れたパフォーマンスを発揮するのに必要な筋力やパワーやスピードはどのような関係にあり、VBTによってスピードを測定しモニ

ターしながらトレーニングすることが、パフォーマンス改善のためのウェイトトレーニングにどう役立つのかについてきちっと理解しておく必要があるのです。

4 トレーニングの原則 —VBTに関連づけて

　スポーツのトレーニング法を科学的に体系づけ、その知識を保有していることをコーチ資格の要件としてスポーツの指導者制度を確立していくということを世界で先駆的に行ったのは、1960年代の旧ソヴィエト連邦だといわれています。当時の著名なスポーツトレーニングの教科書には、以下に示すようなトレーニングの原則なるものが必ず記載されており、今日でも世界中のトレーニング科学のテキストには必ずといっていいほど記述されている内容です。インターネットで調べればいくらでも簡単に見つけることができます。著者によって原理や原則という用語の区別やその数には違いがありますが、ここでは、①過負荷、②順応性、③特異性、④漸進性、⑤個別性、⑥全面性、⑦意識性という7つの原則について説明します。

　これらはVBTを正確に理解し、実践するためにもすべて

極めて重要な原則となります。VBTにおけるこれらの原則の具体的な適用については第4章と第5章で説明しますが、各原則に対応したVBTにおけるその意義についてはここで触れておきます。トレーニングの原則についてすでに知っているという人もぜひ復習の意味でご確認ください。

① 過負荷の原則

　トレーニングは生物学的にいうと、環境の様々な刺激に対して有機体が反応し、適応していくことです。たとえば、標高の高い生活環境にいると、生体の赤血球数やヘモグロビン濃度やミトコンドリア数が増えて持久性が増すとか、暑熱環境に適応して発汗による熱放射効率が高まるとか、常に高重量の荷物を運搬していることで筋力が向上するというように、有機体は環境に対して適応するという特徴を持っています。

　こうした点から考えると、トレーニングとは、特定の環境を意識的に構成し、自らの身を意図的にその環境に置くことによって適応していこうという過程です。したがって、トレーニングという刺激に対して適応することによって特定の能力を向上させていく過程で、刺激のレベルが日常的なレベルになってしまうと、すでに適応しきった状態となり、それ以上の能力の変化や向上は期待できません。ですから、常に日

常的な刺激を上回るようなレベルの刺激をトレーニングの負荷としてかけていかなければならない、というのがこの過負荷の原則です。

　VBTにおいては、一定のウェイト質量を挙上できる最大速度を基準として負荷を設定しますが、そのことが生体に対する様々な適応を引き出すことになります。どれくらいの速度でトレーニングを行うかによって、高めたい能力は異なりますが、一旦目標となる速度を設定してトレーニングを継続すると、同じ質量のウェイトに対して発揮できる挙上速度は速くなります。挙上速度が速くなれば、質量を増やしていく必要があります。また、設定した質量で発揮できる速度を上回るように常に努力し続ける必要があります。

　速度を測らずにただ質量を上げる回数だけに専念すると、挙上可能な質量は増えていきますが、スピードは徐々に低下します。その結果、パワー出力が低下します。

　何を過負荷としてトレーニングするのか、そして実際に過負荷といえるだけの負荷になっているかどうかということがVBTであれば常に客観的な数値で追求可能となります。

② 順応性の原則

過負荷の原則があるからといって、トレーニングの負荷を

高めていけばどこまでも能力が向上するわけではありません。トレーニングの期間が長くなると、初期には短期間で大きな向上率を示した能力も徐々にその向上率を低下させていきます。つまり、向上のスピードが緩慢となってきます。数週間や数ヵ月で順調に伸びていた能力が、ほんのわずかに伸びるだけでも何年もかかるというようなことが生じます。これを順応といいます。順応性の原則というのは、こうした適応のある意味での停滞や限界を意味する原則で、好ましいことではありませんが、事実として理解しておくべき原則です。

　この順応という法則的事実を踏まえてさらなるパフォーマンスの向上を目指すためには、刺激の強度や量といった側面だけではなく、刺激の種類や性質をも変化させる必要があります。

　速度をモニタリングしながら行うVBTにおいても、常に同じ速度を基準としてトレーニングするのではなく、基準とする速度を変化させたり、セット内のレップ数をコントロールするために用いる速度低下率を変化させたりすることにより、順応を防いだり遅らせたりすることが可能となります。

　トレーニングには順応性という原則があり、いつまでも同じトレーニングを継続しているだけではトレーニングの向上率は低下するという事実を踏まえ、トレーニングは常に新鮮

でわくわくするような楽しさが必要です。なんとか決められたプログラムをこなせばいいという態度ではなく、チャレンジ精神を掻き立てる必要があります。VBTのデバイスの中にはそうした楽しさの要素を含むフィードバック機能を持っているものもありますから効果的に活用することができます。

③ 特異性の原則

英語のSpecific Adaptation to Imposed Demandsの頭文字をとってSAIDの原則とも呼ばれています。生体は「課された課題に対して特異的に適応する」という意味です。過負荷の原則で示したように、生体は環境刺激に対して適応しますが、種類の違う刺激に対しても同じような反応をして同じように適応するのではなく、刺激の違いによって適応反応は異なるということです。長年取り組んでいるスポーツ種目特有の体つきができるということや、種目やポジションに必要とされる体力要素が自然に向上することから、このことはほぼ自明の理ですが、時として特異性の原則が忘れられ、種目やポジションや個々の選手に必要とされる独自のスポーツにおける課題を無視して一律のトレーニングが課されたり、必要とされる適応とは異なる適応反応が引き起こされるようなトレーニングが課されてしまうことが起こります。

　ウェイトトレーニングにおける特異性には、トレーニングした関節角度でトレーニング効果が最大となるという関節角度特異性がよく知られています。それと並んで重要な特異性が速度特異性であり、この特性はVBTにとっても極めて重要です。

　VBTにおいては、どんな質量のウェイトに対しても、常に最大努力、最大速度でウェイトを挙上するということが大前提で、わざとゆっくりと挙上したり、疲労によってスピードが低下した状態でさらに何回も反復したりするということはほとんどありません。おのずから最大スピード、そしてそこで発揮される力とスピードによって決まるパワーを最大化するという課題に対して特異的に適応していくことになります。

　ただし、筋肥大を促すために、一定の仕事量を確保して筋の代謝を促進する目的で、スピードが低下した状態で反復を継続することもあります。しかしこの場合も、それ以上挙上できなくなる、いわゆる「つぶれる」と表現される状態まで反復することはせず、あくまでスピードをモニタリングしながら一定のスピード低下率でセットを終了させます。したがって、どこまで速度を低下させるかということを客観的にコントロールするという意味において速度特異的なトレーニン

グとなります。

④ 漸進性の原則

　過負荷の原則があるからといって、また順応を回避するためという理由で、いきなり大きな刺激やそれまでと大きく性質の異なる刺激を受けると、生体はうまく適応できなくなります。ピリオダイゼーションの理論的基礎の1つにハンス・セリエという生理学者が1930年代に提唱した有名なストレス学説があります。これによると、生体は外界からの刺激を受けると、自律神経系や内分泌系などの生理学的な防衛機序によって自己を防御するためのショック期、そして抵抗反応期と呼ばれるステージを経て、刺激に対して生体諸機能を有機的に再構成して適応する時期である抵抗期に入ります。しかし刺激があまりにも強かったり強い刺激が持続したりすると、生体の適応機序が破綻し、諸器官や機能系が協調的に働かなくなり、ついには生体の恒常性が失われます。この時期を疲憊期と呼びます。

　こうした反応を防ぐためには、トレーニングの負荷をいきなり大きくせず、徐々に増大させていく必要があります。これが漸進性の原則です。

　VBTは、挙上するウェイトの質量と総挙上回数の増加に

よって負荷を増していくのではなく、挙上速度の基準となる値をトレーニングの目的に合わせて設定し、あくまで設定したその速度で挙上することがぎりぎり可能な質量を選択してトレーニングを行い、設定速度よりも速く挙上できるようになった時点で質量を上げていくという方法を用います。

また、設定した速度が発揮できなくなった時点でセットを終了したり、質量を減らしたり、休息時間を延長したり、場合によってはトレーニングセッションそのものを中止したりしますから、負荷がいきなり大きくなることは少なく、漸進性の原則は比較的守られやすいトレーニング法です。しかし、常に100％の最大速度で挙上することを大前提としていますから、ゆっくりと挙上する方法に比べると、大きな加速度が生じ、発揮する筋力も大きくなります。さらに、短い瞬間的な時間に筋や腱や関節に対して大きな力が作用します。

したがってVBTを導入する初期には、安全なフォームの習得や最大速度で挙上するという実施法に慣れるための期間を設定し、セット数と実施頻度を抑え気味にして、徐々に適応させるようにする配慮が必要となります。

⑤ 個別性の原則

トレーニングは、たとえ同じ種目のスポーツチームに所属

する選手であっても、全員に対して一律に同じ負荷を同じ方法で課すべきものではなく、最終的には個々人の課題に応じて、一人ひとりのトレーニング経験や生理学的特性やバイオメカニクス的特性、さらには心理的な特徴に応じてそれぞれ異なる方法によって行われるべきものです。同じ刺激であっても反応の大きさや適応のスピードは人によって異なります。

　従来、わが国のトレーニングでは、特にチームスポーツの場合、全員が全く同じことをするべきだという風潮が強く、一人ひとりの体力特性やレベルが異なるにもかかわらず全員に対して同じ負荷を課して同じようにトレーニングするという方法が取られてきました。最適な適応を引き出すための過負荷の大きさや性質は個人によって異なりますから、全員が同じトレーニングを実施するとなると、ある選手にとっては最適な負荷となっても、ある選手にとっては弱すぎ、ある選手にとっては強すぎるということになり、その結果全員が最大のパフォーマンス向上を遂げることができません。常に一人ひとりに適した種類と大きさの負荷をかけ、それによる個々人の反応を見極めながらトレーニング内容を見直していくことが必要です。

　また、一旦個々人にとって最適な負荷を設定したとしても、一人ひとりのコンディションは日々変動しますから、それに

対する対応も求められます。

　VBTにおいては、同じ種目を同じ速度ゾーンでトレーニングするとしても、各人が使用するウェイトの質量はそれぞれ異なります。また、一定の速度ゾーンでトレーニングするからといっても、日々のコンディションが変化することから、使用するウェイトの質量は変化します。

　従来は、最大挙上質量（1RM）に対する割合（％）を基準としてウェイトの質量が決められてきましたが、最大挙上質量それ自体、日々のコンディションの変化によって最大20％近く変化することが明らかにされているため、個人に適した負荷をそこから決めることはできず、全員に対して一律の反復回数を設定することも不適切です。日々のコンディションに応じた発揮速度をモニターしながら反復回数や挙上するウェイトの質量も個人ごとに調整していくVBTであれば、個別性の原則に沿ったトレーニングを比較的容易に進めることが可能となります。

⑥ 全面性の原則

　特異性の原則のところで説明したように、人間の身体は与えられた課題や刺激の種類や大きさに対して特異的に反応し適応していきます。したがって、スポーツのトレーニングに

おいては種目やポジションや個々人の課題に応じた個別的な
トレーニングを行う必要があるということになります。

　しかし、スポーツパフォーマンスを構成する様々な要素や
体力の様々な側面は、それぞれ他の要素や側面と全く無関係
に独立して機能しているのではなく、相互に関係し合って機
能しています。ある要素が他の要素の土台として機能したり、
ある能力の向上と他の能力の向上が相互に必要となったりす
るということもよくあります。ある部位や能力だけを鍛えて
も一見それとは無関係に思える部位や能力のトレーニングを
ないがしろにしていると、鍛えたい部位や能力の向上にも早
期に限界が来るというようなことも生じます。

　たとえば、身体各部位の筋肉をバランスよく発達させるこ
となく、特定の部位の筋群だけを長期にわたって強化し続け
ると、オーバートレーニングに陥ったり、拮抗筋の発達や身
体全体の筋肉発達のバランスが壊れ、ケガにつながったり、
強化したい部位の発達にも早期に限界が訪れたりします。大
腿四頭筋とハムストリング、股関節内転筋群と外転筋群、肘
や手関節の屈筋群と伸筋群、腹部と背部といった拮抗筋群間
のバランスもケガを予防する上で重要です。

　また、スピードやパワーといった体力要素を向上させるた
めに、持久的能力の向上は全く不要かというとそうではなく、

スピードやパワーのトレーニングを行うにあたっての反復動作を支えるため、リン酸系あるいは解糖系で発生したエネルギー源の回復過程において有酸素的エネルギー産出能力は必要です。

　もちろん競技レベルが上がるにつれて特異性や個別性という原則が重要となりますが、初期段階には全面性の原則によるバランスのとれた機能や能力の発達ということを考慮する必要があります。

　VBTにおいては、VBTによるウェイトトレーニング以外の体力要素のトレーニングとのバランスも当然重要ですが、VBTそれ自体においても全面性の原則を考慮することが大切です。

　VBTで向上させることが可能な体力特性は、基準として設定するウェイトの挙上速度によって異なります。したがって、筋肥大なのか最大筋力なのか、パワーや爆発的筋力と呼ばれる性質なのか、同じパワーでも筋力を重視したパワー（筋力-スピード）かそれともスピードを重視したパワー（スピード-筋力）か、さらには純粋なスピードなのかといったそれぞれの目的に応じて、設定するスピードも負荷の調整の仕方も異なります。

　詳しくは第5章のピリオダイゼーションのところで説明し

ますが、一年中、特定の目的だけに偏ったトレーニングばかりをしていると、その向上も頭打ちになります。時期を決めてそれぞれの目的に応じた速度設定に焦点を当てたトレーニングをすることによって、全体としての筋力やパワーやスピードを向上させていくことが可能となります。

⑦ 意識性の原則

　選手が今やっているこのトレーニングの目的は何か、それによって何がどう改善され、自分のパフォーマンスにどのように期待した効果が生じるのか、どうなればこのトレーニングは順調に進んでいるといえるのか、といったことを理解して、目的意識を持ってトレーニングするのと、コーチに指示されたやり方をただこなしているのとでは、トレーニングの効果に大きな違いが出てきます。

　トレーニングの目的や働きかけている体力要素や身体機能や部位、それらとパフォーマンスの関係を理解してトレーニングに取り組むことにより、トレーニングの方法や形式だけを模倣しているのとは、当然ながらモチベーションも違ってきますし、トレーニング動作の細かい部分の調整や、トレーニングの過程で生じる様々な問題に直面したときにどうするべきかという判断にも大きな差が生じます。

　したがって、トレーニングに取り組む前に、指導者はその進め方や毎回の実施法を形式的に説明するだけではなく、トレーニングの目的、パフォーマンス改善との関係、体力要素や身体機能の何に向かって働きかけるのか、それによって何をどう改善させるのか、到達目標は何か、それをどうやって客観的に測るかといったことを選手にかいつまんで理解させる必要があります。これはパーソナルトレーニングでも同じことです。大学の授業ではありませんから、選手が前提として持っている知識や理解力に応じて、これらをわかりやすく、適切な言葉で、要領よく説明することも指導者の資質の1つとなります。

　VBTは、挙上速度のリアルタイムフィードバックを前提としています。つまり選手がウェイトの挙上を反復するその1レップ1レップを常に意識しながら行うというのが基本です。1レップごとに力の発揮のタイミングや姿勢や身体各部位のコントロールを意識して行わなくては、速いスピードや大きなパワー値を出し、維持することはできません。ただ回数をこなせばいいというトレーニングや、重いという苦しみや疲労感に耐えることが自己目的化し、それで満足感を得るというトレーニングとは根本的に異なります。

　常に、客観的な数値と向き合い、今のセットでスピードが

設定した回数を維持できなかったのはなぜか、どうすれば次のセットでもっと速いスピードが出せるか、といったことを常に考え意識しながらでないとVBTは成り立ちません。

　そういう意味で、VBTにおけるトレーニング原則はまさに意識性の原則そのものとなります。

5 トレーニングの負荷とは?

　効果的なトレーニングの方法、また処方やプログラムについて考えたり、説明したりするときには「負荷」という言葉が必ず登場します。負荷とは何でしょうか?　VBTを理解するためにも、このトレーニング負荷という言葉について正確な理解が求められます。

① 負荷＝強度×量

　過負荷の原則の箇所（29ページ）で説明したように、トレーニングは生体に対する環境からの刺激を意図的に構成したものであり、それに対する適応としてトレーニング効果が生じます。そのとき、環境からの刺激としてのトレーニングは総体として生体に作用します。たとえば、長距離ランナーが一定の距離をより速いスピードで走れるようになるために、

日常生活やそれまでのトレーニングで走っていたスピードを上回るスピードで、それまで以上の本数を何回も繰り返して走るインターバルトレーニングという人為的な環境をつくり、そこに自分の身を意図的に置いて適応しようとしたとします。そのとき、ランナーが受ける刺激によってどのように適応していくのかを決めるのは、単にどれくらいのスピードで何メートルを何本走ったかということだけではありません。休息時間とその方法（完全休息かジョグなどの不完全休息か）、全体としての本数だけではなくどのようなセット法でそれを行ったのか、さらにその日の天候や気温や湿度、あるいは路面（オールウェザートラックか土のグラウンドかそれともアスファルトか）といったことの違いによってもその日のトレーニングによるランナーに対する刺激の大きさは異なります。

　このようにトレーニングによる適応を考えるときには、できるだけ正確に選手に対する刺激の全体を捉える必要があります。これを正確にうまく捉えることができれば、トレーニング刺激を数量的にコントロールできるようになり、刺激の増減を感覚的にではなく客観的にコントロールすることが可能となります。トレーニング効果も当然、数量的に捉えることが可能ですから、それによってどのようなトレーニングでどのような効果が得られるのかをより定量的に正確に把握す

ることができるようになります。

　また外傷や障害の発生、オーバートレーニングの危険性といった問題についても、トレーニング刺激を客観的な数量として把握する方法があれば、よりその危険性をより正確に予想できるようになり、事前にトレーニング刺激をコントロールしてそうした問題の発生を食い止めることも可能となります。

　このトレーニング刺激を数量的に捉えるにあたって重要な概念が、実はこの負荷という概念なのです。負荷を定量的に捉えるにあたっては次のような計算式を用います。

負荷（Load）＝強度（Intensity）×量（Volume）

　強度には、前述したランニングやスプリントあるいは水泳や自転車競技やボートなどの例では、スピード（km/h、m/min、m/s等）、プライオメトリクスに代表されるジャンプトレーニングでは高さによって強度が変わる場合は跳躍高、距離が問題となるような幅跳びでは跳躍距離（ともにm、cm）となります。これらは強度を物理的に捉える方法ですが、生理学的な強度の捉え方もあります。その場合は、心拍数（bpm）や血中乳酸濃度（mmol/L）などを用います。

　強度は、このように絶対値で示すだけではなく、個人の最

大値に対する相対値、すなわちパーセントで捉えることも可能です。たとえば、ランニングスピードを一定の時間間隔もしくは一定の距離ごとに徐々に増加させていき、それ以上ついていけなくなった時点の最大スピードが時速20kmだった選手にとっての90%強度は時速18km、最大スピードが時速22kmだった選手では時速19.8kmとなります。生理学的強度も相対値によって捉えることが可能で、%HRmaxというように、最大心拍数に対するパーセントで捉えることは広く普及しています。さらに生理学的に専門的に行うのであれば、最大酸素摂取量に対する相対値（%$\dot{V}O_2max$）で表すこともできます。

　量は、ランニングやスプリントや水泳や自転車競技やボート等では距離（km、m）、ジャンプでは跳んだ回数で表すことが一般的です。

　よく、トレーニングは「量ではなく質だ」という言い方をしますが、これはあくまで一般的な言い方として、単に時間が長ければいいというものではなく、その中身が大事だということを言い表したもので、トレーニング科学の概念でいう量は、あくまで負荷を規定する強度と量という2つの要素の一方のことを指します。ですから一般的な言い方での質は、強度も量も含めて決まると考える必要があります。

こうした強度と量の掛け算で負荷が決まるわけですから、たとえばランニングの例でいうと、最大スピードの90%で400mを10本走った場合は、$0.9 \times 400 \times 10 = 3600$、80%で400mを15本走った場合は、$0.8 \times 400 \times 15 = 4800$となり、後者のほうが刺激の相対的な負荷は大きかったと判断することになります。そして、もし路面や天候による違いを勘案するのであれば、たとえばオールウェザーを1.0とし、土だと少し走りづらいので脚に対する負担が増すので1.2、硬いアスファルトではさらに負担が大きくなるので1.4といった係数を決めておいて、先ほどの数値に掛けることで負荷の大きさを求めることができます。

② ウェイトトレーニングにおける負荷

ウェイトトレーニングでは、従来は、絶対的強度はバーベルやダンベルの質量（kg）、そして相対的強度は最大挙上質量すなわち、1RMに対する割合（%1RM）で捉えるのが一般的でした。そして量はレップ数×セット数で示される総挙上回数とされてきました。

しかし、ここで注意するべきことは、バーベルやダンベルを持ち上げるというトレーニング動作が生体に与える刺激を正確に捉えるにはこれだけでは不十分だということです。な

ぜなら、そこには挙上スピードが抜け落ちており、詳しくは第2章の『運動力学の基礎』で説明しますが、同じ質量（kg）のバーベルやダンベルあるいは同じ％1RM値であっても、それを挙上する際のスピード（より正確にいえば加速度）が違えば実際に発揮している筋力は異なり、その結果トレーニングの強度は全く異なるからです。

　ここにスピードを基準として行うVBTとスピードを測らないで行うトレーニング、特に動作をゆっくりとコントロールして行うトレーニングとの決定的な差があります。

　％1RMだけで比較すると、70％1RMと90％1RMでは、90％1RMのほうが高強度ということになりますが、90％1RMをゆっくりと持ち上げたときと、70％1RMを全力で高速で持ち上げたときとでは、70％1RMのときのほうが実際に発揮する力が大きくなることもあり得ます。ですから％1RMの値だけで、強度を判断することはできません。なぜそうなるのかという点についても、第2章の『運動力学の基礎』で詳しく説明します。

　また、量についても従来のように単にレップ数×セット数で計算される総挙上回数だけでは生体に対する負荷を正しく捉えることはできません。たとえば同じ100kgのバーベルを担いで10レップのスクワットをしたとしても、沈み込む深さ

がハーフスクワットの深さで行った場合と、もっと深い位置まで降ろすフルスクワットで行った場合とでは、負荷が大きく異なることは経験的にもすぐにご理解いただけると思います。すなわち、可動域が異なると、力を発揮してウェイトを持ち上げる距離が異なりますから、発揮した力×距離で示される仕事量が違ってきます。

　仕事量についても第2章で詳しく説明しますが、仕事量の単位はジュール（J）であり、これはエネルギーの単位でもあって、仕事量が異なるということはそのトレーニングセッションにおいて生体の発揮した総エネルギー量の違いとなり、負荷は大きく違ってきます。

　VBTでは、使用するデバイスによって様々なテクノロジーを応用した測定を行いますが、単に挙上速度だけを測って表示するだけではなく、レップ数やセット数はもちろん、実際に発揮した力の大きさやウェイトの移動距離、動作でいえば可動域も測定します。したがって、トレーニングセッションにおける総仕事量も簡単に知ることができます。そこで、VBTを用いることにより、ウェイトトレーニングにおける負荷を確実に正確な数量として捉えることが可能となるのです。逆にいえば、従来の質量や%1RMやレップ数×セット数

だけではウェイトトレーニングセッションが生体にどのような
負荷となっていたのかを正確に捉えることはできません。

6 超回復理論と フィットネス-ファティーグ理論

　本書を手に取っておられる多くの読者は、「超回復」とい
う用語についてはよくご存じだと思います。トレーニングに
よって様々な生体の機能や能力が改善されていく原理的な説
明をするための理論で、非常に古くから多くのトレーニング
のテキストでも紹介されてきたいわば古典的なトレーニング
の原理的理論です。

　メカニズムそのものについての生理学的な詳細はよくわか
っていませんが、トレーニングの負荷と休息の繰り返しによ
って選手の身体諸機能が変化していくプロセスをうまく説明
できるため、それまで行ってきたトレーニングとそれによる
能力の変化を時系列的に見直し、新たなトレーニング計画を
立案する際に役立つ理論となっています。

　VBTを効果的に進めていく際にも、この超回復理論は、
負荷の大きさや負荷を掛けるタイミング、あるいは休息の取
り方などを論理的に考える上で役に立つ基本理論であるとい

えます。しかし、超回復理論は、トレーニングや試合によって負荷を掛けたために選手の潜在的な能力レベルに生じる疲労が、その後の休息期間中に回復し、基準となっていた元のレベルを超えてさらに回復することによって能力の向上がもたらされると考え、そのプロセスがほぼ自動的に生じることを前提としています。負荷の大きさが、単に疲労から回復するだけの日常レベルではなく、適切な適応を引き出すための過負荷となっており、その後の休息の内容、すなわち栄養や睡眠が適切であれば、休息期間中にどこかの時点で超回復になるという、いわば受動的な理論であるといえます。

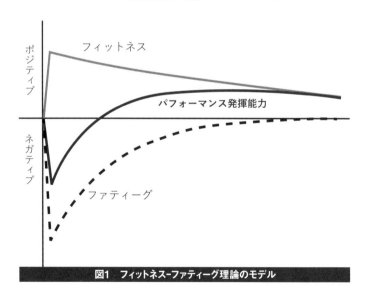

図1　フィットネス-ファティーグ理論のモデル

　しかし、トレーニングや試合の負荷は単に疲労を引き起こすというネガティブな側面のみならず、そのトレーニング自体で初めて経験した、あるいは初めて発揮される高い機能レベルに到達し得るというポジティブな側面も存在します。たとえば、試合で自己新記録を出したという場面を考えればこのことはよく理解できるのではないかと思われます。つまり、それまでのトレーニングによって改善されてきた様々な身体的・心理的諸機能が最高のタイミングで最大レベルで統合されて最高のパフォーマンスとして現れたと考えられるわけです。

　1回ごとのトレーニングや試合にはこのように、単に疲労を引き起こすネガティブな側面だけではなく、プラスの側面、ポジティブな側面があることになります。しかし実施したトレーニングと試合によって疲労が引き起こされるマイナスの側面、ネガティブな側面があることも事実です。そこで、このポジティブな側面（フィットネス）とネガティブな側面（ファティーグ）の和、言い換えればフィットネスの大きさからファティーグ（疲労）の大きさを差し引いた差によってパフォーマンス発揮能力の変化を捉えようとするのが、40年ほど前にカナダの研究者らによって提唱された「フィットネス-ファティーグ理論」です（図1）。

フィットネス‐ファティーグ理論は単なる考え方としての理論としてだけではなく、トレーニング過程における時系列的なパフォーマンスを予測することが可能な数学モデルでもあります。前項で示した負荷を数量的に捉えることにより、数学モデルを用いてフィットネスとファティーグの推移を時系列に捉えパフォーマンスの変化を予測するというものです。

　この具体的な方法については、他の書籍（長谷川裕著「フィットネス‐ファティーグ理論の真実」『スポーツトレーニングの常識を超えろ！』大修館書店、2019所収）に詳述していますのでそちらを参照いただくとして、ここではVBTを効率よく進めていくためには、超回復理論よりもフィットネス‐ファティーグ理論に依拠していくほうが望ましいということを説明します。

　超回復理論によるトレーニングの進め方が、一定の負荷を掛けたトレーニングを行った後、高いレベルでのパフォーマンスの出現をいわば受動的に待つ、というプロセスを取るのに対して、フィットネス‐ファティーグ理論によるトレーニングの進め方は、一方で過負荷を掛けながらポジティブな側面であるフィットネスに働きかけフィットネスを向上あるいは維持しつつ、同時にネガティブな側面であるファティーグを早期に減少、あるいは回復させるという2つの側面を積極

的に展開していくというプロセスを経ます。

　従来のウェイトトレーニングでは、トレーニングにおいて選手に掛けられた負荷のうち、明確に確かめることができコントロール可能な客観的な数量は、挙上するウェイトの質量（kg）とレップ数およびセット数、そして休息時間、後は主観的運動強度（RPE）くらいしかありませんが、VBTではこれらに加えて、挙上速度（m/s）、発揮したパワー（W）の平均値とピーク値、さらには実際に発揮した力（N）や仕事量（J）等々をリアルタイムあるいはセッション終了後、直ちに確認することができます。行ったウェイトトレーニングが、筋肥大や最大筋力の向上、パワーの向上やスピードの向上、さらにはスプリントやジャンプなどのパフォーマンスの改善といった目的に対してどのように作用し、その結果としてこれらの目的がどのように達成されているかについて具体的に把握することは、従来のウェイトトレーニングで得られる数値だけではほとんど不可能といわざるを得ません。

　超回復理論に依拠することにより、行ったトレーニングによって引き起こされた疲労が回復すれば超回復によってパフォーマンスが改善されるはず、と信じて受動的に待つことはできるかもしれませんが、トレーニングによってどのようなフィットネスがもたらされ、疲労がどの程度であり、フィッ

トネスの低下と疲労の回復の関係でどのようなパフォーマンスレベルにあるのか、このままのトレーニングを継続するとどのようなパフォーマンスの変化が予測されるかといった情報を客観的に捉えながら、意図的にトレーニングをコントロールするためには、VBTによるトレーニングを実行するしかありません。

　言い換えれば、従来のトレーニング方法では、トレーニングで使用したウェイトの質量とレップ数やセット数等の限られた情報と主観的努力度や疲労感だけに頼ってトレーニング負荷を調整し、後は超回復を信じて待つということは可能かもしれませんが、フィットネス-ファティーグ理論に基づいて、様々な客観的な指標の数値を基にしてフィットネスと疲労をコントロールしながらパフォーマンスを最適化していくためにはVBTでなければ実行不可能です。

　このように、古典的な超回復理論だけではなく、最新のフィットネス-ファティーグ理論によってトレーニングを進めていくためにもVBTが不可欠となっていると言えます。

7 プログラムデザイン

　トレーニングのセッション（ワークアウトという言葉も同

義語）、つまり1回のトレーニングの実行プロセスを具体的
に計画することをプログラムデザインといいます。トレーニ
ングセッションでどんなエクササイズをどのように行うかと
いうことは、「メニュー」と呼ばれることがありますが、単
に何をどう行うかというエクササイズの羅列であるメニュー
ではなく、敢えて「プログラム」という用語を用いるのは、
トレーニングセッションの実行計画は、各エクササイズや休
息時間の時間的な前後関係、さらに詳細な条件を踏まえた実
行過程を示したコンピュータプログラムのように緻密に構成
されるべきものであるからです。

　異なるトレーニング効果を狙いその効果を最大化するため
に、様々に変化させ組み合わせる要素はプログラム変数と呼
ばれています。プログラム変数には、以下のものがあります。

- エクササイズ種目
- 種目の配列・実施順序
- 各エクササイズの強度
- 各エクササイズの量
- エクササイズ間・セット間の休息時間
- 通常1週間を基本単位とした各エクササイズの頻度
- その他トレーニングの実施場所や時間帯等

これらのプログラム変数はウェイトトレーニングに限らず、すべての種類のトレーニングに共通するものであり、これらを適切にコントロールするかしないかで得られるトレーニング効果には少なからず差が生じてしまいます。

　ウェイトトレーニングのプログラムデザインにおいて注意するべきことは、VBTとそうでない従来のプログラムデザインとでは、コントロールする変数の内容が異なるという点です。

　第5章で、VBTのプログラムデザインに焦点を当てて詳しく述べますが、従来のトレーニング方法では、強度は単にウェイトの質量や%1RMだけであるのに対して、VBTでは速度によって強度が異なる点を考慮する必要があります。目的とする能力の改善のためには、速度をコントロールする必要があり、それによって使用するウェイトの質量が変わってくるのです。

　また、量においても従来のプログラムでは、セット数とレップ数を事前に決め、それに従うことが前提となっていましたが、VBTでは、その日の選手個人のコンディションに合わせてセット数やレップ数を自己調整するという方法を取ります。前述したように、強度と量を掛けたものが負荷となりますが、可動域が異なると同じウェイトを同じ速度で挙上し

たとしても移動距離が異なるため、仕事量が違ってきますから、総負荷量が変化します。したがって従来のトレーニング法では仕事量はコントロールできませんでしたが、VBTのプログラムデザインでは、仕事量をコントロールすることも可能となります。

　休息時間が長すぎたり短すぎたりすると、エネルギー源の回復や神経系の回復に要する時間に影響することから、狙った適応を効果的に引き出すことができなくなります。したがって休息時間も非常に重要なプログラム変数です。従来のトレーニング方法では、あらかじめ決められた休息時間を守るということしかできず、その日の体調が悪くても無理をして時間がきたら次のセットを開始するほかありませんでしたが、VBTでは最大の挙上速度によるリフティングをするために、事前に決められた休息時間が経過した時点で次のセットを開始したとしても、1レップ目から指定された速度が発揮できないような場合には、休息時間を延長する、という方法で適切な回復を待つことが可能です。それによって次に行うセットの質を下げることなく、その日のセッションで最大の刺激を効率よく与えることができます。

　前述したような、プログラム変数を操作することでトレーニング目的に応じた最適なプログラムを作成するというアイ

デアが、スチーブン・フレック教授とウイリアム・クレーマー教授によってウェイトトレーニングの世界に最初に提起されたのは1987年ですが、それから30年以上を経た現在、当時には思いもよらなかったウェイトトレーニングの現場で挙上速度を簡単に測定するというVBTの登場により、従来のプログラムデザインの内容も大きく変更することが求められます。

8 ピリオダイゼーション

　プログラムデザインと並んで、ウェイトトレーニングのトレーニングプログラムを計画する上で重要な概念がピリオダイゼーションです。

　ピリオダイゼーションとは、日本語で「期分け」ともいわれており、数週間あるいは数ヵ月という中・長期間にわたるトレーニングで常に同じプログラムを繰り返すのではなく、時期に応じて変化させることを意味します。同じプログラムを長期にわたって反復しているだけでは、順応性の原則の説明で述べたようにトレーニング効果には停滞が生じます。したがってトレーニングプログラムを定期的に変化させていくことが必要となってきます。

　また、トレーニングの特異性の原則から見て、複数の異な

る課題を同時に追求することは、生理学的に異なる機能、場合によっては相反する機能の適応が必要とされるため、生体は、それらの課題に対してどう適応してよいか混乱します。その結果、1つの課題に対する最適な適応を引き出すことができなくなります。したがって一定の期間は、特定の課題に集中するほうがより効率よく、容易に達成することができるようになります。

さらに、全面性の原則からもわかるように、1種類の身体機能や生理学的なメカニズムだけを対象としたトレーニングを常に同じプログラムで長期間続けていると、能力の向上が停滞するばかりではなく、オーバートレーニングに陥る危険性も生じます。トレーニングの負荷が同じでも、プログラムが単調になることによって、ケガの発生リスクが上昇することは研究によっても確かめられています。負荷が高いまま単調になると、さらにそのリスクは高まることがわかっています。

そうすると、どのような課題に対してどのような順序でアプローチしていくべきかという問題が次に生じます。

ウェイトトレーニングでは、一般的には、筋肥大、最大筋力の向上、爆発的筋力やパワーといわれる高速で大きな力を発揮する能力の向上やスピードの向上、そしてスポーツのシ

ーズン中におけるそれらの維持といった課題がありますが、基本的には半年から1年間にわたる1つのシーズンをどのような時期的な区分でそれらに取り組んでいくべきかということが問題になります。時期に応じて最適となるプログラムの内容に変化させていくこと、これをピリオダイゼーションといいます。

これまで、様々なピリオダイゼーションモデルが考案され、多くの研究で最適なピリオダイゼーションモデルは何かということが調べられてきましたが、結局のところ、スポーツ種目やシーズンの長さ、試合の頻度や課題とする筋機能特性などが異なると、一概にこれが最もよいというモデルは存在しないということが明らかにされています。

そこで、年間スケジュールに合わせてプログラムデザインの内容を変化させていくことになりますが、ここでも従来の方法とVBTでは大きな違いが生じることになります。従来のピリオダイゼーションでは、各時期にフォーカスするトレーニング目的に応じた強度を一定の%1RM値にしたがって設定し、個々の選手ごとに使用するウェイトの質量を指示し、量をレップ数×セット数の一定の値であらかじめ決めて、それを一定の期間継続させたら次の期間には変化させていくと

いうものでしたが、VBTでは各時期のトレーニング目的に応じた挙上速度を設定しさえすれば、個々の選手が実際に使用するウェイトの質量は自動的に決まります。

　従来の方法では、一旦決めたウェイトの質量は、変化させることなく一定の期間は同じ値のままですが、VBTではその日のコンディションによって自動的に変化します。また、VBTでは、1セット中の挙上速度が疲労によって低下し、あらかじめ設定した閾値以下に低下するとそのセットを終えるという方法を取りますから、その閾値を何%に設定するかという方法によっても、ピリオダイゼーションにおける各期間の課題に対する適切な負荷を掛けていくことができます。

　このように、VBTはピリオダイゼーションという中・長期のトレーニング計画の立案と実行という点でも、従来の方法では不可能だった、より個人の特性やコンディションに沿った緻密なトレーニング指導が可能となるのです。VBTのピリオダイゼーションについても第5章で詳しく解説します。

第1章

VBTとは何か
－なぜ今VBTなのか?

1 「VBT? 何それ?」とは 言っていられない時代になった

　トレーニングルームのフロアに置かれた小箱から引き出された一本のケーブルがシャフトに取り付けられ、選手がそのバーベルを上げ下げするごとに手元のモニターに「ピピッ」という音とともに数字が表示される。初めてその様子を見た人は、変な実験をしているなと怪訝な顔をしたものです。

　それから20年余を経た今日、最大筋力向上、筋肥大、パワー向上、スピード改善、筋持久力向上といったウェイトトレーニングの目的に応じた強度を、1RMのパーセンテージや最大挙上回数（RM）ではなく、全力挙上を前提とした挙上速度で設定するVBTは、もはやウェイトトレーニングにおける特殊な方法ではなくなりました。世界中の様々なレベルのスポーツ種目やフィットネス分野においてごく当たり前の光景なのです。

　挙上速度をウェイトトレーニングの現場で測定し、リアルタイムでフィードバックすることが可能な装置は、1997年には世界で1種類しかありませんでした。しかし、今日では世界中で20種類近く存在し、プロレベルでは、世界中のサッカー、ラグビー、野球、バスケットボール、バレーボール、ア

イスホッケー、アメリカンフットボール、陸上競技、テニス、スキーのほか、アマチュアを含めるとカレッジスポーツ、ハイスクールのほぼすべての競技種目で、さらには一般のフィットネスや高齢者施設や医療施設で使用され、VBTによってトレーニングを行う人口は急激に増えつつあります。

VBTとは、1レップごとの挙上速度をリアルタイムでモニターし、その速度に基づいてその日のセッションで何キロの負荷質量を用いるべきかを自動的に選択、そして速度の変化や低下の度合いに基づいてレップ数やセット数、さらには休息時間をコントロールし、個々の選手の体調を管理、その上リフティング動作の質をも判断するというトレーニングシステムです。一度その科学的な原理とトレーニングシステムの合理性を理解してしまうと、従来の速度を測らないウェイトトレーニングには戻る必然性がなくなるトレーニングシステムとして完成されています。

従来の古典的な方法にプラスして、挙上速度を測るトレーニング法を付け加えたり一時的に利用したりする、というレベルではなく、挙上速度を測ることこそがウェイトトレーニングの大前提であり、速度を測らないトレーニングはもはやあり得ないと言っても過言ではない段階に入っているのです。

そしていかに速度を測るか、得られた速度データをいかに活用すべきかといった研究成果が次々に公表されています。

　2018年、韓国で開催された平昌オリンピックで大きな成功を収めたスピードスケート女子日本代表チームが、VBTをウェイトトレーニングプログラムの基本に据えて、日々挙上速度を計測しモニタリングすることにより、選手の体調を管理し最適負荷と挙上動作の質をコントロールしていた（そして今もさらに拡充している）ということが、同年6月のJATI第12回総会・研修会の国際講演において、ヨロン・リートヴェルトコーチのプレゼンテーションで明らかにされました。リートヴェルトコーチによれば、VBTは彼の母国オランダのスポーツ界におけるレジスタンストレーニングでは、ほぼすべての種目とチームでごく当たり前のように行われているとのことで、そのルーツは10年ほど前にオーストラリアのスポーツ科学に学んだ結果だということでした。

　そのオーストラリアから、2014年の第9回JATI研修・交流会に招聘したAustralian Strength & Conditioning Association（ASCA）のダン・ベイカー会長の講義と実技でもVBTが紹介され、オーストラリアとニュージーランドのラグビーでは、ほとんどのチームがジャンプスクワットの挙上速度を

モニタリングし、体調管理に役立てていることや、挙上速度のリアルタイム計測によって、負荷設定や疲労コントロールによるレップ数の制限をしていることが紹介されました。

1997年に私は、アメリカのペンシルベニア州立大学、ウイリアム・クレーマー教授のスポーツ医学研究室で客員研究員として1年間、ウェイトトレーニングの研究を行う機会を得ました。クレーマー教授はアメリカンフットボールのストレングスコーチから研究者になった人で、1978年のNSCA設立メンバーの一人でもあり、スポーツのパフォーマンス向上とウェイトトレーニングの関係に強い関心を持っておられました。そのクレーマー研究室で、ウェイトトレーニングにおいて挙上速度を測定するフィットロダイン（Fitrodyne）という装置を目にし、翌1998年夏のアメリカスポーツ医学会そして同年冬にフィンランドのラハティーで開催された第1回の国際ストレングストレーニング学会で、フィットロダインの開発者であるスロバキアのドゥシャン・ハマー教授にお会いしたことが、私のVBTに関する研究の出発点です。

パワー向上のためには、ウェイトトレーニングにおいて挙上速度をリアルタイムで測定することが不可欠であるという考えからトレーニング現場で挙上速度を測定できるフィット

ロダインを開発したということをハマー教授から聞いて以来、私はフィットロダインを用いて、挙上速度を測りながら行うウェイトトレーニング法の実践的な研究を積み重ね、その価値と可能性を確信し、普及に努めてきました。

　冒頭に示したように、最初は、変わった実験のためのトレーニングだと見なされ、トレーニングの"スタンダード"や"基礎・基本"から外れた亜流のトレーニング法と思われていた特殊な方法が、それから20年余を経た今日、国内においても、日本の金メダルの獲得に直接貢献し、日本代表やトップリーグのラグビー界ではほぼスタンダードといってもよいほど普及し、Vリーグバレーボール、Xリーグアメリカンフットボール、Bリーグバスケットボール、Jリーグサッカー、プロ野球でも少なくないトップチームが採用し、大学や高校でも様々なスポーツ種目で次々とVBTを採用するチームが増加し成果を上げるに至っています。また、中高年のトレーニングやフィットネス分野においても、VBTを導入し成果を上げている自治体や施設が増えつつあります。

2 VBT普及の背景

　1990年代後半以降、少しずつ世界中に浸透していった挙上速度を測りながら行うトレーニング法が、Velocity Based Training（VBT）という名称で呼ばれるようになったのは今から10年前の2011年に発表された論文のタイトルがきっかけであり、爆発的な普及をし始めたのはついこの５〜6年ほどのことです。

　この急速なVBTの普及の背景にはいったい何があるのでしょうか?

(1) パワーに対する注目

　1つには、ウェイトトレーニングにおけるパワーに対する注目を挙げることができます。ウェイトトレーニングには、最大筋力や筋肥大と並んでパワーの向上という重要な目的があります。詳細は第2章で述べますが、パワーというのは、「筋力×スピード」で表され、多くのスポーツで必要とされる爆発的な筋力発揮を科学的に捉えるための重要な物理量であって、筋力という言葉をただ単にかっこよく言い換えただけのものではありません。

　筋力発揮に要する時間の長さや、スピードと無関係な最大

筋力そのものや、最大挙上質量がスポーツのパフォーマンスを規定することはほとんどなく、スポーツパフォーマンスの改善はパワーの改善と強く結びついていることがすでに明らかになっています。日常生活の質の向上や転倒予防においても、素早く大きな力を発揮することが重要です。そのため、こうしたパフォーマンスを改善するために行うトレーニングにおいては、当然のことながら、実際にどれだけのパワーを発揮しているのかを測ることが不可欠となります。

このパワーへの注目が、ウェイトトレーニングにおいて、スピードを測定することによってパワーを知りたいという強い動機につながっていきました。VBTが急速に普及してきた1つの背景はここにあります。

(2) 試合スケジュールの過密化

もう1つの背景は、オリンピックや様々な世界選手権に代表されるスポーツ競技大会の地球的規模での高度化とビジネス化が挙げられます。様々な種目で新たなスポーツ競技大会が生まれ、各国の国内大会や試合数は増加してきました。それに伴う試合日程の過密化に対応するため、世界中のコーチは、選手のオーバートレーニングを防ぎつつ、かつ最大限にトレーニング効果を高め維持するためのトレーニングの最適

化・効率化という課題に直面しました。大会数や試合数が多くなり、すべての大会や試合でベストパフォーマンスが求められ、その一方でシーズンオフが短くなると、いかにケガを防ぎオーバートレーニングに陥らせないかの工夫が必要となります。と同時にできるだけ効率よく選手の能力を少しでも向上させ、試合にピークを合わせ、それをシーズン中維持するためのトレーニングプログラムや計画の立案が不可欠となります。

それまでに得た経験や勘だけではこうした課題に対して確実に対応することは困難で、科学的なデータに基づくトレーニング負荷のモニタリングとコントロールがどうしても必要とされるようになってきました。そうした中でトレーニング負荷を定量的にコントロールできるVBTは、こうした課題にとってうってつけのトレーニング法であることが認められていったのです。

つまり、VBTは単に挙上速度という値をトレーニングの効率化のために利用できるだけにとどまらず、パワー値やトレーニング全体のエネルギー消費に関わる総仕事量や実際に発揮した力や可動域等々の客観的な数値を1レップごと、1セットごとに得ることができ、トレーニングセッション全体やトレーニング期間を通したそれらの変化を追跡することも簡

単にできます。それによって、選手のコンディションの変化や疲労状態がすぐに把握できるため、トレーニングセッションの計画のみならず、セッション中であっても重要な判断を下すことが可能です。ケガやオーバートレーニングを防ぎつつ最大限の効果を効率よく上げるという目的のために、このようなトレーニングデータが容易に取得できるということがVBTを普及させることにつながったといえます。

(3) テクノロジーとICTの発展

VBTが急速に普及してきた背景の3つ目の要因として忘れてはならないのは、この間のMEMSと呼ばれる微小電気機械システムに代表されるテクノロジーと情報通信技術（ICT）の発展です。それまでは研究室に設置されていたような大掛かりな装置が必要であった筋力や動作速度やパワー等の測定が、微小な電気回路と微細な機械的要素が組み込まれた数ミリ角、数グラムの超小型の加速度センサーやジャイロスコープ、光センサー、ロータリーエンコーダーなどによって、トレーニングの現場でいつでもどこでも誰にでもいとも簡単に取得可能となりました。さらに、得られたデータがインターネットを介したクラウド上でコーチやトレーナーの間や、コーチと選手の間でデータのやり取りをしたり保存し

たりすることが可能となりました。

　加えて、スマートフォンやタブレット端末で使用可能なアプリの開発によってデータ処理に要する時間も大きく短縮され、取得したデータを基にしたより効果的なトレーニングプログラムへの改善という流れが自然に行えるようになりました。いくつかのVBTデバイスでは、そうした数値によるデータとグラフをスマートフォンで撮影されたトレーニング動作の動画やバーの軌跡とリンクして分析可能となったことも、VBTを普及させる原動力となっています。

　VBTを急速に普及させてきた以上の3条件は相互に関係し合っており、今後もさらにVBTを進歩させるための要因として作用し続けると思われます。

3 VBTの前史

（1）初期の筋力−速度関係に関する研究

　筋力の大きさと筋力発揮時の速度との関係を明らかにするということは、生物学者や生理学者の古くからの関心事でした。1938年、イギリスのA.V.ヒルによってカエルの筋による力学的測定によって筋の収縮力と速度に関するモデルが提唱され、最大筋力は筋の収縮速度がゼロのアイソメトリック筋

活動時に発揮され、逆に収縮速度が最大である際には筋力は最小となるという反比例の双曲線関係にあることが明らかにされました。

その後バイオメカニクスや運動生理学の研究者によって、ヒトの肘関節や膝関節といった単関節においてこの筋力と速度の関係が研究されました。そして、単一関節の回転運動の速度である角速度を一定に制御することによって、速度と力の関係を正確に測定できるアイソキネティック装置が開発され、筋力トレーニングに関する研究や手術後の患者のリハビリテーションにおける筋力評価等に用いられるようになりました。当時は筋力測定というと、このアイソキネティック装置によって低速度、中速度、高速度といった、何種類かの速度で筋力を測定することが一般的でした。

下肢では、座位でのレッグエクステンションやレッグカールのように、下腿にパッドをあてがって膝関節の伸展と屈曲の筋力を測定・評価し、それがトレーニングによってどう変化するかといった研究が数多く行われるようになりました。肘や肩でも、それぞれの関節の屈曲と伸展、外転と内転、外旋と内旋といった単関節の運動における筋力と速度の関係が、1990年代前半には数多く研究されました。

日本でも全国の大学や研究機関にアイソキネティック装置

が必ずといっていいほど設置され、高校生も含めた多くのスポーツ選手を対象とした筋力測定が盛んに行われ、下肢と上肢の伸展/屈曲、外転/内転といった拮抗筋群の割合やその左右差や速度別の筋力といったデータが蓄積されていきました。

(2) アイソキネティック筋力測定の限界

　こうしたアイソキネティック装置を用いた筋力測定やトレーニング研究は、純粋な筋機能に関する研究や医学的研究ではその後も継続して行われていましたが、パフォーマンス向上を目的としたスポーツ選手を対象としたトレーニングの評価としてはあまり行われなくなっていきました。

　その理由は、第1に、スポーツのパフォーマンスを規定する筋力発揮は、決してアイソキネティック装置で測定されるように可動域全体にわたって一定の速度で発揮されるわけではなく、急激な加速や減速が生じるということ。第2に、ほとんどすべての動作は単関節ではなく多関節で行われるということ。第3に、座位による膝の伸展や屈曲のように末端部が自由に動くオープンキネティックと呼ばれる動作よりも、末端部が地面に固定されたクローズドキネティックと呼ばれる動作が、スポーツ動作ではより重要となること。第4に、実際のスポーツやトレーニングで発揮される動作や筋活動の

速度は、アイソキネティック装置で制御可能な速度より何倍も速いこと。そして第5に、軽く1千万円を超えるような高額で大掛かりなアイソキネティック装置による測定やトレーニングを現場で日常的に行うことは現実的にはほぼ不可能であり、普段使用しているバーベルやラックやベンチ等の機器によるスクワットやベンチプレス等のエクササイズ種目に即して、選手の発揮する筋力や速度やパワーを測定する必要があるという認識が徐々に広まっていったからです。

（3）VBTにつながるトレーニング現場における フリーウェイトを用いた挙上速度測定の萌芽

こうした点を踏まえて、スポーツ選手を対象としたフリーウェイトによるウェイトトレーニングが普及していた国々の幾人かの研究者やコーチは、通常のスクワットやベンチプレスといった種目において挙上速度を測定し、パワーを評価するための工夫を試みました。たとえばスミスマシーンのフレームに、バーベルのバーの通過に合わせて反応する赤外線センサーを一定間隔で取り付け、バーが通過する時間を測ってそこから挙上速度を計算して表示するというものが考案されました。いわば、スプリントタイムを計測するための光電管が数センチという短い間隔で配置され、そこをバーが通過す

る時間を測ってスピードを計算するという原理です。このほかにも、磁石とコイルを組み合わせた電磁誘導によって生じる電流からバーの移動速度を測るといったものも考案されました。

これらの様々な工夫が試みられた結果、アイソキネティック装置を用いることなく、トレーニング現場でも工夫すれば実際のトレーニング中の挙上速度をリアルタイムで測ることが可能だという考えが広まりました。そして、人工的に速度を一定に制御したアイソキネティック測定ではわからなかった、多関節でクローズドキネティックなトレーニング動作によるスポーツ競技にすぐに役立つようなデータが得られるということが明らかにされていきました。

当時の研究で、今日のＶＢＴについて考える上で注目に値するのは、ドイツのギュンター・ティドフ教授による研究と実践です。ティドフ教授はストレングストレーニングに関するバイオメカニクスの研究者であると同時に、陸上競技のコーチとしてパフォーマンス向上のためのより効果的なトレーニング方法を探っていました。そして、投擲選手のパフォーマンス向上のためのベンチプレスにおいて挙上速度を測るための様々な装置を開発し、挙上速度を測りながら行うウェイトトレーニング法を考案しました。

ティドフ教授は、こうした装置を用いた挙上速度を計測しながら行うウェイトトレーニングを「タイムコントロールスピード筋力法」として1990年代前半に提唱しました。その中で強調されたのは、「パフォーマンス向上のためのウェイトトレーニングにおいては、挙上速度のチェックが不可欠であり、選手に実際の挙上速度をフィードバックすることによってのみトレーニングの質が保証される」「フィードバックによって1レップごとの質とレップ間およびセット間のレストを正しくコントロールすることが可能である」ということでした。すでにおわかりのように、この方法は、まさに今日のVBTのルーツともいえるものです。

（4）VBTの父ドュシャン・ハマーとフィットロダインの発明

　ティドフ教授による、こうしたトレーニングにおける挙上速度の測定というアイデアは、今日のVBTに通じる画期的なトレーニング法でしたが、測定装置が大掛かりでありどこでも誰にでも導入可能といえるものではなく、いわば研究室的な実験的試みの域を大きく出ることがなかったため、それ以上広く知られることはありませんでした。イタリアや北欧の研究者によっても実験的に同様の試みがあったことが古い論文に散見されますが、実践的に広く普及するところまでは

至りませんでした。

　しかし、ウェイトトレーニングにおいて1レップごとに挙上速度を測定し、リアルタイムでフィードバックすることの重要性を深く理解し、それを現場のトレーニングにおいて誰にでも実現できるようにするための簡単な装置を開発した研究者が、スロバキアに現れました。彼こそが、今日のVBTの世界的普及と発展の礎を築いた人物であり、世界で最初のフリーウェイトによるウェイトトレーニングの挙上速度をトレーニング現場で測定し、リアルタイムでフィードバックするための装置であるフィットロダインを発明した、コメニウス大学のドュシャン・ハマー教授です。

　医学生で砲丸投げのスロバキア代表選手でもあった経歴を持つハマー教授は、単に高重量のウェイトを挙上し続けるだけでは投擲のパフォーマンス向上に必要なパワーを向上させることができないという事実に着目しました。パフォーマンス向上につながる筋力やパワーを向上させるためには、トレーニングの現場で科学的にトレーニング効果をモニタリングできる装置の開発が必要であると考え、大掛かりな装置やコンピュータを必要としない、どこへでも持ち運ぶことのできるフィットロダインを考案しました。このフィットロダインの発明によって、それまで研究室レベルで行われていたウェ

イトトレーニングにおける挙上速度の計測とリアルタイムフィードバックという実験的試みが、アスリートとコーチによるトレーニング現場における科学的なデータを活用した革新的なトレーニング法へと進化したのです。

　国際スポーツ医学会そして国際ストレングストレーニング学会の理事でもあったハマー教授は、その後様々な学会を通じてこの新しいウェイトトレーニングの意義と方法について発表し、徐々にウェイトトレーニングにおける挙上速度の測定というコンセプトは世界に拡散してきました。

　フィットロダインはアメリカのカレッジスポーツ界では、テンドー（TENDO）という名称で普及し、数多くの大学におけるストレングス＆コンディショニングのプログラムでも採用され、NSCAの学会発表でも多くの研究テーマとして取り上げられるようになりました。

(5) オーストラリアから英国、そして世界へ

　2000年代に入って、挙上速度の測定というコンセプトはアスリートのパフォーマンス向上のためのウェイトトレーニングにおいてさらに広がりを見せ、2002年には、スポーツ科学大国オーストラリアでも国立スポーツ科学研究所（ASI）の研究を背景としてジムアウェア（GymAware）と呼ばれる、

今日のVBTにおいてゴールドスタンダードとしての地位を占めるに至った高性能の装置が開発され、主としてラグビーリーグとラグビーユニオン、およびオーストラリアンフットボール界を中心に浸透していきました。当時、日本のラグビーチームの中にはオーストラリア出身のストレングス＆コンディショニング（S&C）コーチもいましたから、そうしたチームでは早くから挙上速度の測定とフィードバックというコンセプトのトレーニングを取り入れていました。

　オーストラリアのストレングス＆コンディショニング協会（ASCA）は、アメリカのストレングス＆コンディショニング界とは異なる社会的、文化的背景を持つという点で共通する英国のそれ（UKSCA）と古くから交流をしており、両国のラグビー界は非常に近い関係にあることもあり、英国のラグビー界においてもジムアウェアが普及し、その結果、英国のサッカー界へもウェイトトレーニングにおける挙上速度の測定というコンセプトが波及し、現在に至っています。そしてヨーロッパのサッカー界は、選手のみならずコーチ間の交流や移籍も活発であることから、ヨーロッパ全体のサッカー界にも徐々に挙上速度の測定というコンセプトが浸透していきました。

（6）加速度計によるワイヤレス装置の誕生

　そして2008年、フィットロダインやジムアウェアに採用されたリニアポジショントランスジューサー（LPT）とは異なる新たなテクノロジーである加速度計を用いた画期的なワイヤレス装置、マイオテスト（Myotest）がフランス国立スポーツ科学研究所（INCEP）との共同研究を背景としてスイスで誕生しました。これを開発したのは、当時16歳の若さでアルペンスキー世界選手権女子スーパー大回転で優勝したララ・グート選手のS&Cコーチでもあった、元体育教師のパトリック・フラクション氏でした。

　アルペンスキーの大回転においては、極めて大きな重力加速度に打ち勝ちながら不規則に変化する雪面で高速ターンを繰り返して滑降するための強靭な筋力とパワー、そして姿勢の動的安定性が求められます。したがって、高強度ウェイトトレーニングは極めて重要なトレーニングの一部となり、シーズン中であってもトレーニングを継続していく必要があります。そのため大きな筋力とパワー発揮能力を常にモニターし効率よく最大筋力とパワーを向上させるトレーニングを実施するための携帯性に優れた装置の開発が必要となったのです。マイオテストは小型の携帯電話くらいのサイズでわずか58グラム、フィットロダインやジムアウェアのリニアポジシ

ョントランスジューサーのように、本体からケーブルを引き出してバーベルに装着することなく、装置を直接バーや身体に装着してデータが取得できるという画期的なものでした。

　すでにマイオテストは2017年に製造・販売が終了していますが、これによって今日の加速度計やジャイロスコープ、地磁気センサーを応用した高性能のVBTデバイスの開発が世界中で加速していく重要な契機となったのです。その後の世界のVBTデバイスの開発の流れと、現在普及している利用可能な最新の装置についての測定原理や特徴そして目的別の効果的な使用法については、第6章で詳しく解説します。

4 歴史的必然としての VBTという到達点

　以上のように今日のVBTは、単にここ数年の流行で一時的に普及しているものではなく、筋生理学やバイオメカニクスといった科学的研究を背景としつつ、ウェイトトレーニングにおける最大筋力やパワーの向上といった本質的なトレーニングの目的をより効果的に達成するための方法が世界中で追求されてきた結果として、歴史的に必然化した1つの到達点であるということができます。

ウェイトトレーニングにおけるパワー向上のためのスピードの追求とそのための客観的な速度の測定、そしてそのモニタリングとフィードバックという25年以上前の初期のコンセプトは、その後の研究と実践により大きく発展を遂げています。その結果、単にパワー向上のためだけではなく、低速での最大筋力、筋肥大、スピード、筋持久力といったウェイトトレーニングのすべての目的と、オーバートレーニングの予防、日々のコンディションに適合した負荷の調整、選手のモチベーションの向上といったウェイトトレーニングにおいて考慮すべきあらゆる側面に波及しています。

　ウェイトトレーニングにおいて、それまでは使用するウェイトの質量、最大挙上質量とそれに対する割合、レップ数、セット数、そして休息時間くらいしか客観的に捉えることができなかった時代に、先駆者たちが、1レップごとの挙上速度を測るというというシンプルな一歩を踏み出したことによって、トレーニングセッション全体において考慮するべき極めて多くの数量的側面にアプローチできるようになり、さらには、動画との連動やバーの軌跡といった質的側面をも包括するようになりつつあります。そしてICTの進歩により、遠く離れた場所にいる選手とコーチがオンラインでつながり、リアルタイムで動作の量的・質的側面に対する指導が可能と

なっています。

　次節では、今日の世界的なVBTの普及につながっていったウェイトトレーニングに内在する問題、言い換えれば、VBTによって解決されることになるそれまでのウェイトトレーニングの指導が抱えていた問題とは何だったのか、どのような問題をVBTが解決していったから、VBTが今日急速に普及してきたのかという点について検討します。

5 従来の負荷設定法の問題点

(1) 1RMのパーセントによる負荷設定

　序章の「トレーニングの原則」でも述べたように、トレーニングのプログラムには目的に応じた適切な負荷としての強度と量が個人ごとに設定される必要があり、トレーニングの進捗やピリオダイゼーションに応じてその負荷は変化させる必要があります。さらに個人の日々のコンディションに応じても適切にコントロールされる必要があります。

　ウェイトトレーニングにおいて、この負荷の適切な設定と調整を客観的な根拠に基づいて行うための方法として考案され、従来から長い間用いられてきたものが1RM（最大挙上質量）のパーセントによる方法で、%1RMという数値によっ

て表現します。個々の選手が持ち上げることのできる最大の挙上質量を測定し、それに対する相対値（%）によって、目的ごとに使用するウェイトの質量を個人ごとに設定できるという理論に基づいています。

　VBTが速度を基準として行うトレーニングという意味でVelocity Basedという表現がされていることの対比として、この負荷設定法はPercent Based Training（PBT）と呼ばれることがあります。しかし、もともとはパーセントに基づくことが当たり前でしたから、この言葉はVBTという言葉が普及するまでは存在しませんでした。

　表1は、これまでの多くの研究によって確かめられてきたトレーニングの目的と推奨される負荷の大きさを%1RMで示したものです。さらに、それぞれの目的で推奨されるセット当たりのレップ数、セット数、そしてセット間の休息時間も示しています。

　従来のウェイトトレーニングでは、この表を基準として、

表1　トレーニング目的ごとの推奨強度、量および休息時間				
	最大筋力	パワー	スピード	筋肥大	筋持久力
%1RM	80～100	50～80	<30	60～80	30～60
レップ数/セット	1～4	2～5	3～7	8～12	15～20
セット数	3～5	3～6	4～8	2～4	2～4
セット間休息時間(分)	2～3	3～5	2～4	1～3	0.5～1.5

たとえば筋肥大を目的として行うトレーニングであれば、1RMの60〜80%に相当する質量を計算し、トレーニング日によってその具体的な値を指示もしくは選手に計算させ、レップ数をたとえば10回、それを休息時間1分半で3セット行う、というように具体的なプログラムを指定していました。そして実際のトレーニング結果を選手に記録させ、もし指定した質量で7回しか上がらないとか15回も反復できたということがあれば、軽くしたり重くしたり、あるいは休息時間を調整したりといった試行錯誤がなされていました。

　チームでトレーニングを行う場合、目的を同じくする全選手に対しては基本的に同じプログラムが処方されました。しかし、実際のところは、選手によって指定された1セット当たりの回数ができたり、できなかったりといったことは日常茶飯事。その結果、トレーニング記録に基づいてコーチが個別に調整するか、選手が自分の判断で挙上質量の増減や反復回数の調節を行うしかありませんでした。

(2) %1RMとレップ数の個人差

　そもそも、表1に示した%1RMとレップ数の関係はあくまで目安であって、そこには大きな個人差があります。たとえば、ウェイトリフティングの選手と陸上競技のクロスカント

リーの選手を対象として、レッグプレスの70、80、90%1RMでそれぞれ最大何回反復できるかを調べた研究があります。それによると、70%1RMでは、ウェイトリフティング選手が平均17.9回に対してクロスカントリー選手は39.9回、80%1RMではウェイトリフティング選手が平均11.8回に対してクロスカントリー選手は19.8回、そして90%1RMでは、ウェイトリフティング選手が平均7.0回に対してクロスカントリー選手は10.8回反復することができました。

　この例は種目が全く違うので、同じ種目のチームで実際はここまで大きな差がないとはいえ、個々の選手の筋線維タイプ、四肢の長さ、筋の付着部位、トレーニング経験によっては、%1RMと反復可能な回数には個人差があり全員一律というわけにはいきません。もしこの例のようなタイプの選手が混在しているチームの全員に対して、「80%1RMで10レップをレスト1分で3セットやるように」と指示を出したらどうなるでしょうか。ある選手は、10回そこそこがやっとであるのに対して、ある選手は全くの余裕ということになってしまいます。

　ウェイトトレーニングにおける目的の違いは、筋活動の機能にどのような適応を生じさせるのかに対応しており、そのために筋活動に対してどのような刺激を継続的にかけるのか

ということがトレーニング方法の違いとなります。刺激の違いにより、筋活動のためのどんなエネルギー代謝系に働きかけるのか、どの筋線維タイプに働きかけどんな運動単位をどれくらい動員するのか、神経系に対してどのような筋活動を引き起こすための適応を促すのか、全体としてどれくらいの仕事量を確保するのか、さらにはどんな内分泌系を刺激するのか、といった生理学的メカニズムの違いとなります。ですから、単に%1RMで何回反復、と指定するだけでは、選手によって全く違う適応を引き出してしまい、選手によってそのセッションの努力度や疲労度も違ってきますから、トレーニング全体の負荷のコントロールも非常に難しくなってしまいます。

　このように、%1RMに基づくだけでは個人差に対応して、目的に合致した適切な負荷を処方することは困難です。

(3) 1RM測定の問題点

　従来の%1RMの値によって負荷を処方することの根本的な問題点として考える必要があるのは、この方法を採用するための前提として、1RMそれ自体を測定しなければならないという点です。1RM測定とは、各エクササイズ種目における最大挙上質量を調べるということであり、種目ごとに行う

必要があります。

　ウェイトトレーニングを指導するコーチ資格を勉強するためのテキストには、必ずといっていいほどこの1RM測定の方法が記載されており、%1RMによって負荷質量を設定するための不可欠な測定とされてきました。しかし、この1RM測定には以下に述べるような様々な問題点が従来から指摘されてきました。

① 1RMの非信頼性

　第1に、1RM値を正確に測ることは容易ではないという点です。1RM値はフォームによって大きくその値が変わってしまいます。スクワットの場合、バーベルによるバックスクワットであれ、フロントスクワットであれ、あるいはダンベルを両手に保持して行うスクワットであれ、どこまで降ろすか、言い換えればどれくらいの深さまでしゃがむかということが1RM値に極めて大きく影響します。

　したがってスクワットの1RM測定においては大腿部の上部が床と平行になるまで降ろすとか、股関節の大転子が膝の上面よりも下になるまで下げるとか、膝の角度を何度まで曲げるとかというふうに細かくその姿勢を規定する必要があり、それよりも沈み込み方を浅くすると確実により重いウェイト

を持ち上げることができます。ですから、コーチやパートナーがしゃがみ込んで大腿部を見たり、既定の高さにゴムバンドを張ったり、ゴニオメーターで角度を測ったりという面倒なことが必要となります。それでもほんの少ししゃがみ込みを浅くするだけで簡単に「自己ベスト」を更新できてしまいます。

また、スクワットではしゃがんだ位置から立ち上がっていく途中にスティッキングポイントと呼ばれる位置があり、ここを通過するのに数秒を要することもあり、この位置を超えるか超えないかで持ち上げられるかどうかが決まります。この高さを過ぎると、後は立位までなんとかスムーズに立ち上がることができます。

しゃがみ込みを浅くすると、なぜより重いバーベルを挙上できるのでしょうか。

スクワットでしゃがんだ姿勢から立ち上がるためには、膝と股関節を伸展させる必要がありますが、肩に担いだバーベルに対する重力の作用する垂直線と膝関節および股関節中心との距離（モーメントアーム）は、しゃがむ深さが深いほど長くなって、バーベルの質量×モーメントアームの長さによって決まる関節を回転させる力のモーメント（トルク）は大きくなり、それに釣り合うだけのトルクを膝と股関節の筋群

が受け止める必要が生じます。膝および股関節の関節中心から伸展に必要な筋群の付着部位までの長さは生得的・解剖学的に決まっており、変化しませんから、膝と股関節のトルクを大きくするためには筋群が発揮する力を大きくするほかありません。したがって、しゃがむ深さが深くなるとより大きな筋力が必要となるのです。

　また、バーベルを担ぐ位置を肩の上の方にするか、それとも背中に近くやや低く担ぐかによっても下肢が発揮しなければならない筋力は変化し、低く担いだほうがモーメントアームを短くできるため有利となります。

　ベンチプレスの場合も、バーを胸に触れるまで降ろしてから挙上するか、それよりも高い位置で切り返すかによって1RM値は大きく異なります。通常ベンチプレスでは、バーが胸に触れるまで降ろした後、数センチ持ち上げた後にスティッキングポイントがあります。この位置よりも高い位置で切り返せば、胸に触れてから持ち上げる方法ではスティッキングポイントを超えられない質量のバーを持ち上げることができます。グリップの幅によっても挙上質量は異なります。

　1RM値それ自体を「最大筋力」測定と称して選手の筋力の評価に使っているコーチもいますが、正確には「最大挙上

質量」というべきであって、1RM測定というのは、結局、決められた姿勢で挙上する際のスティッキングポイントを通過できる最大の質量、それ以上でも以下でもありません。

このように、挙上フォームの違いで1RM値は変わってしまうため、トレーニングでコントロールするフォームと完全に同じにしない限り、一度測った1RM値を常に信頼することはできません。

経験の浅い選手の場合、1RM値を正確に測ることが困難だということは、トレーニング経験が豊富な選手よりも、さらに重大な問題となります。筋力がトレーニングを開始して間もない時期に大きく向上することはよく知られており、神経系の改善と効率のよいフォームの習得によってすぐに1RM値は向上します。すると数週間前に測った値はすでに過去のものとなっており、その値に基づいて％を計算してもほとんど意味がありません。

このように、非信頼性というのが1RM測定の持つ第1の問題です。

② 1RMの変動性

1RM測定の持つ第2の問題は、その変動性にあります。3日前に5回持ち上げることのできた重さのバーベルを、「今

日は3回上げるのがやっとだ」とか、「6回上げることができた」ということはよくある話です。1RM測定を実施する日に合わせて体調を整えていったとしても、その日の調子によって上がるはずのものが上がらないということが起こります。

　ある研究で、そのことが確かめられています。スクワットの1RM実測値のチーム平均値が160kgだったチームを対象として、その後2〜4日おきに26日間にわたって1RMを推定法によって測定したところ、その値は毎回大きく変動し、最大値が195kg、最低値は140kgという大きな幅を示しました。この研究では、実際の1RMを連日測定することはあまりにも負担が大きく、疲労回復の時間も長くなり正確に測定することができませんし、ケガの発生する確率も高まりますから、推定による方法が用いられています。ただし、従来の%1RMと最大何回持ち上げることができるかというRM値との対応による推定方法ではなく、漸増させた負荷の質量とそれを最大速度で挙上した時のスピードとの直線的な回帰関係から1RMを推定するという方法を用いています。この推定法の具体的な実施の仕方については第3章（P205〜212）で詳しく紹介していますから、そちらを参照していただくとして、ここでは、1RM値というものは、このように日によって大きく変動する、ということを確認していただきたいと思いま

す。

　図1は、私が11名の大学生を対象として月曜日から金曜日まで毎日昼休みに行ったベンチプレスとスクワットの推定法による1RMです。対象者は全員常にウェイトトレーニングを実施している陸上競技、サッカー、ラグビー、スキー、バスケットボールの男子選手です。スクワットで20kg以上、ベンチプレスで10kg以上の変動があることがわかります。

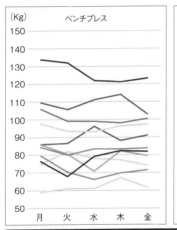 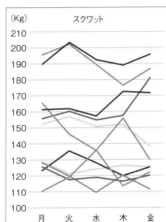

図1　スクワットとベンチプレスの推定1RMにおける週内変動

　このように、1RM値というのは日々変化します。したがって特定の日に得られた1RM値を基にしてパーセンテージを計算しても、トレーニングを実施する日の1RMがそれと

は異なる可能性が大きいとなると、%1RMによる負荷の設定は妥当とはいえなくなってしまうのです。ですから、たとえばチームメンバーの全員に対して一律に1RMの80%と決めても、人によって、そしてまた日によって90%になったり、70%になったりしてしまうわけですから、適切な負荷を設定することは無理なのです。

③ 1RM測定の危険性

1RM測定は、持ち上げられるか持ち上げられないかというぎりぎりの質量にチャレンジします。スティッキングポイントでは、筋・腱と骨そして関節に最大あるいは最大を超える負荷が数秒間かかります。特に競争的な環境下で実施すると、自分の限界を大きく超える無理な努力をしがちですから、ケガの発生する確率が非常に高くなります。そして、運悪くどこかを痛めてしまっても、そのことを指導者に正直に言わないということも起こり得ます。

1RM測定で痛めてしまうと、しばらくはその後のトレーニングで全力を発揮することができませんから、1RM測定の結果に基づいて負荷を設定すること自体に意味がなくなってしまいます。

④ 1RM測定の非効率性

1RM測定は、十分なウォーミングアップの後、徐々に質量を増し、推定1RMの約50％から70～75％で2～3回程度、80～85％、90％でそれぞれ1回ずつ、そして過去の1RM値に基づいて小刻みに上げていくのが一般的です。一気に質量を上げすぎて成功しなければ少し軽くして再チャレンジということになります。セット間の休息をしっかり取ることが必要です。

個人でトレーニングを行っている選手であれば、ある程度の期間を置いてその日の調子を見ながら1RM測定を定期的に実施することも可能ですが、チームを対象として限られた施設で大人数で複数種目について行うとなると、効率よく行うためのグループ構成や実施方法などを工夫しても、どうしても時間がかかってしまいます。そのため、頻繁に行うことは現実的に不可能です。

⑤ 1RMの非妥当性

1RMの非信頼性の箇所で述べたように、1RMの値は、たとえば、スクワットでは決められた深さまで正確にしゃがむことを前提として、その深さから立ち上がることができる最大質量のことに他なりません。ベンチプレスでも胸に触れる

まで降ろすか、それよりも高い位置で切り返すかによって最大挙上質量は大きく異なります。

パワーリフティングという競技ではスクワットのしゃがむ深さは、大腿部の付け根が膝の上部よりも下になる必要があります。この姿勢で持ち上げることのできる質量と、それよりも浅い姿勢で持ち上げることのできる質量は大きく異なります。ですから、パワーリフティングのルールでは、大腿部の付け根が膝の上部と同じ高さまでしゃがんでも失格となり、大腿部の付け根は膝の上部より下まで下げることが求められます。

多くのスポーツ競技の動作で大きな筋力やパワーを発揮する姿勢は、パワーリフティング競技のそれとは異なります。スポーツのトレーニングでスクワットというエクササイズに取り組む理由は、体幹を安定させ、股関節や膝関節を屈曲してしゃがんだ姿勢から全身を爆発的に伸展させることによる筋力とパワーの発揮が、様々なジャンプ動作や、スプリントのスタート動作、方向転換動作、様々な打撃や投擲動作における下肢の伸展や踏み出し、相手選手に対するコンタクト動作等々における筋力とパワーの発揮等に転移すると考えられているためです。したがってこうした競技動作を考慮してトレーニングを行うためには、筋力の関節角度特異性から考え

ても、常にパワーリフティングタイプのスクワットを行うだけでは不十分です。

　ベンチプレスにおいても、様々な投擲や打突や相手と組んだ投げ技等において発揮するべき筋力やパワーを向上させるためには、バーをどこまで降ろすか、グリップの幅をどうするかといった点を考慮したフォームでのトレーニングが必要となります。したがって一般的に行われているようなパワーリフティングタイプのベンチプレスで測定した1RMのパーセンテージでそれらの負荷を設定する妥当性はありません。かといって関節角度特性を考慮したフォームでの1RMを正確に測ることも容易ではありません。

　さらに、1RMの値はあくまでkgで表される最大挙上質量であって、競技パフォーマンスを規定するのは、一定の質量（kg）に対して発揮される筋力そのもの（N）やパワーの大きさ（W）です。ですから、選手の筋力やパワーがどれくらい向上したかという評価や、筋力やパワーを指標とした選手のコンディションの把握にはさほど役立ちません。

（4）1RM測定はやるべきではない！

　以上のように、従来の1RMのパーセンテージによる負荷設定法の前提となる1RM測定には様々な問題があり、その

信頼性や変動性を克服して安定した値を測定しようとしても、その危険性と非効率性から、現実的には頻繁に実施することは困難です。ですから日々のコンディションや能力の変化に対応した正確な値を得ることは、現実的にはほぼ不可能です。また、パフォーマンス向上のためのトレーニングを実施していく上で、選手の能力評価やコンディション把握にとって、1RM測定で得られる値には妥当性がありません。

こうしたことから、近年VBTの研究において世界をリードしているスペインの研究グループがその研究をまとめた書籍の中で、「われわれの結論は、1RMは測定するべきではないということだ。トレーニング負荷を処方するためにも、トレーニング効果を評価するためにも、1RMを測定する必要はない。必要性がなく、危険なことはすぐやめるべきだ」と言い切っています。

(5) RM法の限界

危険性を伴い効率が悪いことから、現実的には頻繁に測定できない1RMに代わって、最大挙上回数法というものが考案されてきました。Repetition Maximumの頭文字をとってRM法と呼ばれています。その質量で最大何回連続して挙上できるかという回数です。たとえば3RMというのは、3回

連続してなんとかぎりぎり持ち上げることのできる質量、ということになります。従来から一般的によく用いられてきたものとして、最大挙上質量（1RM）を100%とすると、その95%、93%、90%、87%、85%、83%、80%、77%、75%、73%、70%がそれぞれ、2RM、3RM、4RM、5RM、6RM、7RM、8RM、9RM、10RM、11RM、12RMに対応するというものです（表2）。

表2　%1RMと最大挙上回数の対応関係

%1RM	100	95	93	90	87	85	83	80	77	75	73	70
RM	1	2	3	4	5	6	7	8	9	10	11	12

この対応関係を基に、たとえば70kgでぎりぎり8回持ち上げることができた、つまり8RMだったすると、それは1RMの80%に対応するはずと考えて70kg÷0.8＝87.5kgというように1RMを計算によって求めるというものです。

しかし、こうした対応関係で示された値は、先にクロスカントリーランナーとウェイトリフターを比較した例で示したように極めて個人差が大きく、また、筋群によっても異なります。したがって、ある質量に対するRMから1RMを求め、そのパーセンテージで目的に見合った負荷を設定するということは適切ではありません。

さらに、RMに基づくトレーニングは、最大ぎりぎりその

回数を持ち上げることのできる質量を前提としていますから、RMによるトレーニングにおいても、それ以上持ち上げることができないという最大挙上回数を上げ切ることが前提です。ということは、たとえば8RMで3セット行うというプログラムを作成した場合、1セット目に8回ぎりぎり上げることができた重さはよほど休息時間を長くとらない限り2セット目、そして3セット目に8回上げることはできません。そこで3セット目に8回ぎりぎり上げることができる重さを選ぶと、1セット目と2セット目には軽く8回以上、反復することができますから、8RMではなくなり、結局のところRM法で適切な負荷を設定することはかなり曖昧となります。

（6）「つぶれる」まで追い込むことに意味があるのか？

①従来は常識であったフェイリヤー

RM法は、それ以上持ち上げることができなくなるまで「頑張る」ことを前提としています。言い換えれば、「つぶれる」一歩手前まで「追い込む」ことを前提としています。英語ではウェイトトレーニングにおいてそれ以上持ち上げられなくなってつぶれることを、フェイリヤー（Failure）といいます。失敗という意味です。実は、これまでのウェイトトレーニングにおいてはこのフェイリヤーまで追い込むこと

を基本的な前提としていました。

1900年代の後半から2000年代初期に、フリーウェイトを用いて、中軽量の負荷を爆発的に高速度で持ち上げるトレーニングと、高重量の負荷を持ち上げて必然的に低速となるトレーニングのどちらが最大筋力やパワーの向上にとって有効かという研究が盛んに行われましたが、結局明確な答えは得られませんでした。

当時の研究方法を、VBTを普及させる契機となったその後の研究や、1RMのパーセントに基づくトレーニングに対するVBTの優位性を明らかにした現在の研究方法の視点から再検討すると、2つの重要な問題を指摘することができます。

1つは、当時の研究は被験者に対して「できるだけ爆発的に、できるだけ高速で」挙上するようにという指示を与えてはいましたが、実際の速度を測ることによって果たしてどれだけの高速が発揮できているのかの検証はせず、被験者の主観的な努力感に委ねてしまっていました。77ページで紹介したティドフ教授による挙上速度の測定とそのフィードバックというのは特殊な実践例であり、決して一般的な方法として確立されていたわけではありませんでした。

第2に、当時の研究は、フェイリヤーを前提として、それ

以上反復できなくなるまで挙上を継続させていました。したがって、中軽量を用いて「爆発的に高速で」行うトレーニング群の被験者、たとえば75％1RMで10レップを全力で反復するようにと指示された被験者も、本当に100％の全力の速度が発揮されていたかについての保証はありません。また、セットの最後の方になると、疲労によって挙上速度はかなり減速していたことが十分想定されます。

②フェイリヤーは必要ない

　実は最近、このフェイリヤーには筋力やパワーの向上、さらには筋肥大にとってさえ必ずしも必要がないのではないかというエビデンスが示されつつあります。ただし、何も頑張らず楽をしてもよいという意味では決してなく、VBTによって1レップごとのスピードをリアルタイムでフィードバックし、処方されたスピードを維持しようと全力での挙上を繰り返すことが前提で、スピードが一定の割合低下した時点でそのセットを終了する、という方法です。以下、いくつかの研究を取り上げて、フェイリヤーが必ずしも必要ではないことを説明したいと思います。スピードが一定のレベルまで低下した時点でそのセットを終了する方法については、第4章で詳しく解説します。

　1RMの85%を用いたダンベルによるシングルアームカール
を2秒で降ろして2秒で持ち上げる動作をフェイリヤーまでほ
ぼ6レップ反復するというトレーニングが、2秒で降ろして最
大速度で持ち上げることを4レップ行ったグループ、それか
らストレッチ–ショートニングサイクルを用いて素早く降ろ
して最大速度で持ち上げることを4レップ行ったグループと
比較されました。すべて3分間の休息を挟んで、4セットを週
3回4週間にわたって実施されました。その結果、1RM、ア
イソメトリック最大筋力、筋放電量、筋横断面積のすべてに
おいてどのグループも有意な向上を示しましたが、グループ
間に統計学的に有意な差は見られませんでした。

　別の研究で、85%1RMでのベンチプレスを任意の通常スピ
ードでフェイリヤーまで追い込んで反復するセットを2分間
の休息を挟んで繰り返し、それ以上1レップも持ち上げるこ
とができなくなるまでその日のセットを継続するという方法
で週2回3週間トレーニングしたグループは、1RMにおいて
も最大挙上スピードにおいても有意な向上を示しませんでし
た。これに対し、同じ期間同じ85%1RMを用い、最大スピー
ドでの挙上を反復し、そのセットの最大速度の20%低下した
時点でセットを終了する、という方法で2分間の休息を挟ん
でセットを続け、その日の最低速度が1レップ目から発揮で

きなくなった時点でセッションを終了するというグループは、1RM、最大挙上速度ともに有意な向上を示しました。

　また、ベンチプレスとスクワットのトレーニングを3つの時期に分け、16週間のトレーニングを2つのグループで比較した研究では、最初の6週間は10RMの負荷を用いてフェイリヤーまでの反復を3セット、次の5週間は6RMでフェイリヤーまでの反復を3セット実施したグループと、最初の6週間は同じ10RMですが、5レップを6セット、次の5週間は同じ6RMですが、3レップを6セットを最大速度で実施したグループが比較されました。最後の5週間はどちらのグループも5RMで2〜4レップを3セット行いました。その結果、1RMに関してはどちらもグループの向上率にも差がありませんでした。しかし、最大速度で反復しフェイリヤーになる前にセットを終了したグループだけが最大パワーを向上させました。つぶれるまで追い込んだグループには、最大パワーの向上は見られませんでした。

③フォーストレップ

　従来のトレーニング方法で、より効果を上げるために有効とされてきたフェイリヤーに到達してから、さらにスポッターの補助によって強制的に追加の反復をさせるフォーストレ

ップについても研究が行われています。バスケットボールとバレーボールの選手を対象に、ベンチプレスの6RMの質量を用い、6レップ×4セット、3レップ×8セット、3レップ×12セットの3群でトレーニング効果が比較されました。6レップ×4セット群の最後の2セット、3レップ×8セット群の最後の4セット、3レップ×12セット群の最後の6セットでは、フェイリヤーになった後もフォーストレップによる強制的な反復がスポッターによって行われました。フォーストレップのセット数が異なるにもかかわらず、これらすべてのグループにおいて、3RMと6RMの質量、およびベンチプレススローにおけるピークパワーと平均パワーを有意に向上させグループ間の差はありませんでした。

　このように、一般的に従来から考えられてきたように、それ以上反復できなくなるまで追い込むことや、さらに強制的に反復を追加してやらせることによる効果はないということができます。

④フェイリヤーの身体への影響

　次に、このようにつぶれるまで追い込むトレーニングによる身体への影響はどのようなものなのかを見てみましょう。

　ほぼ12RMに相当する70%1RMのベンチプレスとスクワッ

トで、12レップまでの最大回数まで追い込んで5分間レスト
で3セット行うグループと、その半分にあたる6レップを同じ
5分間レストで3セット行うグループについて比較したところ、
12レップ群のセット内スピード低下率は6レップ群の約2倍で
した。そしてトレーニング後のカウンタームーブメントジャ
ンプ（CMJ）の跳躍高の低下は、12レップ群のみトレーニ
ング終了48時間後まで継続し、骨格筋の損傷度の指標とされ
るクレアチンキナーゼの上昇も48時間後まで続き、さらに心
拍変動において交感神経の興奮による緊張状態が継続してい
ることを示す指標がトレーニング終了後に観察されました。
この他にも、フェイリヤーまで追い込むトレーニングとその
半数のレップ数でセットを終えるトレーニングを比較した結
果、フェイリヤーまで追い込むことにより、セット終盤にお
ける著しい挙上速度の低下が生じるとともに、トレーニング
終了後のCMJの低下、大きな筋損傷の程度を示すホルモン
の上昇、疲労の指標である血中乳酸濃度やアンモニア濃度の
上昇とそれらの回復の遅れが報告されています。

　以上のように、従来考えられていたようにつぶれるまで追
い込まないと強くなれないとか、フォーストレップによって
さらなる効果が得られるという信念はすでに科学的には否定
されており、コンディションに対してネガティブな影響を及

ぽすことが明らかにされています。こうしたことは、個別研究のみならず複数の先行研究の結果から得られるデータを収集・統合し、統計的方法を用いて解析したメタアナリシスによっても確かめられています。

（7）オートレギュレーションの追求と限界

　選手のコンディションは日々変動するものだという事実を直視することにより、日々のコンディションに応じた適切な負荷を個々の選手に設定するための方法は古くから模索されていました。選手一人ひとりは、その生物学的なリズムが異なり、睡眠時間も食事内容も、ウェイトトレーニング以外のトレーニングから受ける負荷も異なり、さらには学業や仕事、社会的あるいは家庭における条件は決して一定ではありません。また、全員が常に一定のベストコンディションでトレーニングできるわけでもありません。しかしながら、それら個々の選手に細かく対応した負荷の微妙な調整をトレーニング指導者が常に個別に対応することは、現実的には不可能です。だからといって、全員に対して常に一律の負荷を掛けることも危険です。逆にその日にコンディションのよい選手や、急速に力をつけてきている選手に対してタイミングよく適切なオーバーロードを掛けていくことも、トレーニング効果を

最大限に高めるためには重要となります。

　そのため、あらかじめコーチによって決められた週ごとの負荷の上げ方や変動のさせ方のパターンに従ってトレーニングを進めていくのではなく、トレーニング日に個々の選手の体調に合わせて最適の負荷を設定するための方法が模索され考案されてきたのです。

　1900年代の中盤に提唱され定式化されたものにDaily Autoregulated Progressive Resistance Exercise（DAPRE）というものがあります。日々の自動調節によって漸進的に行うレジスタンストレーニング法といった意味ですが、ポイントはオートレギュレーション（自動調節）という点にあります。

　6RMの質量をあらかじめ求めておき、第1セットではその50%の質量で10レップ行います。第2セットでは6RMの75%で6レップ、そして第3セットでは6RMの100%を用いてフェイリヤーまで行います。そしてもしこの第3セットで7回以上反復できたら、次の第4セットでは少し重くしてフェイリヤーまで行い、もし第3セットで5回以下しか上がらなければ軽くしてフェイリヤーまで反復します。この第4セットで用いた負荷の重さを次のセッションの6RMの基準として用います。

　このような方法により、あらかじめ決められた強度と量の

とおりに全員が従うのではなく、個々の選手の日々のコンディションに応じた負荷を自動的に選手自身が調節していくことができるとしたのですが、6RMという固定された強度だけではバリエーションに欠けそれ以上の進歩が望めないとして、その後、新たな自動調節法が提唱されました。

　最大筋力やRFD（Rate of Force Development）などの向上のためには3RM、動的な筋力向上のためには6RM、そして筋肥大のためには10RMを基準とする方法です。この方法では、第1セットではそれぞれ基準となるRM値の50%の重さを用いて、10RMでは12レップ、6RMでは10レップ、3RMでは6レップ行い、第2セットではRM値の75%の重さで10RMでは10レップ、6RMでは6レップ、3RMでは3レップ行い、そして第3セットではそれぞれのRM値でフェイリヤーまで続けます。

　この第3セットでのレップ数によって最後の第4セットの負荷を決めますが、目標のRMの回数より多くの回数、もしくは少ない回数であれば、±2レップごとに、2.5〜5kgを増やすか減らすかします。たとえば10RMであれば、10レップできればそのままの負荷で行いますが、11〜12レップできれば2.5kg、13〜14レップできれば5kg増やし、逆に8〜9レップしかできなければ2.5kg減らし、6〜7レップなら5kg減らすと

いうふうに調整します。そしてこの第4セットで用いた重さ
を、次のセッションの基準とします。

　こうしたオートレギュレーションによる負荷の調整法を、
週ベースで負荷を徐々に増していくリニアピリオダイゼーシ
ョンと呼ばれるプログラムと比較した研究が、10年ほど前に
アメリカの大学フットボールチームによる6週間のベンチプ
レスとスクワットのトレーニングを対象として行われました
が、その結果はオートレギュレーションが圧倒的に優れた
1RM値の向上効果を示しています。

(8) VBTによる自動調節法

　これまで見てきたように、従来当たり前とされてきたよう
な、あらかじめ決められたピリオダイゼーション計画のとお
りに負荷を一律に設定して全員同じプログラムに取り組ませ
るのではなく、選手一人ひとりの日々の体調に合わせて、負
荷を微調整する必要性とその効果は明らかです。しかしなが
ら、こうした自動調節法を、%1RMを基準としてRM法によ
って負荷を設定している以上、RMと%1RMの関係を固定的
に捉える誤りを克服できておらず、またフェイリヤーまで追
い込むことが大前提となっていることから、これまでのトレ
ーニング法が抱えていた問題点を根本的に解決することはで

きません。

　そこで、今日のVBTにおいては、上述したような様々な問題を孕む1RM測定それ自体に全く頼らず、また、フェイリヤーまで追い込むことを前提としたRM法を用いることなく、挙上速度を基準として負荷質量を個人ごとに日々設定し、実施したセットにおけるスピードの低下によりレップ数を調節するという新たな方法によって、これまで追求されてきた自動調節という理想的なコンセプトをより高い次元でより確実に実現できるようになってきたのです。これについては第5章で詳しく説明しています。

第2章

VBTを正しく理解し応用していくために

トレーニング指導の専門家として
避けて通れない基礎科学

1 運動力学の基礎

　私は、大学のスポーツサイエンスの教授としての授業において、あるいは様々なトレーニング指導者を対象としたセミナーにおいて、若い人々には運動力学を学ぶことの大切さを常に力説しています。残念ながら日本の高等学校の生徒諸君や進路指導の先生方は、将来の大学の進路選択や受験対策において体育系やスポーツ系の進路は、いわゆる文系であるとされ、高等学校における理系の科目を履修しなくてもいいと指導されているようです。私が担当している講義や、すでに指導者となっている方を対象としたセミナーで尋ねても高校時代に理系だったという人はごく稀です。

　かくいう私も、高校時代の将来の進路に体育系を希望した際、担任の先生に、文系のコースに進むことを勧められました。数学が苦手だった私は「ラッキー！」と思ったものです。おかげで数学や物理や化学の授業を受けずに済ますことができました。しかし、それが大間違いだったことは大学のバイオメカニクスの授業ですぐに気づかされました。高校時代に理系だったという友達は先生の言っていることが理解できるというのに対し、私は少し突っ込んだ内容になると「ちんぷ

んかんぷん」だったのです。

その後しばらく、運動力学的な内容について理解することはほぼ諦めていましたが、大学院修了後、トレーニングの研究を本格的に開始した際、あらためて高校の物理、なかでも運動力学を最初から勉強し直しました。またその内容を理解するための数学も勉強し直しました。すると高校時代には全く興味のなかった内容が、自分がトレーニングの指導をする、そのための科学を理解しようという目的意識があると、何とか食らいついて勉強を進めることができました。わかってくるとますます興味が湧いてきて、新しい内容にもチャレンジしたいという気持ちが高まっていきました。それなりに理解力も進んでいたのかもしれません。

体育系、スポーツ系は高校における進路指導では文系だというのは、この何十年間変わっていないようですが、本書をお読みの皆さんも、将来トレーニング指導者として、あるいはトレーニング科学の専門家としてスポーツ界に貢献したいと思われるのであれば、できるだけ早く運動力学と数学の勉強に毛嫌いせず取り組まれることをお勧めします。

さて前置きが長くなりましたが、この第2章では、VBTを正しく理解し、応用していくために不可欠な基礎科学について解説します。まずは運動力学から始め、次に筋活動の生理

学について説明します。

（1）力とは

　筋力とは何でしょうか。文字通り、筋肉が活動することによって発生する力のことです。では力とは何でしょうか。「ベンチプレスで100kgのバーベルを持ち上げられる人は100kgの筋力がある」。これは力学的に正しい表現でしょうか？

　力の単位はニュートン（N）といい、kgではありません。kgとは質量の単位です。まずこの事実をはっきりと理解してください。ベンチプレスの1RMが100kgの人が「私のベンチプレスの最大筋力は100kgだ」と言ったとしたら、明らかに間違いなのです。

　では、ベンチプレスの1RMが100kgの場合、どのように説明するのが力学的に正解でしょうか？

　これを正しく理解するためには、そもそも力とは何かということから理解する必要があります。

　力とは、物体の状態を変化させる原因となるものであり、物体に力が作用すると、加速度が生じ、静止していた物体が動き出したり、運動していた物体はその速度や運動の方向を変えたりします。このことをより正確に表現すると、**「物体に力が働くとき、物体には力と同じ向きの加速度が生じ、そ**

の加速度の大きさは力の大きさに比例し、物体の質量に反比例する」となり、公式ではF=maと表します。FはForceの頭文字で力を、mはmassの頭文字で質量を、そしてaはacceleratonの頭文字で加速度を意味します。

　手に持ったメディシンボールを投げる場面でこのことを考えてみましょう。Fは投げる力、mはメディシンボールの質量、aはメディシンボールにどれだけ大きな加速度が生じるか、です。メディシンボールの質量が一定なら、大きな力を発揮すればするほど加速度は大きくなり、手から離れる瞬間の速度が増すため遠くまで投げることができます。力の大きさが一定なら、メディシンボールが重くなると、生じさせることのできる加速度は小さくなりますから軽いボールより遠くに投げることはできません。

　このF=maという公式はニュートンの第2法則である運動の法則と呼ばれ、第1法則の慣性の法則、第3法則の作用・反作用の法則と並んで運動力学を理解するためには不可欠の法則です。

　では、質量とは何か、加速度とは何かについてみてみましょう。まずは質量から。

(2) 質量と重量

　前述したように質量の単位はkgです。では1kgという質量はどうやって決まっているのでしょうか。もともとは、1889年に作られた国際キログラム原器というパリ郊外の国際度量衡局に大切に保管されている合金製の分銅の質量でした。ですから、その原器と天秤にかけて釣り合うのが1kg、それが10個あれば10kgというようにあくまで相対的なものです。トレーニング室の20kgのプレートが20kgだということも、元をたどればこの国際キログラム原器にたどり着きます。もっとも、2019年5月からは、国際キログラム原器ではなく、プランク定数という量子力学の定数を用いてケイ素という元素の数で定義されていますが、本質的な質量の定義は同じです。

　質量はその物体にもともと備わっている固有の量のことで、地球上のどこで測っても、宇宙空間でも、月面でも同じです。ではなぜ、地球上で体重70kgの人が宇宙の無重力空間で体重計に乗っても浮いてしまい、0kgになるのでしょうか。その人の質量がなくなったのでしょうか。

　実は重量という言葉は、日常的には質量と同じように捉えられていますが、正確にはその物体の存在する環境に応じて変化する量なのです。重さという言葉も重量と同じで英語のweightがこれにあたります。重さや重量を理解するには、

地球環境における重力の存在が問題となります。重力とは何かを理解するためには先に、F=maのa、つまり加速度について知る必要があります。

(3) 速度

　加速度を理解するためには、まず速度とは何かを正確に把握する必要があります。速度とは、中学の理科的に表せば、「距離÷時間」のこと。力学的に正確に記すと「変位÷その変位に要した経過時間」です。変位とは、物体が運動してその位置が変わったときの変化量です。基本的にはメートル（m）で表しますが、cmでもkmでも意味するところは同じことです。時間は、身体運動については基本的には秒（s）を用いますから、変位÷時間である速度の単位はm/sとなります。m・s-1と表記しても同じことです。速度は英語でヴェロシティー（velocity）といい、スピード（speed）に対応する日本語は速さです。何が違うかというと、運動の方向が規定されているかどうかです。速度の場合は運動の向きが含まれ、速さは大きさだけで向きは関係ありません。ですから、たとえば垂直跳びで鉛直上向きにプラスの座標を取った場合、カウンタームーブメントの沈み込みの速度にはマイナス記号が付きます。速さであればプラスマイナスは関係なく絶対値となります。

(4) 加速度

　多くの運動においては、その速度が常に一定ではなく変化します。静止状態から動き始めるときも、一旦動き出した物体の速度が速くなることも、逆に速度が低下することもあります。このような速度の変化を捉える物理量が加速度です。速度の変化量をその変化に要した時間で割ることで、加速度は求められます。対象とする運動区間の後の速度から前の速度を引いて、速度の変化量を求め、それに要した時間でその変化量を割ったものとなります。たとえば、スクワットのボトムポジションで静止した状態からバーベルを上に押し上げて再び静止する直前に速度が1.5m/sに達するのに1秒かかったとすると、その加速度は、（1.5m/s−0m/s）÷1s=1.5m/s/sと表します。単位は速度のm/sをさらにそれに要した時間 s で割りますから、m/s/sとなり、m/s^{2}とかm・s^{-2}あるいは、上付き文字が使えないときや、エクセル計算するときは、m・s^2と表記することもあり、メートル毎秒毎秒と読みます。

　加速度を捉える際にも、速度と同様にプラスとマイナスの方向に気を付ける必要があります。プラスの加速度は座標軸のプラス方向に速度が増すことを意味し、マイナスの加速度は速度が減じることを意味します。加速度が０の場合は加速も減速もせず、等速直線運動を続けているか、静止したまま

であることを意味します。いくら高速で運動していても、速度に変化がなければ加速度は常に0です。

　注意しなければならないのは、速度がプラスであっても、マイナスの加速度が生じている場合、速度は減速を続け、ある時点で速度は0になり、今度は反対向けに速度を増加させていきます。たとえば、カウンタームーブメントジャンプにおける沈み込み局面では鉛直下向きをプラスとすると、下向きの速度が生じていますが、地面に力を加え続けている限り、沈み込み動作を開始してまもなく上向きの加速度が生じます。そのため、下向きの速度が減速していき、ボトムのポジションでは速度0となり、その後上向きに速度が増加していきます。

　このように物体の運動の速度が変化している、つまり加速度が生じているということは、その物体に何らかの力が作用しているということになります。速度の変化がない、つまり加速度が生じていなければ、いくら高速でその物体が運動していても、力は一切作用していないということになります。

　以上の変位と速度と加速度の関係を、数学的に表すと、変位を時間で微分することによって速度が得られ、速度を時間で微分することで加速度が得られる、逆に、加速度を時間で積分すると速度が、速度を時間で積分すると変位が得られる

と表すことができます（図1）。

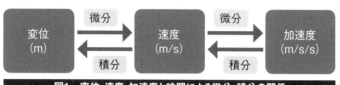

変位 (m)	微分 →	速度 (m/s)	微分 →	加速度 (m/s/s)
	← 積分		← 積分	

図1　変位・速度・加速度と時間による微分・積分の関係

(5) 重力

　さて、さきほど地球上で体重を測ると70kgの人が、無重力空間では0kgになるといいました。ということは、地球上では重くて持てなかった100kgのバーベルも無重力の宇宙空間では軽々と持ち上げることができます。テレビ中継される宇宙船の中ではすべてのものに重さがないように見えます。長期宇宙空間に滞在して地球に帰還した女性の宇宙飛行士が、「地球では髪の毛をかき上げるだけでも重いと感じる」と言っていました。ではこの重いとか軽いというのは何でしょうか。

　重いとか軽いというのは感覚です。無重力空間に行けば100kgのバーベルも20kgのダンベルも重さを感じません。なのに、地球上では100kgのバーベルは重く、20kgのダンベルは軽いと感じます。その理由は、重力の存在にあります。

　重力とは地球上のすべての物体に対してかかる力であり、

地球が地球の中心に向かって引っ張る力のことです。質量を持つすべての物体の間には万有引力と呼ばれる引力があり、地球も例外ではありません。地球上の物体に働く重力は、厳密にいうと地球が持つ地球の中心に向かうこの引力から地球の自転による地球から遠ざかる遠心力を引いたものとなります。

(6) 重力加速度

では、重力の大きさはどれくらいでしょうか。重力も力の一種ですから、F=maという法則に支配され、その力が作用する物体に対して加速度を生じさせます。どれくらいの加速度が生じるかというと、地球上の場所によって異なり、地球の中心からの距離が近い北極や南極と、地球の中心から距離が北極や南極よりも遠く、遠心力の影響が大きくなる赤道に近い場所とではその大きさが異なります。北極に近いオスロやヘルシンキの9.83 m/s/sに対して、赤道に近くしかも標高2240mという高地のメキシコシティーでは、9.77 m/s/sとなります。

同じ身体や同じ投擲物（たとえば砲丸）であっても、それに作用する重力はメキシコシティーでは、オスロやヘルシンキより小さくなります。そのため、1968年にメキシコシティーで開催されたオリンピックでは、跳躍、投擲、短距離など

重力の影響を受けやすい競技で数多くの世界記録が樹立されたことは有名な話です。地球上の場所によってわずかに異なる加速度ですが、現在国際的には9.80665m/s/sを標準的な値とすることが定められており、一般的には9.81m/s/sが用いられています。**この加速度のことを重力加速度といい、g（ジー）で表します。ですから、地球上の物体に作用する重力は、F=maの代わりにF=mgで表せます。**

ちなみに、9.81m/s/sというのはどれくらいの加速度でしょうか。1秒間に速度が9.81m/sずつ速くなっていくわけですから、落下開始時は速度0m/s、それが1秒後に9.81m/s、2秒後にはその2倍の19.62m/s、3秒後には3倍の29.43m/sになります。時速に直すと105.9km/h、静止状態から100km/hに到達するのに3秒を切るといわれている動物のチータやスーパーカーの加速能力は、ほぼこの重力加速度gに相当することがわかります。

（7）質量100kgのバーベルを持ち上げるときの筋力

以上を基に、質量が100kgのバーベルを持ち上げるときに発揮する力をどのように説明するのが正しいのかを考えましょう。100kgという質量のバーベルに作用する重力、言い換えれば地球がバーベルを引っ張る力は、F=mgですから、

100kg×9.81m/s/s=981kg・m/s/sとなります。

　質量の単位×加速度の単位であるこのkg・m/s/sというのが力を表しています。しかしこれでは長すぎて書くのも面倒ですから、国際単位系ではこれをニュートン（N）という単位で表すことにしています。1Nは質量1kgの物体に1m/s/sの加速度を生じさせる力である、と言い換えることもできます。1N＝1kg×1m/s/sです。

　要するに、100kgのバーベルには981Nの重力という力が作用していますから、ある人がこのバーベルをベンチプレスで保持し、肘を曲げて支えているときに発揮している力は、バーベルに作用する重力とバーベルを押し上げようとする筋力が釣り合っているわけですから、981Nであるというのが正解です。したがって、このバーベルを保持しているだけではなく、上方に持ち上げているときの力は981Nよりわずかであっても大きくなければなりません。これを式で表すと、F=m（g+a）となり、+aが加わります。支えて静止しているときはa=0ですが、上昇させていくには、支えるだけに必要なgにプラスして上向きに加速度を発生させる必要がありますから、a>0です。ですから、そのためにはより大きな力の発揮が必要となります。

（8）同じ重さでも低速と高速では発揮筋力が異なる

　ここまでの重要ポイントをまとめると、次のようになります。まず、1RMというのは最大筋力ではなく、最大挙上質量であり、その単位はkgであること。ウェイトを挙上するための力の単位はNであり、ウェイトを持ち上げるためには、地球がバーベルを引っ張る力である重力＝ウェイトの質量（kg）×重力加速度（g）以上の力を発揮するする必要があり、+aの加速度を生じせしめるのに必要な力の発揮がさらに必要となる、ということです。

　そして、VBTを理解する上で、ここからが極めて重要なのですが、ウェイトを支えているだけなら発揮しなければならない筋力は重力と釣り合っておりさえすればよく、また、非常にゆっくりと持ち上げるだけなら、支えるためだけの力をわずかに上回れば持ち上げることはできますが、さらに高速で爆発的に持ち上げる、つまり大きな加速度を発生させるためには、さらに大きな力が必要となるということです。

　ゆっくりと通常の速度で持ち上げる場合と、全力を発揮して最大速度で持ち上げるのとでは発揮される力がどれくらい変わるでしょうか。表1は、ベンチプレスの推定１RMが75kgの人が、30〜70kgのそれぞれのバーベルを持ち上げたときに得られた平均筋力とピーク筋力について、通常速度で挙上

表1　ベンチプレスにおける通常速度と最大速度による筋力の違い

重量(kg)	平均筋力(N)		ピーク筋力(N)	
	通常速度	最大速度	通常速度	最大速度
30	302.7	350.9	494.0	760.8
40	397.6	420.7	573.6	877.0
50	493.9	520.0	687.9	914.1
60	589.2	604.6	804.7	987.3
70	689.7	691.5	960.3	993.8

するのと最大速度で挙上したときを比較したものです。

　30kg挙上時は通常速度で挙上したときの302.7Nに対して、最大速度での挙上時には350.9N、40kgでは397.6Nに対して420.7N、50kgでは493.9Nに対して520.0N、60kgでは589.2Nに対して604.6N、70kgでは689.7Nに対して691.5Nと、ウェイトが重くなると差が小さくなりますが、いずれも最大速度で挙上することにより、大きな筋力が発揮されていることが明らかです。ピーク筋力で比較するとこの差はさらに開き、93%1RMにあたる70kgでは通常の速度が960.3Nで最大速度では993.8Nとその差は3.4%ですが、80%以下になると、19〜35%もの大きな差となります。

　また、大学ラグビー選手を対象とした研究において、スクワットで素早く立ち上がることを意識した条件下では、必ずしも100%1RMの負荷で最大の力が発揮されるわけではなく、最大の力が発揮される負荷は、80%から100%で個人によっ

て異なるという報告もあります。

　これらのことは、1RMの大きさが全く同じ人でも、実際に様々な負荷に対してどれだけの力を発揮できるのかは、力を測ってみないことにはわからないことを明示しています。

(9) パワーとは

　トレーニング指導において、「日本人はパワー不足だ」「爆発的パワーの向上が大切だ」「相手を圧倒するパワーを身につけないとダメだ」「パワー向上のためにはクイックリフトが有効だ」といった具合に、パワーという言葉が頻繁に用いられています。では、パワーとは何でしょうか。きちんと力学的にパワーという概念を正確に理解せず、なんとなく感覚的にわかったつもりで使っていると、VBTデバイスから得られるパワーの数値データの意味するところも正しく理解することができません。

　このパワーを理解するためにはまず、仕事という概念を正確に捉えることから始めなければなりません。

① 仕事

　日常会話で使う仕事とは異なり、運動力学でいう仕事（work）とは、何らかの作業における労力の程度を表すた

めの物理量であり、発揮された労力の大小を判断するための客観的な尺度となります。仕事という物理量を用いることで、労力を感覚的に比較するのではなく、客観的に比較することができるようになります。

では仕事とは何でしょうか。ある物体が他の物体に対して力Fを及ぼして、力の方向に距離sだけ移動させたとき、力Fはその物体に対して仕事をしたといい、記号で表すと、仕事（W）＝力（F）×変位（s）となります。Wは仕事を意味するworkの頭文字、Fはforce、距離は物理学的に正確に表すにはプラスマイナスの方向も問題としますから、変位となります。

たとえば、100kgのバーベルに対する重力が981Nとして、それを担いでほとんど止まるくらいのゆっくりとした速度で50cm立ち上がれば、981N×0.5m＝490.5N·m（ニュートンメーター）となります。これが仕事量です。止まるくらいゆっくりと持ち上げたので、発揮した力はバーベルを支えるための重力とほぼ同じとみなすことができますが、大きな速度で勢いよくこのバーベルを持ち上げた場合は、発揮する力が大きくなりますから、同じ100kgという質量のバーベルを持ち上げても仕事量は大きくなります。

② 仕事の単位

　このNmという単位はそのままJ（ジュール）と言い換えることができます。ジュールというのはエネルギーの単位ではないか、と思った方がおられたら、正解です。実はエネルギーという概念は「仕事ができる可能性」を意味し、電気や熱をエネルギーで表すのは要するに、それらが持っている仕事をする可能性に焦点を当てているからです。ですから単位は同じです。仕事は結果で、エネルギーはその結果としての仕事ができる可能性です。

　1000円持っていれば、1000円の商品を買うという仕事ができる可能性がありますが、まだ買っていません。しかし実際に1000円で商品を買ったという結果があれば、仕事をしたということになります。しかし、もう1000円はありませんから、あらたに1000円の商品を買う可能性はありません。どちらも1000円という同じ単位の同じ量ですが、前者はエネルギーとして、後者は仕事として理解されます。したがって、可能性も結果も同じ単位で表そうというわけです。電気エネルギーも熱エネルギーも結果として仕事をすることができるからです。

　仕事の原理という法則があります。これは、どんなに工夫しても仕事の大きさは変わらないという法則で、たとえば最

近ほとんど見かけることがなくなりましたが、仰向けに寝て股関節を90度屈曲して垂直に上げ、プレートを真上方向に押し上げるタイプのレッグプレスと、最近よく見かけるプレートローディングで斜め上にプレートを押し上げるレッグプレスで同じ質量を同じ垂直距離持ち上げる動作比較した場合、前者よりも後者のほうが押すための脚伸展力は少なくて済みますが、押し上げる距離が長くなり、結局仕事量は同じになります。この仕事の原理が、世の中には永久機関は存在しないということの理由にもなっています。

　また、高いところにあるものは、位置エネルギーを持っているといいます。1mの高さにある100kgのバーベルは、100kgのバーベルをゆっくりと1m持ち上げるための仕事量である981Jと同じ位置エネルギーを持っています。これが落下すると運動エネルギーが生じ、落下したフロアを破壊するという仕事をすることができます。フロアを破壊した後は、位置エネルギーはゼロになります。落下してフロアに激突する瞬間の運動エネルギーは、その100kgのバーベルが1mの高さにあったときの位置エネルギーと同じになります。

　筋活動によって力学でいう物理量としての仕事をするためには、エネルギーが必要で、そのエネルギーは食事から得ていることになります。また注意すべきことに、大きな力を発

揮しても対象物が全く動かなければ仕事をしたことにはなりません。しかしその場合、投入されたエネルギーは筋の発熱などの体内の仕事に消費されていることになります。

③ パワーとは

では、パワー（power）とは何でしょうか。簡単にいうと、**パワーは仕事をする能率または効率のことです。**上の例でいうと、981Nの力でバーベルを50cm挙上したときの仕事量は490.5Jでした。この仕事を2秒かけて行ったときと1秒でこの仕事を完了したときとでは、仕事量は全く同じでも、仕事の能率が違います。そこで、仕事量をそれに要した時間で割ることで仕事の能率を比較しようという考えが成り立ちます。これを力学の概念では仕事率といい、単位時間当たりの仕事量のことになります。同じ仕事量であってもより短い時間で完了すれば、それだけ効率よく仕事を終わらせたということになります。逆に同じ時間がかかっても、より大きい仕事をすれば仕事率は大きくなります。単位を含めた公式で表すと、「パワーすなわち仕事率＝仕事量（J）÷時間（秒：s）」となり、単位はJ/sとなりますが、これにW（ワット）をあてています。

ワットというと、電気器具の性能として日常生活でも馴染

み深いと思いますが、これは、電気製品が単位時間当たり（つまり1秒間で比較して）どの程度の仕事ができるのかを比較しているのです。100Wのリビングの電球は60Wのトイレの電球より、単位時間当たりより多くの仕事をこなしているのです。

④ パワー＝力×スピード

「パワー＝仕事量÷時間」という公式は、この公式の中の仕事量を元の形に戻すと、「仕事量＝力×距離」ですから、「パワー＝力×距離÷時間」と変形できます。その上で「距離÷時間」という部分に着目すると、これはスピードのことです。ですから、「パワー＝力×スピード」と言い換えることができるのです。

　垂直跳びやバーベルやダンベル挙上の一回の運動で発揮している力とその力によって身体やバーベルやダンベルが移動するスピードは一定ではなく、刻々と変化します。ですから、パワーを問題とするときには、平均パワーと瞬間的なパワーを区別する必要があります。VBTで、ピークパワーとアベレージ（平均）パワーの両者に注目するのはそのためです。

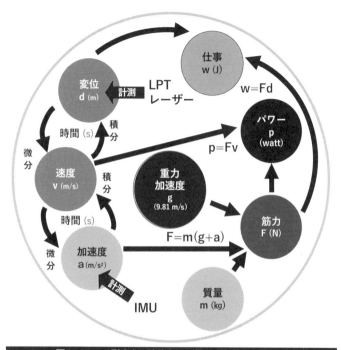

図2　VBTで測定され計算される様々な物理量の関係

　以上の変位、速度、加速度、質量、重力加速度、筋力、パワー、仕事の関係を図式で示したのが図2です。このうち、現在VBTで用いられている装置の中のLPTタイプのデバイスやレーザー光タイプのデバイスでは変位を測定し、加速度計を用いるIMUタイプのデバイスは加速度を測定し、そこから運動力学の計算に基づいてその他の物理量を求めています。

（10）運動量

　物体に力が作用するとその物体には加速度が生じ、その結果その物体の運動速度に変化が生じるわけですが、スポーツやトレーニングにおける実際の運動の勢いは、単に運動によって生じた速度の変化だけでなく、その物体の持つ質量も併せて考慮すると、よりその特徴を的確に捉えることが可能となります。

　たとえば、投げられたメディシンボールを受け止めるとき、5kgのメディシンボールと3kgのメディシンボールとでは受け止めるときのダメージが全く異なります。また、ラグビーやアメフトでタックルする選手の体重が同じでも、相手にヒットするときの速度が大きいほうが相手を止める可能性は大きいような気がします。逆に同じ速度でぶつかるなら、体重の大きい選手のほうが有利な気がします。このようないわば運動の「勢い」のような特徴を力学的に捉えようとする概念が運動量という概念です。

　運動量P（運動量のことは英語でmomentumといいますが、なぜがPを使い、理由は諸説あってよくわかりません）は、単純に質量mと速度vを掛け合わせることで得られる物理量で、式で表すと「運動量＝質量×速度」ですから、「$P = mv$」、単位はkg×m/sですから、運動量の単位はkg·m/sも

しくはkg・m・s⁻¹となります。

　たとえば、垂直跳びの踏切動作で、体重mの人の静止状態v_0から離地の瞬間にv_1の速度に変化したとします。わかりやすくするため、反動を使わずスクワットの静止状態から跳ぶスタティックジャンプを想定してください。このときの運動量の変化は、後の運動量から前の運動力を引いて$P = mv_1 - mv_0$のように表します。最初の速度が0ですから、$mv_0 = 0$となり、結局mv_1がこのときの運動量の変化となります。

　では、この運動量の変化を引き起こす原因となった力についてはどのように考えればいいでしょうか。

(11) 力積

　垂直跳びの例でも明らかなように、ある物体の運動量を変化させるにはその物体に力を加える必要がありますが、**運動量の変化に及ぼす力の影響を正しく捉えるには、力の大きさだけではなく、力を加えた時間の長さを考慮する必要があります。**なぜなら、$F = ma$という運動方程式は、大きな力を加えればそれだけ大きな加速度が得られることについてはわかりますし、大きな加速度が生じたのだから、そこに大きな力が働いた、ということはわかりますが、ここには時間の概念は全く入っていないため、その力がどれだけの時間作用した

かはわかりません。垂直跳びで高く跳ぶためには、地面に力を加える必要がありますが、ごく短時間、一瞬力を加えるだけでは高く跳び上がることはできず、グイっと大きな力を一定の時間加える必要があることは体験的にもわかると思います。

そこで、力によってどのような運動の変化が起こるのかを捉えるためには、力と時間の積というものを考える必要があるのです。これを力積といい、英語のImpulseの頭文字Iで表し、「I=力×時間」で「I=Ft」と表すことができます。単位はN·sとなります。つまり、力を加えて対象となる物体を移動させたときに、その力を加え続けた時間の積が力積だということです。

次ページの図3は横軸に時間、縦軸に力を取ったものですが、力が一定ではなく、このように変化しても、時間を短く取ってその時間ごとの力×時間の力積を集めると、その間の全体的な力積となります。フォースプラットフォームで力積を測定する原理はまさにこれで、力を測定できる時間間隔ごとの力の大きさを測り、それをすべて合計するということをしています。

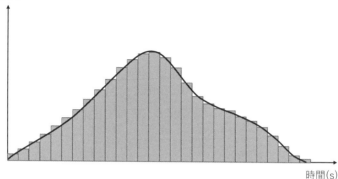

力(N)

時間(s)

図3　力積を表すグラフ
（力が時々刻々と変化すると、曲線で囲まれた面積が力積となる）

　力積が「力×時間」であるということは、力×時間の面積が同じであれば、図4のように様々な可能性があるということになります。曲線で囲まれた面積は3つとも同じですが、時間の長さと力の大きさが異なります。作用する時間が長いと力の最大値は小さくなり、同じ力積をより短い時間の作用で得るためには、力の最大値を大きくする必要があります。

　垂直跳びのように高く跳び上がるためには大きな力積が必要ですが、より高く跳び上がるだけではなく、より速くかつより高く跳び上がるためには、高く跳ぶために必要な力積を得るために踏切時間を短くする必要があり、より短い時間で大きな力を発生する能力が必要となることがわかります。

力(N)

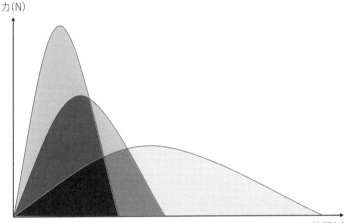

時間(s)

図4　力×時間の面積で表される力積の大きさは同じ

（12）力積と運動量の関係

　さて、ここで力積のN·sという単位に着目してください。力の単位であるNは、「質量×加速度」のことですから、その単位は元をただせば、kg·m/s/sです。すると、力積はこれに時間sを掛けるのですから、kg·m/s/s·sとなりますが、分母と分子のsが1つずつ消えて、kg·m/sとなります。なんとこれは、P137で見た運動量の単位と全く同じです。

$$\frac{kg\dfrac{m}{s}\cdot s}{s} = kg\frac{m}{s}$$

ですから、力積と運動量は同じ単位となり非常に関係の深い物理量であることがわかります。

　そこで、力積と運動量にどのような関係があるか見てみましょう。運動方程式「$F=ma$」を思い出してください。力積は、力にその力の作用する時間を掛けるわけですからtを掛けると「$Ft=ma$」となりますが、等式を成り立たせるため、右辺にもtを掛けます。すると、「$Ft=mat$」となります。

　ここで運動量のところで見たように、この力積がある物体に作用して初速度v_0がt秒後にv_1になったとします。すると加速度aは、変化後の速度から変化前の速度を引いた速度の変化量を、それに要した時間で割るのでしたから、$a=(v_1-v_0)/t$と表せます。これを$Ft=mat$のaに代入すると、「$Ft=m(v_1-v_0)/t \cdot t$」となり、右辺の分母と分子のtが消えて、「$Ft=m(v_1-v_0)$」となります。右辺を展開すると「$Ft=mv_1-mv_0$」となりますから、この右辺はまさに運動量の変化を示しています。したがって、『物体の持つ運動量の変化はその間に物体が受けた力積に等しい』という法則が導かれることになるのです。

（13）運動量と力積の応用

　以上が運動量と力積という概念の説明と、その関係につい

ての解説でした。これを理解することにより、次のようなことがわかると思います。

　できるだけ大きな力を長時間作用させることによって、その力を加えた物体に対してより大きな速度を発生させることができること、物体に対してより大きな速度を付与するのに、短い時間しかなければ、できるだけ大きな力をその時間内に発揮することで力積を大きくする必要があること、質量が同じ（たとえば体重）で速度の変化量を大きくしたいならば（たとえば垂直跳びの踏切の瞬間の初速度）、力積を大きくする必要があること、さらに同じ力積なら力が作用する時間を長くすれば、その間の力は小さくすることができる、力が作用する時間を短縮すれば、その間に作用する力は大きくなる……等々。

　たとえば、箱の上から飛び降りて着地後すぐに跳ぶというドロップジャンプの着地の瞬間に、膝を曲げて衝撃を吸収しすぎるとその効果がなくなると表現しますが、これを力積と運動量の関係ではどのように説明できるでしょうか。

　着地の瞬間に大きく膝を曲げるということは、それだけ落下時の速度から速度＝0の静止状態になるまでの時間を長くかけることにつながります。体重が同じで、着地の瞬間の速度が同じだとすると、着地の瞬間の運動量が0になるまでに

作用する力積Ftのtの時間がより長くなることを意味しますから、Ftの面積全体が同じ大きさのままtを長くするということは、Fを小さくすることになります。それによって衝撃が小さくなるというのが正解です。逆にいうと、膝をあまり曲げないようにして、できるだけ短い時間で静止すれば、Fという負荷を大きくすることができるわけです。

　以上のような、力積と運動量の関係を理解すれば、たとえばベンチプレスやスクワット等のエクササイズ動作においても、バーベルやダンベルに対して力を加え続け、可動範囲の全体にわたって大きな力を出し続けることでバーベルやダンベルを加速し続けて大きな速度を得るということを目的とした動作と、ただ単に最終的にバーベルやダンベルを挙上すればよいという動作とでは、トレーニングの刺激自体全く異なることが明確になると思われます。VBTでは、リアルタイムで挙上速度をフィードバックしますから、常に最大速度を追求することによって、より大きな力積を生み出すための動作を習得することにもつながるわけです。

（14）筋力の発生率

　スポーツ動作において、大きな力の発生はボールやバット

や投擲物等に対して大きな加速度を生み出し、大きな速度を発生させます。また相手の運動を阻むためには、その運動と異なる方向に対する力を加えることによって相手の運動速度を減速させ、こちらの意図する方向へ向けさせることが必要になります。さらには、ジャンプやスプリントにおいて自分の身体を移動させたり投射したりするためには、地面に対して大きな力を加える必要があります。このことは、荷物を持ち上げて運搬するとか、椅子から立ち上がるといった日常動作においても全く同様であり、筋力を高めておくことは日常動作においても様々な場面で有利となります。ウェイトトレーニングによって筋力を高めるというのは、その意味で非常に重要な課題となります。

　しかし、以上で見てきたように、ただ単に大きな筋力を発生する能力を高めればよいのではなく、大きな力を可動範囲にわたって発揮し続けて大きな力積を得ることや、より短い時間で同じ力積を得るための能力も必要となります。

　特にスポーツ競技におけるほとんどすべての課題や、日常動作においても、バランスを崩して転倒しそうになっても素早く立ち直るとか、高所から落下したときに四肢で身体を防御するといった際には、大きな力を素早く発揮するということが求められます。

こうした力を素早く立ち上げる能力、言い換えればより短い時間でより大きな力に到達するための能力を評価する指標として、筋力の発生率：Rate of Force Development（RFD）が用いられています。RFDは、時間無制限で大きな力を発生する能力とは別の能力であることが明らかにされています。このRFDについては次節の中で詳しく解説します。

（15）運動力学のジャンプテストへの応用

第6章で紹介しているような現在世界中で普及しているVBTのデバイスは、様々なジャンプ動作の測定機能を持つものがほとんどであり、カウンタームーブメントジャンプ、スクワットジャンプ、ドロップジャンプそしてリバウンドジャンプの測定が可能です。トレーニングの指導においても、これらのジャンプはよく用いられますので、これまでの力学の概念を応用してこれらのジャンプ動作をバイオメカニクス的に正しく理解しておくことが、的確なトレーニング指導にとって不可欠となります。

① カウンタームーブメントジャンプ

VBTで用いられるデバイスの中には、重力加速度を検出する機能があります。したがって様々なジャンプにおいて、

足が地面についた状態で沈み込んだり伸び上がったりといった運動をしているか、それとも両脚ともに地面から離れた状態で上昇または落下しているのかを識別することができます。

ジャンプの踏み切りによって一旦両足が地面から離れると、空中で身体重心に作用する力は重力だけとなります。その結果、この重力加速度しか検出されない区間が滞空時間として判断されます。

VBTデバイスはジャンプ動作において検出されたこの滞空時間から、跳躍高を計算によって求めています。ではどうやって滞空時間から跳躍高を求めることができるのでしょうか。

等速直線運動であれば、距離は「速度×時間」で計算できます。縦軸に速度、横軸に時間を取れば、図5の左側の長方形の面積となります。では、ジャンプの滞空期間の速度はどうなるでしょうか。空中で身体に作用するのは重力だけですから重力加速度しか作用しません。ですから等速直線運動ではなく、等加速度直線運動となります。等加速度運動は一定の加速度が常に作用していますから、「加速度×時間」によってその時間における速度が決まります。重力加速度は下向きに作用しますから、踏み切った後は徐々に速度は低下し、ある時点で速度0になります。これがジャンプの頂点です。

そしてそこから今度は徐々に速度を増しながら落下し着地と
なります。

距離＝速度 v × 時間 t

t秒後の速度＝重力加速度(g)×t
t秒後の距離＝gt×tの半分＝1/2gt²

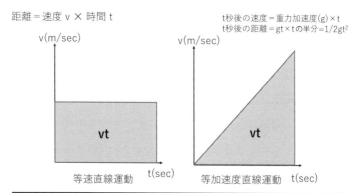

図5　等速直線運動と等加速度直線運動における距離

　このように速度が変化する等加速度直線運動における距離
は、図5の右側のようになります。重力加速度gは一定です
から、t秒後の速度は「g×t」でtが増えるにつれて一定の割
合で大きくなっていきます。ですから斜めの線で示され、
「速度×時間」としての距離のグラフは三角形になります。
したがってt秒後の距離は、このgtという速度にtを掛けた面
積のちょうど半分となり1/2gt²となります。
　上昇時間と落下時間はどうなるでしょうか。滞空時間をT、
上昇時間と落下時間をtとすると、上昇した高さを落ちてく

るのですから上昇高＝落下高で等しく、どちらも$1/2gt^2$で計算されますから、tは上昇時も落下時も同じということになり、上昇時間と落下時間を合わせた滞空時間Tの半分、T/2となります。したがって、滞空時間から跳躍高hを求める式は、「$h=1/2g\,(T/2)^2=1/2g\,(T^2/4)=1/8gT^2$」となります。

　滞空時間から跳躍高を求める上で注意すべきことは、滞空時間は、踏切でつま先が地面から離れてから着地でつま先が地面に着くまでとなることを想定しています。ですから、滞空時間を少しでも長くなるような跳び方をするとこの前提が崩れますから、より大きな値として計算されてしまいます。たとえば、つま先をしっかりと底屈させて踏み切り、着地では背屈させるとか、膝関節を伸展させて踏み切り、着地で膝を曲げて着地のタイミングを遅らせる等です。ですから、こうした動作にならないように測定においては注意が必要です。

② ドロップジャンプとリバウンドジャンプ

　立位姿勢から反動動作をしてから跳び上がるカウンタームーブメントジャンプや、しゃがんだ姿勢で静止しそこから反動動作を使わずに跳び上がるスクワットジャンプとは違って、ドロップジャンプは、一定の高さから地面に落下してすぐに切り返して跳び上がり、できるだけ短い接地時間でかつ高く

跳ぶことが課題です。リバウンドジャンプはできるだけ短い接地時間でかつ高く跳ぶというジャンプを連続して数回反復します。いずれも跳躍高もしくは滞空時間を接地時間で割った値である反応筋力指数Reactive Strength Index（RSI）、という指標で評価されます。

　VBTデバイスでは、重力加速度だけが検出されている時間を滞空時間、下降と上昇に重力加速度とは別の加速度が検出されている時間を接地時間としてRSIを計算しています。このテスト動作における接地局面では、素早い下肢、特に下腿のストレッチ-ショートニングサイクルを使ってジャンプするため、足関節は底屈位から背屈そして再び底屈位置へという大きな可動域で運動をすることなく、ほとんど固定されています。

　ドロップジャンプやリバウンドジャンプで評価されるRSIは、バネ指数と呼ばれることもあるように、大きな反動動作や股関節と膝関節の屈曲や伸展よる力の発生というよりも、主として下腿の筋-腱複合体による弾性によって規定されます。このストレッチ-ショートニングサイクルと筋-腱複合体の弾性については次節で詳しく説明します。

2 ウェイトトレーニングに関する神経-筋生理学の基礎

　運動力学と並んで、VBTの意義と方法の合理性を正しく理解し、適切に指導していくために押さえておくべき基礎科学の分野に、神経-筋に関する生理学があります。神経-筋生理学はそれだけでも非常に多くの内容を含んでいますが、ここでは、筋肉に関する詳細な生理学的特性ではなく、ウェイトトレーニングに関わる神経-筋の生理学特性、特にVBTを実践していく上で重要と思われる点に絞って説明します。部分的には前節の力学のところで説明した内容と重なるものもありますが、異なる角度から見ることでより詳しい理解が可能になると思います。

(1) 筋力の特異性と課題特性

　筋力について考えるとき、重要な特性に、筋力の特異性があります。これは、筋力が発揮する際の課題となる条件によって筋力の大きさや発揮のされ方は異なり、どんな条件にでも当てはまる筋力一般というものは存在しないということです。筋力の課題特性と言い換えてもいいと思います。トレーニングにおいては、対象となるスポーツにおいて選手に課せ

られる様々な課題や条件に応じて適切な筋力を向上させる必要があります。

① 時間特異性

前節（14）「力の発生率」（144ページ）のところで説明したように、筋力が発生し、一定のレベルに到達するには一定の時間を要します。アイソメトリックの筋力測定においてはどんなに短くても0.3〜0.4秒を要します。1RM測定のスティッキングポイントで上がるか上がらないかのぎりぎりで力を発揮するときなどは、さらに数秒を要することもあります。力発揮開始から力は大きく立ち上がっていきますが、最後の方の筋力の増加率は2〜3％と極めて小さく、記録される筋力値も細かく変動し、正確なピークに到達するまでの時間を決めることが困難なため、最大筋力に到達する時間を決めるのに最終的にはその95％に到達するまでの時間とすることもよくあります。

こうした最大筋力に到達するまでの時間を多くのスポーツ競技における動作に要する時間と比較してみると、そうした動作においては、最大筋力を発揮することはほとんど不可能であることがわかります。たとえば、スプリントにおける接地時間はスタート直後から徐々に短縮し、最大速度に達した

時点では0.1秒未満となります。走り幅跳びの踏切時間は0.1秒そこそこ、走り高跳びの踏切時間はそれよりやや長く、それでも0.2秒未満です。槍投げや砲丸投げといった投擲競技において、上肢で投擲物を支えた姿勢から肩や肘の伸展運動が開始し投擲物をリリースするまでの時間も、通常0.2秒未満となります。

このように、時間無制限で到達できる最大筋力と、短時間で素早く発揮する爆発的筋力の差は、爆発的筋力欠損指数と呼ばれ、次の式で示されます。

爆発的筋力欠損指数（％）＝100×（最大筋力−爆発的筋力）／最大筋力

この数値が大きければ大きいほど、その選手が持っている最大筋力が、爆発的動作が行われる短時間条件で使われていなかったことを意味します。爆発的動作において使われなかった潜在的筋力と言い換えることもできます。悪く言えば、筋力におけるいわゆる宝の持ち腐れです。

爆発的動作で発揮できる筋出力は、筋力発生率（RFD）として定量化することができ、任意の時間内に生じた筋力の変化をその時間で除することによって計算されます。単位はN/sまたは1000N以上の大きな数値の場合はkN/sとなります。

爆発的筋力が必要なパフォーマンスの改善のための筋力ト

レーニングにおいて、たとえばベンチプレスの1RMが50kg程度の砲丸投げの選手がその値を100kg、150kgと高めていくことによって記録を伸ばしていくことが可能ですが、もう1RMの向上がほんのわずかになった段階で、さらに数kgの向上を目指してもほとんど意味がありません。長い時間をかけて到達するわずかに向上させた筋力を発揮する時間は、投擲の動作局面においてはないからです。このような場合は、第2の方法である爆発的筋力そのものを高める必要があります。

　図6でAとBという2名の選手を比べてみてください。大きな筋力発揮に十分な時間の余裕がある場合は、AよりもBのほうが強いといえます。しかし制限時間内に動作が完了してしまうような爆発的動作の条件においては、Bがさらに最大筋力を高めたとしても肝心の制限時間内に到達できる筋力がそのままである限り、パフォーマンスの改善にはつながりません。

② 速度特異性とパワー

　筋が発揮できる力とスピードの関係は、動作速度が速くなると発揮できる筋力は小さくなり、最大速度で発揮できる筋力は最小となります。最小というのは、外的な負荷が何もな

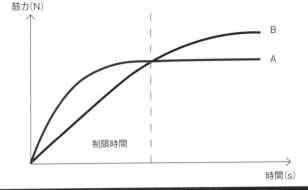

筋力（N）

制限時間

時間(s)

図6　異なる筋力発生率の比較

いという意味で、腕や脚や身体の質量を加速させるためだけ
の筋力という意味です。逆に、最も大きな筋力を発揮すると
き、動作速度はゼロとなります。動物の摘出筋や単関節動作
で調べられたこの筋力と速度の関係は双曲線を描くことが知
られていますが、一般的に実施されている多関節によるウェ
イトトレーニング種目においては直線的な関係となります。
図7はその関係を示したものです。

　横軸に挙上したウェイトの質量、縦軸にその質量に対応す
る速度を示しています。最大速度を発揮しようと全力で挙上
しますから、そのウェイトの質量を最大に加速させるための
力が発揮されているとみなすことができます。その結果、赤
色の直線で示したものが筋力のグラフとなります。

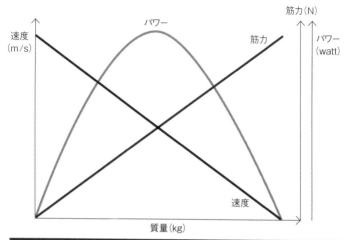

速度（m/s）　パワー　筋力（N）

筋力

速度

パワー（watt）

質量（kg）

図7　ウェイトの質量、発揮筋力、挙上速度およびパワーの関係

　それぞれの質量に対して最大速度を発揮するように全力で挙上した際には、このように速度と筋力は逆の関係になります。そこで、それぞれの質量ごとに速度と筋力を掛け合わせることでパワーを求めることができます。そうして得られたパワーは図のように逆Uの字を描きます。グラフの最も左端では、速度は最大ですが筋力は最小で0相当ですから、パワーは0です。逆に右端では筋力は最大ですが速度は0ですからパワーは0となります。大きな数値と小さな数値を掛け合わせても大きな値にはなりませんが、ちょうど両者が交わる部分ではどちらも中くらいの値となっていますから「速度×筋

力」の値は最大となります。

　実際には個人差がありますからパワーが最大となるのは、この図のように最大筋力の50％とはならず、最大筋力の30〜50％、最大速度の30〜60％あたりに落ち着きます。

③　方向特異性

　摘出筋ではなく、実際の身体運動において筋の活動を考えるためには、筋肉だけではなく、その筋肉を骨に結合させている腱も同時に見ておく必要があります。こうした観点から、筋-腱複合体という言葉でその全体を捉えることができます。

　様々な身体運動において、筋が力を発揮し、この筋-腱複合体が全体として骨にその力を伝達するわけですが、その際の筋-腱複合体の活動は、大きく次の3種類の活動に区分することができます。

1.アイソメトリック活動

2.コンセントリック活動

3.エクセントリック活動

　アイソメトリック活動は関節の動きが生じないで力が発揮される状態です。筋線維内におけるミオシンフィラメントの

クロスブリッジがアクチンフィラメントを引き寄せるべく力を発揮しているけれども、その力に抵抗する外力が働くことで、筋がその長さを短くできない状態です。関節角度は変化しないというのがアイソメトリックの定義ですが、筋-腱複合体として見れば、実際には筋自体は短縮するということも確認されています。スクワットのボトムポジションでの切り返しの瞬間は、アイソメトリック活動となりますが、このとき筋自体は短縮し腱は逆に引き伸ばされているということも生じます。次のコンセントリック局面で大きな力を素早く発揮するためには、こうした特性をトレーニングすることも重要となり、VBTにおける速度に対する意識はこうした特性のトレーニングも役立ちます。

　後で触れるように、関節角度が異なると発揮される筋力は大きく異なりますから、アイソメトリック活動における筋力を調べるときには関節角度を一定にする必要があります。

　コンセントリック活動は、筋-腱複合体の長さが短縮しながら力を発揮する状態です。前項で速度特性とパワーについて説明した図7は、このコンセントリック活動についてのものです。VBTでは多くの場合、このコンセントリック活動が起こる動作局面についての速度を測定しモニターします。フリーウェイトによるトレーニングでは、どんなエクササイ

ズであっても常に重力が垂直下向きに作用します。したがってコンセントリック活動とは、ウェイトを挙上する局面における力の発揮となります。

この局面をコンセントリック局面と呼ぶこともありますが、注意するべきことは、ウェイトを高速で挙上する場合、コンセントリック局面の終盤では、筋が実際にコンセントリック活動をしているとは限らないという点です。高速でウェイトを挙上すると、持ち上げたウェイトは、そのウェイトに対する力の作用がなくなっても慣性によって上昇を続けようとします。ですからその局面では筋は力を発揮していません。また、高速で可動範囲の最後までしっかりと力を発揮し続けた場合、慣性によるウェイトの運動を静止させるため、ウェイトを下降させる筋である拮抗筋の活動が生じます。

VBTにおける速度のモニタリングをする際には、こうしたコンセントリック活動における筋-腱複合体の活動状態に注目しておく必要があります。

エクセントリック活動は、アクチンとミオシンのレベルにおいて発生した力よりも、それに抵抗する外力のほうが大きいため、筋-腱複合体が引き伸ばされている状態です。ウェイトトレーニングでは、ウェイトを下に降ろす局面、カウンタームーブメントジャンプで沈み込む局面の後半部分、ジャ

ンプや高い位置から着地する局面、打撃や投擲動作における
バックスウィングやワインドアップやテイクバック等の局面
で生じます。ボールを強くキックする際の最後の大きなステ
ップによる踏み込みにおいて、蹴り足を後方に残す形で振り
上げるのも同様です。ウェイトトレーニングにおいて筋–腱
複合体に対する外力となるのは、ほとんどの場合重力ですが、
スポーツ活動では相手選手の力、拮抗筋の力、動き出した自
分の四肢や保持した物体の運動を止めようとする際や運動方
向を変えようとする際にも、筋–腱複合体が引き伸ばされな
がら力を発揮するという状態になります。

　エクセントリック活動によって発揮できる力は、コンセン
トリックやアイソメトリックよりも大きいことが知られてい
ます。また、コンセントリックやアイソメトリックに比べて
大きな力が発揮されるため、ケガの発生率も高まります。さ
らにエクセントリック活動に慣れてない選手や、慣れない動
作をした場合、ほぼ確実に後発性筋肉痛と呼ばれる筋肉痛が
発生します。この原因は、筋線維がコンセントリックやアイ
ソメトリックよりも大きなダメージを受けるためであると考
えられています。一旦、後発性筋肉痛になって数日後、筋肉
痛が和らいだ後は、同じエクセントリック活動負荷であれば
再び筋肉痛になることは稀です。ですから、連日に及ぶ重要

な大会やイベントで強いエクセントリック活動が予想される
際には、あらかじめ対策を立てておくことが望まれます。

④ ストレッチ-ショートニングサイクル特異性

　方向特異性における3つの活動は、それぞれが別々に生じ
ることもありますが、ほとんどのスポーツ動作においてはそ
れらが一連の動作の流れの中で連続して生じます。エクセン
トリック活動が最初に生じ、その直後にコンセントリック活
動が生じます。エクセントリック活動において、筋-腱複合
体はストレッチされ、コンセントリック活動でショートニン
グ、つまり短縮します。そのためこの特徴を持つ動作はスト
レッチ-ショートニングサイクル（SSC）と呼ばれています。
ストレッチとショートニングの切り返し時には一瞬ですが、
アイソメトリック活動が生じているとみなすことができます。

　SSCの特徴は何よりも、コンセントリック活動のみの場合
に比べてより大きな筋力とパワーが発揮されること、そして
同じ筋力とパワーであればそのためのエネルギー消費量が少
なくて済むということです。

　では、なぜSSCではコンセントリックだけのときよりも大
きな力やパワーが出せるのでしょうか。このことを理解して
おくと、より効率的な動作を工夫したり、より効果的なトレ

ーニングを実施したりするのに役立ちますから少し詳しく見
てみましょう。

●予備緊張

　SSCで大きな筋力やパワーがより省エネで発揮できる第1
の理由は、前述したように、エクセントリックからコンセン
トリックに移行する瞬間のアイソメトリック局面ですでに大
きな力が発生しているという点です。これを予備緊張といい
ます。カウンタームーブメントジャンプで沈み込んでから切
り返してコンセントリック活動を開始して跳ぶのと、スクワ
ット姿勢で静止してそこからコンセントリック活動をいきな
り開始して跳ぶのとでは、通常前者のほうが高く跳べますが、
これは後者ではいきなり高速で下肢の関節を伸展させていく
必要があるのに対して、前者では下肢の伸展を開始する時点
ですでにその前のエクセントリック活動によって生じた大き
な力から下肢の伸展を開始できるからです。

●弾性エネルギーの蓄積と利用

　第2の理由は、筋-腱複合体における弾性です。直列につな
がった筋と腱が引き伸ばされると、その生物学的構造の中に
弾性エネルギーが蓄積されます。弾性エネルギーとは、バネ

やゴムのような弾性体の変形に伴って仕事をする能力であり、筋や腱もこの弾性体です。この弾性体である筋-腱複合体がエクセントリック活動時に引き伸ばされることによって蓄積された弾性エネルギーが直後のコンセントリック活動時に元の長さに戻ろうとする際に解放されることによって、大きな筋力やパワーが発生するのです。筋と腱の弾性エネルギーを比較すると、筋よりも腱により多くの弾性エネルギーが蓄積されることが明らかにされています。

　トレーニングで使用するゴム製のバンドを見ればわかると思いますが、小さな力でやすやすと引き伸ばされてしまうようなバンドには大きな弾性エネルギーは蓄積されないため、元に戻ろうとするときの力も大したことがありません。逆に大きな力でわずかしか引き伸ばされないような高い硬度を持つバンドにはより大きな弾性エネルギーが蓄積されるため、引き伸ばした力を弱めると強く一気に引き戻されます。では、筋-腱複合体においてより大きな弾性エネルギーを効率よく利用するにはどのようなことが考えられるでしょうか。

　筋-腱複合体において、筋と腱は直列につながっているため外力は両者に同じようにかかります。柔らかいバンドと硬いバンドを結んで両端を引っ張った状況を想像してください。このとき、柔らかいバンドのほうがたくさん引き伸ばされる

ことがわかります。この柔らかいバンドに相当するのが筋です。しかし、前述したように弾性エネルギーは筋よりも硬度の高い腱により多く蓄積されます。ということは、筋を腱よりも硬くできれば、腱が引き伸ばされることになり、より多くの弾性エネルギーを蓄積することができます。果たしてそんなことが可能なのでしょうか。

実は優れた競技力の選手ほど、瞬間的により大きな筋力を発揮して筋の硬度を高めることにより、腱の弾性エネルギーを効率よく利用していることが数々の研究ですでに証明されています。

したがって筋力を向上させることを目的としたトレーニングも、その向上した筋力によって単にコンセントリック活動における力やパワーの発揮をパフォーマンスの向上につなげるだけではなく、エクセントリック活動において筋の硬度を瞬間的に高くすることにより腱の弾性をより効率よく利用するという側面があることがわかります。

VBTにおけるコンセントリック局面でのスピードやパワーの発揮も、単にコンセントリック局面だけに意識を向けるのではなく、直前のエクセントリック局面の力の発揮やそのタイミング、あるいは動作テクニックを工夫することが重要であることが、SSCの特性を理解することによってよくわか

ると思います。

●伸張反射とゴルジ腱反射

　SSCにおいて大きな筋力パワーが発揮できる第3の特性は、神経系のメカニズムにあります。ここで重要なのは、伸張反射とゴルジ腱反射という2つの運動反射機構です。

　伸張反射は、筋線維と平行に配置されている感覚器官である筋紡錘が、筋が外力によって引き伸ばされたときに同時に伸張され、そこから発射された信号が求心性神経を伝わって脊髄にある同じ筋の運動ニューロンを興奮させ、その筋に反射的な収縮を起こさせる、という反射です。言い換えると、筋が外力によって引き伸ばされたときに、その筋をあらかじめセットされた長さに維持しようとする反射であるということができます。

　一方、ゴルジ腱反射とは、筋が引き伸ばされながらその張力を増すエクセントリック活動時には、筋と直列に位置する腱の中に配置されているゴルジ腱器官という感覚器官が引き伸ばされることになり、そこからの求心性信号が脊髄にある抑制性のニューロンに伝達された結果、その筋の活動は弱まる、という反射です。簡単にいうと、強いエクセントリック活動をする筋の活動を弱めることにより、筋と腱の損傷を防

ぐ防御反射であるということです。

　SSCでは、興奮性の反射である伸張反射と抑制性の反射であるゴルジ腱反射が複合的に作用します。その結果、伸張反射によるポジティブな効果により大きな筋力やパワーが発生する可能性があっても、ゴルジ腱反射によるネガティブな効果が大きくなると筋力やパワー発揮に対するプラスの効果は減じられてしまいます。たとえば、連続ハードルジャンプのようなトレーニングを行う際、着地から素早く切り返して連続的にうまく跳ぶことができず、着地するごとに力が抜けてしまうような跳び方をしている選手の場合、そのハードルの高さではゴルジ腱反射が強く生じてしまっている可能性があります。そのような場合には、負荷の漸進性というトレーニングの原則に従って少し低い高さで行うことが必要となります。

　筋力トレーニングはその意味で、生体にもともと備わっている防御反射としての抑制性反射を、意図的に抑制していくことであるともいえるわけです。VBTにおいて同じ質量のウェイトをより高速で挙上できるようになるには、コンセントリック局面を意識するだけではなく、SSCにおけるエクセントリック局面にも着目する必要がここにもあります。

⑤両側性・片側性特異性

ウェイトトレーニング種目には、両脚や両腕同時に行うものと、片脚や片腕だけで行うものがあります。両側同時の筋力発揮と片側による筋力発揮について、よく知られている法則に、両側性抑制というものがあります。これは、両側同時に力を発揮した際の最大筋力は、片側で発揮した左右の最大筋力の合計よりも小さくなるというもので、両側同時に力を発揮する際に、左右の筋を支配する左右の脳半球が相互に抑制し合うためと考えられています。

この両側性抑制は、ボート選手のように両腕・両脚を常に同時に活動させるスポーツ選手よりも、自転車競技のような片側性の筋力発揮を常に行っているスポーツ選手で顕著になるということも報告されています。このことから、ウェイトトレーニングにおいても両側性の種目だけではなく、スポーツ種目の特性を踏まえて、片側性のトレーニング種目を積極的に取り入れていくことが必要となります。

VBTにおいても当然この特異性は考慮するべきだと思われますが、まだ十分検証されていない今後のテーマだといえます。

(2)筋力を規定する主体的要因

以上は、筋力を規定する要因のうち、課題によって異なる

特異性でしたが、最大筋力やパワー発揮に影響する選手個人の特性による違いについても考える必要があります。これには、個々の筋群における末梢的な要因と、脳や脊髄の中枢神経系における要因に分けて考えることができます。

①筋力を規定する末梢要因

●筋断面積と筋肥大

　末梢的な要因で最も大きなものは、筋の断面積そのものです。基本的に、筋の断面積が大きいほど大きな力を発揮することができるということはよく知られています。骨格筋は多数の円筒のような0.01〜0.05ミリくらいの太さの筋線維の集まりで、その筋線維はさらに1000分の1ミリほどの細い円筒型の筋原線維から成ります。筋原線維は筋節（サルコメア）と呼ばれるユニットで構成されており、その中にミオシンという太いフィラメントとそれより細いアクチンというフィラメントが交互に重なり合って、円筒型の筋原線維の中に縦方向でぎっしりと配列されています。ミオシンにはクロスブリッジと呼ばれる突起があり、これがアクチンに向かって飛び出しています。筋が力を発揮するというのは、このミオシンのクロスブリッジがアクチンを引き込むことによって生じます。これが筋力発揮の基本となります。

　ですから1つの筋節においていかに大きな筋力を発生する
かは、このアクチンとミオシンの数がどれだけあるのかによ
って決まります。アクチンとミオシンの総数は筋原線維の断
面積によって決まります。

　筋節は1つの筋原線維の中に直列に並んでいます。個々の
筋節が発揮する力が等しいとすると、直列に働く力はどこを
取っても同じとなり、筋節がいくつ縦に並んでいるかという
筋原線維の長さとは関係がありません。しかし、アクチンと
ミオシンの総数に直接関係する平行に働く筋原線維の数は、
筋線維が生み出す力に影響します。つまり、筋線維の集まり
である1つの筋の筋力はその筋の横断面積に大きく依存する
のです。

　したがって、筋力やパワーを向上させるためのウェイトト
レーニングの目的の1つは、筋の断面積を増やすこととなり、
これを筋肥大と呼びます。ただし、筋肥大した筋がそれに見
合う力をいかに向上させることができるかは、筋肥大の内容
によることが知られています。なぜなら、筋肥大には次の2
種類の内容が区別されているからです。

　1つは、筋線維の数の増加によるもの、もう1つは個々の筋
線維の断面積の増大です。このうち筋線維の数の増加による
筋肥大は筋線維の断面積の増大に比べればごくわずかです。

したがって、生まれつき筋線維数が多い人はより筋肥大しやすいといえます。筋肥大のほんどは、筋線維の断面積の増大によります。

この筋線維の断面積の増大にも2つのメカニズムがあります。1つは筋原線維の増殖による肥大であり、もう1つが筋形質の肥大によるものです。筋形質とは筋漿とも呼ばれ、筋線維の中の筋原線維の間を埋めるグリコーゲンやミオグロビンや酵素等々の物質であり、これ自体は筋力発揮には直接関係がありません。したがって筋原線維の数がそのままで筋形質肥大だけが進むと、筋線維における筋原線維の密度が低下することになります。これを身体全体で見ると、体重は増加しても筋力自体は変化しないわけですから、パフォーマンスの低下にもつながりかねない事態となります。

ですから、スポーツパフォーマンス向上のための筋肥大を目的とする場合は筋原線維の増加による筋肥大を目指す必要がありますから、次に挙げる体重当たりの筋力やパワーというものをしっかりとモニタリングしていく必要があります。

●相対筋力と絶対筋力

自分の身体を移動させる必要のあるスポーツや日常生活動作においては、体重と筋力の関係に注意する必要があります。

なぜなら自分の身体を加速させたり減速させたりする際に必要な筋力は、「F=ma」という法則からも明らかなように、体重、つまり身体質量が大きければ同じ加速度の発生にはより大きな筋力が必要となるからです。そこで、筋力を評価するには体重当たりの筋力で評価し比較しなければなりません。体重1kg当たりの筋力は相対筋力と呼ばれ、体重と無関係な筋力は絶対筋力と呼ばれています。「相対筋力＝絶対筋力÷体重」で求めることができます。

　長い距離を移動したり、ジャンプしたりといった動作がさほど必要とされず、相手と衝突する際の大きな運動量が必要となる競技やポジションでは身体が大きく、絶対筋力が大きいことが有利ですが、自分の身体を素早く移動させる必要のある競技やポジションでは相対筋力が重要となります。

　筋力評価のために相対筋力を選手間で比較する際に、注意することがあります。それは、身体が大きく体重の重い選手は体重が軽い選手に比べて、筋力を体重で割っただけの相対筋力では不利になるということです。なぜかというと、筋力は筋断面積の大きさに比例しますが、筋肉の質量はその体積に比例します。正方形の面積と立方体の体積の計算式を思い出してください。面積は一辺の長さの2乗ですが、体積は3乗となります。つまり、長さである身長が2倍違うと、面積で

は4倍違いますが、体積やそれによる体重は8倍違うということになります。長さが3倍だと、面積は9倍で体積や体重は27倍となり、その差はさらに拡大します。これを生物学では"2乗3乗の法則"と呼んでいます。

　この関係を一般化すると「面積の増加＝体積の増加の2/3乗」が成り立ちます。これにより、断面積の増大による筋力の2乗の増加を体重で割るだけではなく、体積つまり体重の増加による3乗という過剰な不利益を補正する必要があります。したがって筋力を単に体重で割るのではなく、体重の2/3乗で割ることにより、体重の重い選手も軽い選手と同じ基準で比較することができるようになるのです。ラグビー、アメリカンフットボール、バスケットボール、バレーボールといった背の高い体重の重い選手と背が低く体重の軽い選手がいるチームでは、こうした点に注意する必要があります。エクセルで体重の2/3乗を計算するには、体重^(2/3) とするか^0.67としても構いません。身体サイズに大きなばらつきのあるチームでVBTにおけるパワーを相対的に比較する際にも、厳密に行うためには体重の2/3乗を用いることをお勧めします。

② 筋力を規定する中枢神経系の要因

　筋の断面積の他に筋力を規定する要因となるのが、中枢神経系の要因です。中枢神経系の要因には1つの筋肉内に関する要因と、動作としての複数の筋肉間のコーディネーションについての要因を区別することができます。

●単一筋肉内の要因

　単一筋の筋力を規定する中枢神経系の要因の第1は、筋力の発揮にどれだけ多くの筋線維が使われるかです。これを動員（リクルートメント）と呼びます。

　1つの筋には多くの筋線維が含まれていますが、常にすべての筋線維が力を発揮しているわけではないので、できるだけ多くの筋線維が力を発揮したほうが全体として大きな力を発揮することにつながります。個々の筋線維が力を発揮するには、脊髄の運動神経細胞（モーターニューロン）からのインパルス指令が必要です。1つのモーターニューロンとそこから伸びる神経線維を介して支配する筋線維は数十本から数千本に及ぶものもあり、それらが1つの単位として機能することから運動単位（モーターユニット）と呼ばれています。このモーターユニットが動員される数が多ければ多いほど、より大きな力が発生するのです。

モーターユニットは、その活動特性に応じてSTとFTという2つに分類されます。STはslow twitchの略で低強度の長時間運動において優先的に動員され、有酸素的な持久力には優れているけれども発揮できる力が小さいタイプIに分類される遅筋線維を支配しています。これに対してFTはfast twitchの略で、短時間に大きな力を高速で発揮する運動において優先的に動員され、速い収縮速度で大きな力を発揮できる代わりに持久力は乏しいタイプII筋線維を支配しています。タイプII筋線維には、IIaとIIb（分類法によってはIIx）が区別され、IIaよりもIIbのほうがより速い速度で大きな力を発生させますから、IIaはタイプIとタイプIIの中間に位置することになります。

大きな力を素早く爆発的に発揮する能力を鍛えるためには、できるだけ多くのモーターユニット、それもSTではなくFTモーターユニットを多く動員する必要があり、そのためにはトレーニングにおいてどれだけ大きな力を高速で発揮しようとしているかが鍵となり、中途半端な力を持続的に反復して発揮してもFTモーターユニットは動員されず、STモーターユニットだけを鍛えていることになってしまいます。また、FTモーターユニットは持久力に乏しいため、疲労した状態では動員させることができません。したがって、実際に発揮

している運動速度やパワーをモニタリングしながら行うVBTは、FTモーターユニットを優先的に動員し、FTがすでに疲労してもっぱらSTだけが動員されていないかを常に監視しながら行うことが可能です。

単一筋の筋力を規定する中枢神経系の第2の要因は、モーターニューロンから発射されるインパルスの頻度がどれだけ高いかです。この頻度が高ければ高いほどより大きな筋力とパワーが発生します。これを発火頻度（レートコーディング）といいます。筋力やパワーの増大に貢献するリクルートメントとレートコーディングのうち、最大筋力の80%程度まではリクルートメントの役割が大きいのですが、それよりも大きな筋力とパワーの発生にはレートコーディングの役割が大きく寄与するとされていることから、最大筋力や最大パワーを向上させるためのトレーニングにおいては、レートコーディングの機能をしっかりと働かせられるように最大強度で行うことが求められます。

単一筋の筋力を規定する中枢神経系の第3の要因は、同期化（シンクロナイゼーション）です。これは、その筋を支配する多くのモーターユニットがいかにタイミングよく同時に活動できるかです。せっかく多くのモーターユニットが高い発火頻度で動員されたとしても、個々のモーターユニットが

活動する時間が微妙にずれていたのでは大きな力とパワーを発揮することができません。トレーニングを積むことによって、より多くのモーターユニットを同期させて活動させることができるようになりますが、疲労状態では同期が不完全になるとする報告もあり、大きな筋力とパワーを発揮するためのトレーニングにおいては、この同期化という点からも疲労をいかにコントロールするかということに留意すべきであるといます。

　以上、筋力を規定するモーターユニットの動員、発火頻度そして同期化という3つの要因について見てきましたが、STとFTという運動単位は、常に同時に動員されるのではなく、必要とされる筋力の大きさに応じて動員される順序が決まっています。これを"サイズの原理"といい、小さな力から徐々に大きな力を出していくと最初はST、その後FTが動員され、FTの中でも閾値の高いタイプIIbが動員されるのは、最大レベルの筋力発揮が必要となってからであるとされています。したがって、多くのスポーツ動作に必要とされる爆発的な筋力発揮を最初から行うためには、最初から常に最大強度での動作を行い、FTモーターユニットを最初から動員させ、タイプIIb筋線維を鍛える必要があるのです。

●筋肉間のコーディネーション

　以上は単一筋の内部における筋力規定要因でしたが、実際のエクササイズ動作やスポーツスキルにおいて大きな力やパワーを発揮するためは、複数の関節における複数の筋群のコーディネーションが不可欠となります。1つの動作方向に対して大きな力やパワーを瞬間的に発揮するためには、そのための動作に直接関与する主動筋だけではなく、それと共同して働く他の関節も含めた複数の筋群をタイミングよく活動させると同時に、その動作を妨げるような運動に関与する拮抗筋の働きを抑制する必要があります。また、姿勢を安定させるための筋群の活動も必要となります。

　そのためには、ただ単に気合を入れて力任せに頑張るだけでは無駄な力が入ってしまい、効率よく目的とする動作における筋力やパワーを向上させるための動作は身につきません。その点でもVBTにおいてパワーやスピードをリアルタイムでフィードバックすることは、1レップごとの身体各部の感覚を常に意識しながら、客観的により速いスピードやパワー値が得られるように挙上動作や姿勢をコントロールする上で極めて効果的と言えます。

負荷

トレーニングにおける負荷は本来、負荷＝強度×量という数式で表される総体として身体にかかるストレスの大きさの意味で使われ、強度と量は区別するべきですが、ウェイトトレーニングにおいては単に使用するウェイトが何kgかという質量の意味で用いられたり、相対的強度としての%1RMの意味で用いられたりしています。また負荷強度という言い方で量を捨象して使う場合もあります。

　本書では、そうした使われ方があることを考慮し負荷という言葉を少し広義に解釈して用います。したがって、文脈や考察する範囲によって少し異なる内容を指すこともありますが、本来の意味とそこで意味する内容を区別して理解していただきたいと思います。

質量、重さ、重量

　物体にもともと備わっている物理量としての質量と、重力加速度の作用する環境における重力を意味する重さおよび重量は本来厳密に区別されるべき概念です。前者の単位はkgであり後者の単位はNです。ですから、トレーニングで使用するバーベルのプレートやダンベルに記載されているkgというのは質量のことで、何kgのウェイトを用いるかという違いは質量の大小であり、これを重さや重量というのは間違いです。大きな質量のウェイトを持ち上げるときに重いという感覚が生じるのは、あくまで重力の作用によるものですから、より大きな加速度で挙上する場合、同じ質量のウェイトに対しても単に保持しているだけやゆっくりと挙上するときよりも大きな力が必要となります。

　したがって、本書ではkgで表されるトレーニングで用いるウェイトの大小について言及する際は重さや重量という用語は用いずに質量という言葉を用います。トレーニング界においても質量と、重さや重量は専門家の用いる用語としては正確に使い分けるべきだと思います。ただし、今日トレーニング用語として慣用的に普及している挙上重量や、負荷重量という言葉を本書でも文脈上用いている箇所もあります。また、挙上する質量や強度のことを単に負荷と表記している部分もあります。これらの言葉の意味する本来の厳密な科学的概念を十分理解した上で、文脈に即して読んでいただければと思います。

速度、スピード、速さ

　速度とは、物体の位置の変化量である変位をその変位に要した経過時間で割った値であり、正確には基準となる座標軸に対する変化の方向によって正か負のどちらかが付きます。これに対してスピードはその絶対値です。Velocityは速度と訳され、スピードまたは速さと訳されているのがSpeedです。厳密には変化の方向を問題とするか絶対値の大きさだけかによって使い分けるべきですが、本書では、変化の方向が暗黙の了解でわかっている場合にはこれらの用語を特に使い分けず、日常的な表記をしています。運動力学的に運動を正確に分析する際にはこれらを峻別するよう心掛けてください。なお加速度については、運動の方向が同じでもそこに正の加速度が作用しているのか、負の加速度が作用しているのかによって力の方向性は全く逆ですから、正と負の区別は極めて重要となります。

第3章

ウェイトトレーニングにおける
挙上スピード

1 ％1RMと挙上速度の安定的関係

　本章では、VBTが優れたトレーニング法として成り立つ根拠ともいえる、ウェイトトレーニングにおける挙上速度の持つ様々な特性について詳しく見ていきたいと思います。

　第1章の3.「VBTの前史」で述べたように、1900年代末にすでに芽生えていた、ウェイトトレーニングの現場において挙上速度を測定しコントロールするべきだ、という主張が世の中に浸透するには、その後数十年を要しました。そんな中で2010年に、スペインの研究グループによって、ウェイトトレーニングにおける挙上速度の特性に関する画期的なデータが公表されました。

　120名の少なくとも1年半以上にわたって普段から週に2〜3回のウェイトトレーニングを実施している男子を対象として、まず、スミスマシーンによるベンチプレスの1RMが測定されました。そして1RM以下の様々な重さに対する、最大挙上速度が測定され、合計1596個という膨大なデータが取得されました。その結果、％1RMと挙上速度の間に非常に強い負の相関関係が示され、％1RMに対応する速度の予測式の精度を示す決定係数R^2は0.98でした。

　さらに、被験者の約半数にあたる56名に対して6週間の1RM向上を目的としたトレーニングを実施しました。その結果、1RM値はトレーニング前の平均値が86.9kgであったのに対してトレーニング後は94.5kgと9.3%の向上が見られました。こうした1RM値の増加があったにもかかわらず、30%1RMから100%1RMまで5%刻みのすべての負荷に対する挙上スピードは、トレーニング前とトレーニング後で0.00～0.01m/sしか差がなく、ほとんど同じといっていいことが明らかとなりました。いくつか例を挙げると、30%1RMに対応したスピードはトレーニング前も後も同じで1.33m/s、50%1RMでは、それぞれ0.97と0.96m/s、80%1RMでは0.48と0.47m/s、そして100%すなわち1RMの挙上速度はトレーニング前と後で0.19と0.18m/sでした。

　このことから、様々な筋力レベルにある多くの被験者において、1RMの様々なパーセンテージに対応する挙上速度はほぼ一定であり、6週間という期間を経ても、かつまたトレーニングによる1RM値の向上という筋力レベルの変化があっても、その関係は極めて安定しているということが明らかにされました。

　その結果、従来当たり前とされてきたように、トレーニング負荷を、1章で指摘したような様々な問題点を持つ1RM

に対するパーセンテージで設定するのではなく、1RM値が変化してもまたその絶対値が違っていても、それぞれの%1RMに対して常に安定した値を示す挙上速度を用いて設定可能であるというVBTの基本的なコンセプトが提唱されることになりました。

2 負荷-速度プロフィール

（1）負荷-速度プロフィールとその作成法

以上のような1RMの様々なパーセンテージに対応した挙上速度の関係を調べてまとめたものは、負荷-速度プロフィール（Load-Velocity Profile、略してLVP）と呼ばれています。

図1は、横軸に負荷の強度としての%1RMを取り、縦軸にそれぞれの負荷強度を最大速度で挙上した際に得られる速度をプロットし、後述する回帰直線を引いたグラフです。横軸に、使用したウェイトの絶対値としての質量（kg）が用いられることもあります。1RM値がわかっている場合は、その%1RMに対する速度を計測してプロットするか、速度を計測した質量の絶対値を後から1RMのパーセントで表すかします。

負荷-速度プロフィールの一般的な作成方法は、20kgシャフトまたは筋力の低い対象者では10kgや15kgのシャフト（も

しあれば）から、ベンチプレスなら10kgずつ、スクワットや
デッドリフトであれば20kgずつ質量を増やしていきます。
負荷が軽く、速度が1.0m/s以上出ている間は3回、重くなり
速度が1.0m/s未満になったら2回全力挙上して速度を測り、
その最大値を採用します。

　0.5m/sに達したら負荷の上げ幅をスクワットやデッドリフ
トでは15kg、ベンチプレスでは5kgに減らして反復回数も
1回とします。さらに速度が低下し、そのままの増加幅で質
量を増加すると1回も上げることが困難だと思われた段階で
終了します。また、表3（210ページ）に示した1RM速度に
到達する少し手前で余裕を持って終了することもできます。
またさらに、増加量を5〜2.5kgの幅で調節し1RMの測定まで

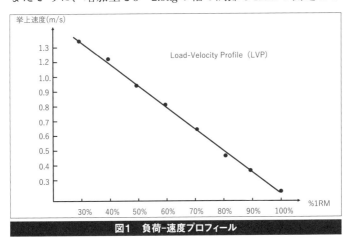

図1　負荷–速度プロフィール

進めることも可能です。

こうして得られたそれぞれの負荷質量と、それに対する速度の対応を示す表1のような表をエクセルで作ります。

表1　質量と速度の対応表	
質量(kg)	速度(m/s)
20	1.1
40	0.86
60	0.69
80	0.51
85	0.47
90	0.41
95	0.36

そして、質量と速度を範囲指定して、「挿入」から「散布図」を選択すると図2のようなグラフができます。左の列の質量がx軸、右列の速度がy軸に来ます。グラフ上の点を1つ右クリックして、「近似曲線の追加」から「線形近似」を選ぶと、図3のようなラインが引かれます。これを回帰直線といい、$y = ax+b$の形で表され、x軸の負荷の大きさからy軸の速度を推定することができる予測式となります。回帰直線のaは傾き

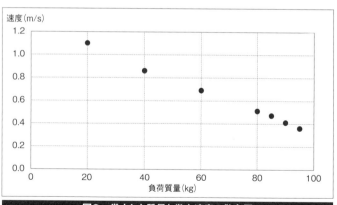

図2　挙上した質量と挙上速度の散布図

（Slope）、 b は切片（Intercept）といい、この2つの数値で、回帰式は決定され、 x の値からyの値を計算で求めることができます。

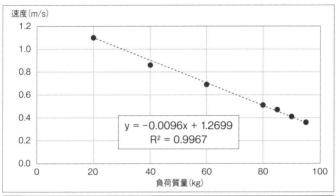

図3　回帰直線と回帰式および決定係数

「近似曲線の追加」ウインドウの下にある「グラフに数式を表示する」と「グラフにR-2乗値を表示する」にチェックを入れると、回帰式と決定係数が追加されます。上の例では、数式はy =-0.0096x + 1.2699、$R^2 = 0.9967$となります。

（2）負荷−速度プロフィールに使用する速度変数

　負荷−速度プロフィールを作成する際に、用いる挙上速度については、一般的なエクササイズにおいては1回の挙上におけるコンセントリック局面中の平均速度（mean velocity:

MV）を用いることが推奨されています。それ以外に、スクワットジャンプやベンチプレススローのようなバリスティックタイプのエクササイズや、クリーンやクリーンプルやスナッチといったクイックリフトではピーク速度（peak velocity: PV）を用いる方法が一般的です。

　一般的なウェイトの挙上動作においては、コンセントリック局面が開始された後、挙上動作の終盤は減速し最終的に速度は0になって停止します。ウェイトを持ち上げるために重力に抗している間は、それ以上の力を発揮しており、ウェイトは上向きに加速しピーク速度に達しますが、発揮する力が重力以下になると、慣性でウェイトはまだ上昇していますが、速度は低下し、もはやそのウェイトを挙上するための力を発揮しているとはいえません。したがってコンセントリック局面中ではあっても、加速度が$9.81\mathrm{m/s^2}$未満になってからは平均速度には加えないようにしようとする方法があります。

　この方法は、ウェイトに挙上のための推進力が加わっている間だけの平均値という意味で、平均推進速度（mean propulsive velocity: MPV）と呼ばれています。ウェイトが軽ければ軽いほど、挙上時間全体に占めるウェイトが加速している時間の割合は短く、動作の終盤は上昇するウェイトを止めるため挙上動作とは全く逆の力を発生させブレーキを掛ける

ことになります。

　ベンチプレスにおいて、これら3種類の速度計測法を比較した研究によると、1RMの20%負荷では、推進局面が72%だったのに対して、ブレーキ局面が28%も生じていることがわかりました。ブレーキ局面は、30%負荷では24%、40%負荷では19%、50%負荷では14%と負荷が大きくなるにしたがって減少し、60%負荷は9%、70%負荷では5%となり、80%負荷以上ではブレーキ局面は発生しません。つまり、**軽量から中等度の負荷では、このブレーキ局面の存在を完全に無視できないのではないかと考えられるわけです。**

　研究の結果、特に軽量においては、平均速度と平均推進速度ではその値の差が大きくなることが明らかです。このことから、負荷-速度プロフィールを作成する際にどちらの速度を採用するべきかという問題が生じます。

　しかし、ベンチプレスを対象として、20%1RMから5%1RM刻みで100%1RMまでの負荷を用いてこの問題に取り組んだ研究によると、負荷-速度プロフィールの決定係数は、平均推進速度（$R^2=0.980$）やピーク速度（$R^2=0.969$）に比べて、平均速度が最も高く（$R^2=0.993$）、48〜72時間空けて得られた同一個人の測定値のCV（変動係数）から判断された一致度も、平均速度が最も高かったことから、正確な負荷-速度プロ

フィールを作成するには、信頼性が高く、データ取得の容易な平均速度を用いることが有効であると結論づけています。

このことから、今日利用可能なほとんどのVBTデバイスではMV、すなわちコンセントリック局面の平均速度とそれによる平均パワーが標準的な指標として表示されるようになっています。

3 様々な種目の 負荷−速度プロフィールの信頼性

(1) バックスクワット

体重の1.5倍以上をスクワットで挙上できる18名の男子を対象に行ったスクワットの負荷−速度プロフィールに関する研究では、48時間を隔てた3回の測定において、平均速度と平均推進速度およびピーク速度はいずれも、1RMの20%、40%、60%、80%、そして90%のすべての負荷において、級内相関係数（ICC）>0.70、変動係数（CV）≦10%で、高い信頼性を示しました。

また、この研究では、負荷−速度プロフィールの作成において、回帰直線のほかに、2次回帰という曲線を当てはめていますが、どちらの回帰式でも同じように高い信頼性が得ら

れたことから、スクワットの負荷-速度プロフィールの作成には、平均速度を用いた直線回帰分析が最も簡単であり、3回にわたる隔日の測定において高い信頼性が得られたことから、スクワットのトレーニング負荷を直線回帰による負荷-速度プロフィールに基づいて設定することは妥当でありかつ有効であると結論づけています。

ウェイトトレーニングを4年以上継続しているフィールドホッケー、陸上競技、バレーボール、レスリングの選手80名を対象とした、スクワットの負荷-速度プロフィールの研究では、平均速度と平均推進速度については、$R^2=0.96$という非常に高い決定係数が得られましたが、ピーク速度については$R^2=0.79$でやや低い決定係数が示されました。この研究では、体重当たりの1RMが、≤1.3倍、$1.3\sim1.5$倍、>1.5倍の3つのグループに分けて比較されていますが、負荷-速度プロフィールに有意な差はなく、いずれも高い決定係数が示されました。1RMの挙上速度にも有意差は見られず、すべてのグループで0.32m/sでした。したがって、体重当たりの相対的1RMの大きさにかかわらず、スクワットの負荷-速度関係は安定しているといえます。

オーストラリアのプロラグビー選手27名を対象としたスクワットについての最新の研究で、自己申告1RMの30%、40%、

60%、80%に対する速度の測定が1週間隔てて2回実施されました。すべての負荷に対応する速度には有意差がなく、高い信頼性が示されました（ICC>0.75、CV<5.7%、ES<0.27）。

また、この負荷-速度プロフィールから得られた個人の1.00m/sという挙上速度に対応する負荷質量にも2回の測定値間に有意差はなく、高い信頼性が示され、自己申告1RMの49.2〜48.3%に相当しました。そこで、さらに1週間後、今度は逆に、この負荷に対する速度を計測したところ、0.99m/s、その24時間後に再び測定しても、1.00m/sという速度が得られ、高い基準関連妥当性が示されました。

このように、バックスクワットにおける個人別の負荷-速度プロフィールによって得られた1.00m/sという速度に対応する負荷の大きさと、その負荷を用いて得られる測度には高い妥当性と信頼性が得られたことから、負荷-速度プロフィールを用いた筋力評価やコンディションの評価は非常に有用であるということができます。

(2)フロントスクワット

アメリカの大学野球選手11名を対象にして調べられた負荷-速度プロフィールの、バックスクワットとフロントスクワットの比較研究では、1RMの30%、50%、70%、90%に対す

る挙上速度は、平均速度で見てもピーク速度で見ても、ほぼ同じ値が得られ、有意な差は見られませんでした。したがって、バックスクワットとフロンとスクワットとでは、%1RMに対応した共通の挙上速度を想定できると考えられます。

(3) デッドリフト

　日常的にウェイトトレーニングを行っており、デッドリフトの1RMが平均154.0kgの男子20名を対象として、デッドリフトの40%1RMから5%間隔で100%1RMまでの負荷を漸増させ、それぞれの挙上速度を測定し、負荷-速度プロフィールを作成した研究の結果、平均速度と平均推進速度およびピーク速度の回帰式の決定係数はそれぞれR^2=0.971、0.963、0.958という非常に高い値が示されました。1RM挙上時の平均速度は0.24m/sで、デッドリフトでは、スクワットで得られる値よりも遅い速度が示されることがわかります。

(4) プルアップ

　プルアップ（懸垂）について調べた研究では、42名の男子を対象に、腰に付けたベルトにつないだチェーンにプレートを取り付け、その質量と身体質量の和で1RMを求め、様々な%1RM値に対する速度が測定されました。動作は両腕が完

全伸展した姿勢から、顎が完全にバーの高さを越えるまでとされました。結果は、たとえば70%1RMの速度は0.84m/s、80%1RMで0.57m/s、90%1RMでは0.39m/sであり、%1RMの値と速度の間には、r=-0.96という非常に強い負の相関関係が示されました。

測定後、50〜80%1RMを用いてフェイリヤーまで反復するというトレーニングを3〜5セット、週に2〜3回の頻度で12週間継続し、再び負荷-速度プロフィールが調べられました。その結果、1RM値は有意に向上しましたが、ほとんどの%1RMに対する挙上速度はトレーニング前と全く同じ値であり、トレーニングによって筋力が向上しても負荷-速度関係は安定していることが示されました。

(5)プローンベンチプル

75名のレスリング、カヌー、ボートまたは柔道といった、上肢の伸展および屈曲動作がパフォーマンスにとって重要となる種目のウェイトトレーニング歴4〜8年のナショナルレベルの男子アスリートに対して、ベンチプレスとベンチプルについての負荷-速度プロフィールが調べられています。その結果、負荷-速度プロフィールの決定係数はベンチプレスで0.97、ベンチプルで0.94とほぼ同程度に高い関係が示されま

した。

　しかし、それぞれの%1RMに対応した挙上速度は大きく異なり、ベンチプレスに対してプローンベンチプルはすべての%1RMで速い速度が示され、1RMの挙上速度はベンチプレスでは0.17m/s であるのに対し、プローンベンチプルは0.51m/sでした。そして、40%、60%、80%、90%1RMでベンチプレスとプローンベンチプルの挙上速度はそれぞれ、1.11m/sと1.35m/s、0.77m/sと1.06m/s、0.46m/sと0.79m/s、0.31m/sと0.65m/sというように、ベンチプレスよりもベンチプルがより速い速度で挙上できることが明らかです。

第3章

ウェイトトレーニングにおける挙上スピード

(6) ベンチプレス

　一般に、垂直方向だけでなく前後・左右の水平方向へのバーの動きが生じるフリーウェイトに比べて、そうした動きが制限されるスミスマシーンを使用したほうが垂直方向のスピードが安定して測定されるため、負荷-速度プロフィールの信頼性も高くなるとされており、ベンチプレスの負荷-速度プロフィールに関する研究の多くはスミスマシーンで行われています。

　たとえば、女子5名を含む27名の被験者を対象にスミスマシーンにおけるベンチプレスの負荷-速度プロフィールを調

べた研究では、実際の1RM値と負荷-速度プロフィールから推定した1RM値との間にはr=0.93という非常に高い相関が示され、安定した負荷-速度関係のあることが明らかとされました。

　しかし、安定したテクニックを持つ選手であればそうした信頼性の違いはさほど気にすることもないように思われます。たとえば、ラグビーと格闘技のトップレベルのアスリート36名を対象とした研究において、フリーウェイトのベンチプレスとスミスマシーンによるベンチプレスを用いて1RMの40〜100%に対する挙上速度（平均推進速度）を測定し回帰式の決定係数を求めたところ、フリーウェイトのベンチプレスで$R^2 = 0.970$、スミスマシーンベンチプレスで$R^2 = 0.955$といずれも非常に高い値が示されました。

　したがって、ある程度安定したテクニックで実施できるようになれば、フリーウェイトのベンチプレスで負荷-速度プロフィールを作成し、挙上速度から負荷を設定することが可能です。

4 負荷-速度プロフィールの パワートレーニングによる変化

先に、負荷-速度プロフィールは、トレーニングによって
筋力レベルが向上しても安定している、と説明しましたが、
最近の研究で、トレーニングの種類によっては、負荷-速度
プロフィールに変化が生じるかもしれないという研究結果が
示されています。

2年以上のウェイトトレーニングの経験を持つ大学生を対
象に、パワー向上を目的としたトレーニングと最大筋力の向
上を目的としたトレーニングの、負荷-速度プロフィールに
及ぼす影響が比較されました。パワー向上を目的としたトレ
ーニング群は、カウンタームーブメントジャンプとベンチプ
レススローを、1RMの40%負荷を用いて、最大速度での挙上
を4～6レップ×5～6セット行いました。最大筋力向上を目
的としたトレーニング群は、スクワットとベンチプレスを
1RMの70～90%負荷で4～6レップを2～8セット行いました。
トレーニング頻度は週2回、トレーニング期間は4週間でした。

トレーニング前後に、スクワットとベンチプレスの負荷-
速度プロフィールを調べたところ、1RMの30%、60%、90%
を用いた負荷-速度プロフィールには、トレーニングの前後

ともに高い決定係数（R²=0.99）が示され、1RMの挙上速度にも全く変化がなく、高い信頼性が確認されました。

　その上でトレーニング群別に比較したところ、パワー向上トレーニングを実施したトレーニング群は、スクワットの30%1RMの挙上速度が、0.98m/sから1.03m/sへ、60%1RMでは0.70m/sから0.74m/sへ、そして90%1RMでは、0.43m/sから0.44m/sへと、それぞれ中等度の効果量で増大しました。しかし最大筋力向上を目的としたトレーニング群にはこうした変化は見られませんでした。

　またベンチプレスにおいても、30%1RMの挙上速度が、1.23m/sから1.29m/sへ、60%1RMでは0.78m/sから0.81m/sへと、中等度の効果量で増大しました。しかし、最大筋力向上を目的としてトレーニングしたグループには、挙上速度の変化は示されませんでした。

　このことから負荷-速度プロフィールは、トレーニングの内容によっては、やや影響を受け、特にパワー向上を目的としたトレーニングによって、軽量の高速部分でスピードが増大するという変化が生じる可能性のあることがわかります。したがって、負荷-速度プロフィールを基にして、トレーニング負荷を挙上速度によって処方するにあたっては、定期的に負荷-速度プロフィールを作成することが推奨されます。

5 一般的負荷-速度プロフィールと 個人別負荷-速度プロフィール

（1）平均速度を用いた個人別負荷-速度プロフィールの精度

　26名の男子と13名の女子を対象として、シーティッド・ミリタリープレスの負荷-速度プロフィールにおける性差と個人差について検討された研究があります。被験者全体の負荷と速度のデータから得られた回帰式の決定係数は$R^2=0.90$という高い値が示されましたが、個人別の回帰式を求めた上で、それらの決定係数の平均値を調べたところ、$R^2=0.99$というさらに高いほぼ完全な係数が示され、回帰式の傾きと切片には、被験者全体から得られたものと個人から得られたものとの間に10%を超える差が示されました。また、男子と女子との比較において、男子は女子よりもすべての負荷における速度が大きいという傾向が示されました。

　この研究の被験者のうち24名の男子が、6週間にわたり1RMの70〜80%負荷を用いて6〜10レップ×4セットというトレーニングを行い、1RMが52.9kgから54.7kgに向上した後の負荷-速度プロフィールには、トレーニング前と比較して各％1RMに対する挙上速度が遅くなることが示されました。トレーニングによって筋力レベルが向上することで、負荷-

速度プロフィールには変化が生じるということがわかります。

　こうした結果からも、VBTにおける負荷-速度プロフィールを用いた個人ごとの負荷質量を最も正確に設定する方法としては、個人ごとに作成した負荷-速度プロフィールを用いるべきであるといえます。

　ある程度幅をもたせて設定するのであれば、一般化されている%1RMと挙上速度の関係や、チーム全体から得られたデータで作成した負荷-速度プロフィールを用いることも可能です。

　負荷-速度プロフィールは個人別に作成したほうがよいと結論づけている研究は他にもあります。

　14名の男子ボート選手と4名の男子ウェイトリフターを対象として、プローン・ベンチプルの負荷-速度プロフィールが3〜4日隔てて2回作成され、平均速度、平均推進速度およびピーク速度のうち、どの速度変数を用いれば最も精度の高い回帰式が安定して得られるのか、また、2回の測定の個人内および個人間の差はどちらが大きいのかが調べられました。その結果、個人の負荷-速度プロフィールにも、被験者全体のデータによる負荷-速度プロフィールにも、非常に高い決定係数が示され、どの速度変数を用いても高い安定性が示されました。

　しかし、2回の測定値を比較すると、特に軽量から中程度の負荷質量に対する速度においては個人内の差のほうが個人間の差よりも安定していることもわかりました。また、この研究では直線回帰と曲線回帰の信頼性を比較していますが、両者に差は見られませんでした。

　この結果から、プローン・ベンチプルの正確で信頼性のある負荷-速度プロフィールを得るためには、測定と分析が容易な平均速度を用い、直線回帰を当てはめればよいとしています。ただし、個人ごとに作成する必要があると指摘しています。

（2）個人別負荷-速度プロフィールを用いた負荷設定の優位性

　では、集団のデータを用いた一般的負荷-速度プロフィールから得られた負荷-速度関係を基に個人のトレーニング負荷を決定するのと、個人ごとに得られた負荷-速度プロフィールに基づいて個人のトレーニング負荷を決定するのとでは、実際のトレーニング効果にどのような差が生じるのでしょうか。この問題に取り組んだ研究を見てみましょう。

　19名の2年以上のトレーニング経験のある男子が、週ごとに、強度を70〜95% 1RMに変化させ、レップ数を強度に対応させて3〜8レップの間で増減させる波動型のピリオダイゼ

ーションを用いて、週2回のスクワットトレーニングを6週間
行いました。セット数はトレーニング期間を通して3セット、
休息時間は3分間でした。

　申告された1RMの30%、50%、70%および1RMまでの挙上
速度を測定し、全員のデータからグループ全体の一般的な負
荷-速度プロフィールおよび、個人ごとの負荷-速度プロフィ
ールを作成し、被験者の半数は一般的な負荷-速度プロフィ
ールを用い、残りの半数は個人ごとの負荷-速度プロフィール
を用いて、セッションごとの%1RM値に対応した挙上速度
から負荷質量を求めてトレーニングしました。したがって、
一般的な負荷-速度プロフィールを用いたグループの被験者
は各セッションで常に同じ挙上速度となる負荷質量を用いま
したが、個人の負荷-速度プロフィールを用いた被験者は、
セッションで指定されている%1RMは同じですが、被験者ご
とに異なる挙上速度となるような負荷質量を用いてトレーニ
ングしたことになります。

　トレーニングの結果、1RM値に関してはどちらのグルー
プにも有意な向上が示され、グループ間に有意な差はありま
せんでしたが、個人の負荷-速度プロフィールを用いたグル
ープのほうが大きな向上率を示しました（9.7% vs. 7.2%）。
ジャンプパフォーマンスにおいても、グループ間の有意差は

示されませんでしたが、個人の負荷-速度プロフィールを用いたグループのほうが大きな向上率を大きな効果量で示しました。カウンタームーブメントジャンプ跳躍高では6.6% vs. 4.3%、反動をつけないスクワットジャンプ跳躍高では4.6% vs. 4.3%、立ち幅跳び跳躍距離では6.7% vs. 3.4%でした。

　この結果から、たとえばチームにおいて同一の負荷設定をするにあたっても、一般的に示されている負荷-速度関係やチーム全員のデータから得られた一般的な負荷-速度プロフィールではなく、個人ごとの負荷-強度プロフィールを作成し、指定された%1RMに対応した個人ごとの挙上速度から使用する負荷質量を決めるほうが、より大きなトレーニング効果が得られるであろうと考えられます。

6 最小速度閾値と1RM挙上速度

　任意のRM、たとえば5RMや10RMといった負荷で反復を繰り返していくと、挙上スピードは徐々に遅くなり、フェイリヤーの1レップ前で最も遅くなります。このときの速度は、最小速度閾値と呼ばれ、Minimum Velocity Thresholdの頭文字をとってMVTと略されています。

　このMVTは、1RM挙上時の速度と非常によく似た値にな

ることが知られています。

　36名のバスクペロタというスカッシュに似たコート競技の男子選手を対象とした研究で、ベンチプレスにおける1RMの60%、65%、70%、75%を用いた反復の最後の1レップの速度はそれぞれ、0.17m/s、0.18m/s、0.18m/s、0.17m/sで、1RMの速度は0.15m/sでした。スクワットの1RMの60%、65%、70%、75%負荷での最後の1レップの速度はそれぞれ、0.33m/s、0.31m/s、0.32m/s、0.31m/sで、1RMの速度はやや遅く0.27m/sでした。

　1年以上の定期的なウェイトトレーニング経験のある大学生14名を対象として、スクワットのMVTと1RMの挙上速度が比較されました。70%1RMでのMVTが0.32m/s、1RMの挙上速度が0.35m/sで、統計的有意差はありませんでした。また、効果量（ES）は0.47で、この差は「小さい」という判断ができることが示されました。しかし、両者の間にはr＝−0.135という極めて低い相関係数しか確認されませんでした。1RMの挙上速度と極めて類似した、有意差のないMVTが得られたにもかかわらず、それらの相関が低かった理由として、この研究を行った研究者らは、1RM測定において、単発の最大努力を発揮する際のスピードと、何回も連続して挙上し疲労が蓄積した段階での最後のレップにおける

スピード発揮の仕方に、被験者の個人差が影響しているのであろうと考察しています。

ただこの研究が行われた2016年当時、この研究で使用されたPUSHというデバイスは、前腕にストラップで取り付ける方式でしたが、その後のハード面とアルゴリズム面で大きな進歩を遂げたバーに取り付ける方式である現在のVBT機器でも同じ結果が得られるかどうかについては不明です。また、トレーニング経験の豊富な上級者は、経験の浅い初心者に比べてより安定したスピードで挙上しているとする報告もあり、こうした個人差も70%1RMでのMVTと1RM速度との間に有意差がないにもかかわらず、相関係数が低くなった原因があるのかもしれません。

7 努力レベルと挙上速度の関係

今日、VBTを採用することにより、目的とするトレーニング効果を得るために従来のようなフェイリヤーまで追い込む必要は全くなく、そうなる以前にそのセットの反復を終了することにより選手に無駄な負担を掛けることなく、必要な効果が十分得られることが多くの証拠によって確かめられています。

そこで、VBTにおいて、選手に無駄な負担をかけずに、いかに最大限の効果を上げることができるかという様々な方法が研究されています。これについては、第4章と5章で詳しく解説しますが、ここでは、一定の負荷に対する最大反復回数とその何レップ手前で挙上を中止するか、ということと挙上速度との関係について行われた研究結果を紹介します。

30名の男子を対象として、ベンチプレス、スクワット、プローン・ベンチプル、およびショルダープレスについて、1RMの65%、75%、85%を用いて、まず個人別に最大挙上回数を調べました。そして、その最大挙上回数に到達する何レップ前に反復を中止するか、ということと挙上速度の関係が調べられました。このフェイリヤーまであと何回挙上できるかという数は、reps in reserveの頭文字を取ってRIRと呼ばれています。65%1RM負荷では2回、4回、6回、8回とし、75%1RM負荷では2回、4回、6回、そして85%1RM負荷に対しては2回と4回でした。

その結果、用いた%1RM負荷の大きさとは関係なく、RIRすなわち、最大挙上が可能な回数に対して何レップ残して反復をやめるか、に対する挙上速度はほぼ同じとなることが、高い信頼性によって示されました（CV=4.4〜8.0%）。

表2には、この研究で得られた4種目に対する最大挙上回

表2　最大挙上回数に対する残りレップ数における速度の95%信頼区間

残り レップ数	ベンチプレス	スクワット	プローン・ ベンチプル	ショルダー プレス
2	0.26〜0.28	0.40〜0.43	0.50〜0.53	0.32〜0.34
4	0.35〜0.37	0.45〜0.47	0.56〜0.58	0.41〜0.43
6	0.41〜0.44	0.48〜0.50	0.62〜0.64	0.50〜0.52
8	0.46〜0.49	0.50〜0.52	0.67〜0.69	0.56〜0.59

数の残りレップ数に対する挙上速度の95%信頼区間を示しました。たとえば任意の負荷でベンチプレスを行い、速度が0.41m/s〜0.44m/sに到達すればあと6回挙上可能だということです。これらの値は、被験者を1RM値とその体重比によって3つのグループに分けて比較した場合でも、有意な差は示されず同じ値でした。

8 負荷‐速度プロフィールによる1RMの推定

第1章の5節（3）「1RM測定の問題点」でも述べたように、頻繁に1RM測定を行うことは困難です。そこでこれまで%1RMによって負荷を設定するために1RMを直接測定することなく、最大下の負荷質量を用いて1RMを推定する方法がいくつか考案されてきました。

最も単純な方法は、101ページの表2に示したRMと%1RMの関係を示す表から推定する、RMによる1RM推定法と呼ばれているものです。たとえば60kgでフェイリヤーまで反復したとき、7回持ち上げることに成功したとすれば、その重量は1RMの83%に相当するとして、60kg÷0.83 =72.29kgという計算によって1RMを推定します。

　しかし、様々な研究の結果、必ずしも表のような単純な関係にはならないとして、ある重さで何回持ち上げることができたかによってそれが1RMの何%に相当するのかをより正確に推定するための回帰式が1900年代後半に様々な研究者によって10種類近く提起されています。

　これに対して、任意の負荷を全力で挙上した際のスピードから、そのスピードが出せるのは1RMの何%なのかを過去の研究によって得られた式から求め、そこから1RMを計算によって推定するという方法が、近年のVBTに関する研究を背景として提起されています。たとえば、70kgに対する速度が0.60m/sだったとして、この速度を、ある研究から得られた、%1RM=92.593×速度+116.67という回帰式に代入すると、その速度が出せるのは、1 RMの61.1%に相当することがわかりますから、70kg÷0.661 = 114.75kg、これが推定1RMになります。この方法は、多くの被験者のデータから得られた先

行研究によって提案された負荷−速度プロフィールを基にしています から、1RM推定の一般的負荷−速度プロフィール法と呼ぶことができます。

　しかし、この一般的な負荷−速度プロフィールの回帰式を用いる方法には、次のような問題が指摘されています。第1に負荷−速度プロフィールはエクササイズ種目によってすべて異なり、挙上動作の特徴、たとえばコンセントリックオンリーかストレッチ−ショートニングサイクルを使うのか、あるいはスクワットでどこまで降ろすのか等によっても異なります。また、速度を計測するデバイスの違いによっても異なる値が得られます。そして何よりも、集団から得られたデータがすべての個人にすべて当てはまるとはいえません。

　そこで、負荷−速度プロフィールを個人ごとに作成して、1RMを推定することが求められるようになってきました。心拍数を基に持久的トレーニングをする際、個人にとって適切な心拍ゾーンを計算するための最大心拍数を、「220−年齢」という一般的な式で計算したのでは、個人差に対して正しく対応できないため、なんらかの持久力テストの結果から最大心拍数を個人ごとに求めよう、というのと全く同じ理屈です。

　いくつかの異なる負荷質量に対してその個人が発揮できる

速度を測り、そこからその人独自の負荷-速度プロフィール
を作成し、得られた回帰式に1RM速度を代入して1RMを求
めるという方法です。これは、1RM推定の個人別負荷-速度
プロフィール法と呼ばれています。

9 個人別負荷-速度プロフィールを
用いた1RMの推定

（1）1RMの推定に用いる1RM速度

　本章2節の（1）（182ページ〜）で示した例で、この個人の
1RMを推定するにはどのようにすればよいかを見てみましょう。

　回帰式は、y =-0.0096x + 1.2699でした。この式はxの値か
らyを予測するものであり、xが負荷でyが速度ですから、こ
の式のyに1RMの速度を代入してxを求めればいいのですが、
yとxの値が逆で計算が面倒です。そこで、次のセクション
でエクセルの関数を使って簡単に1RMを計算させる方法を
紹介しますが、その前にここでは、1RMの速度にはどんな
数値を入れればいいのかについて検討します。

　何日か前に負荷-速度プロフィールを作成した際に1RMま
で測っていたのであればそのときの1RM速度を代入するの
が最も正確です。そうすれば、実際に1RMを測定すること

なく、最大下の負荷とその速度からその日の1RMを最も正確に求めることができます。しかし、1RM測定をしたことがなく、1RM速度がわからないという場合は、次の2通りの方法で1RM速度を推定します。

1つの方法は、負荷-速度プロフィールを作成するために負荷を漸増させながら対応する速度を測っていった際に、速度が0.5m/s未満になり、それ以上負荷を上げると1回も持ち上げられなくなりそうだ、という手前の負荷に対して一度フェイリヤーまで挙上を繰り返し、最後に持ち上げることができたスピード、すなわち最小速度閾値（MVT）を記録します。201ページの6節で示したように、最小速度閾値は個人の1RM速度と完全に一致するとは言い切れないまでも、非常に近い値を示すことは事実ですから、この数値を入れることで1RMを推定することが可能です。ただし、最新の研究では、この最小速度閾値の信頼性が実測の1RM速度に比べると低いことから、1RMの推定には、個人の実測1RM速度の使用を推奨している研究もあります。

もう1つの方法は、これまでの先行研究で得られた1RM速度を使うという方法です。これまで報告されている論文に掲載されている数値をまとめたものが表3です。範囲が広いものは、被験者のスポーツ種目やトレーニング経験や筋力に差

種目	1RM速度の範囲	プロフィール作成のための推奨1RM速度
ベンチプレス	0.10〜0.19m/s	0.17m/s
ベンチプル	0.48〜0.51m/s	0.50m/s
プルアップ（体重+ウェイト）	0.20〜0.26m/s	0.23m/s
シーティッド・ミリタリープレス	0.19〜0.20m/s	0.20m/s
ラットプルダウン	0.47m/s	0.47m/s
シーティッド・ケーブルロウ	0.40m/s	0.40m/s
スクワット	0.23〜0.32m/s	0.30m/s
デッドリフト	0.24m/s	0.24m/s
レッグプレス	0.21m/s	0.21m/s

表3　種目別の1RM速度の範囲と負荷−速度プロフィール作成および1RM推定のための推奨1RM速度

があるためです。

　スポーツ種目やトレーニング経験や筋力レベルのばらつきが小さければ1RM速度のばらつきも小さくなりますから、同じ種目でトレーニング経験や筋力レベルの似通った選手やクライアントの1RM速度がある場合はそれを用いるのがいいでしょう。

（2）エクセルによる1RM推定法

　1RM測定時の1RM速度、MVTからの推定1RM速度、推奨1RM速度のどれかを用いて、エクセルで負荷−速度プロフィールを作成し1RMを推定する方法を紹介します。

表4　エクセルの表

	A	B
1	質量(kg)	速度(m/s)
2	20	1.1
3	40	0.86
4	60	0.69
5	80	0.51
6	85	0.47
7	90	0.41
8	95	0.36
9		
10	1RM	1RM速度
11	101.431	0.3

　表4は184ページの表1と同じものですが、一番下に1RMと1RM速度という項目が追加されています。この1RM速度に、1RMの推定に使用したい1RM速度を入力します。そして1RMのところに、以下のTREND関数を指示します。この関数は回帰直線によって予測値を返す関数です。括弧の中は、すべての質量をドラッグし、カンマで区切って、すべての速度をドラッグし、もう1つカンマを付けその後に使用したい1RM速度を入力もしくはセルを指定し括弧を閉じます。すると、1RMのところに計算結果が示されます。

=TREND（A2:A8,B2:B8,B11）

　この例では、B11セルを指定し、1RM速度を0.3m/sとしま

したので、1RMは、101.431kgと推定されました（表4と図4）。

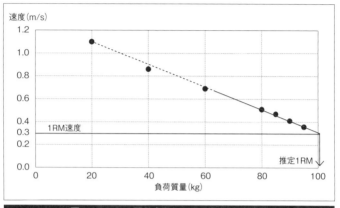

図4　TREND関数を用いた1RM推定の概念図

10 2ポイント法による
負荷−速度プロフィール

（1）2ポイント法とは

　このように、負荷−速度プロフィールを作成する際、これ
までは軽量から最大下まで4〜9ポイントの質量に対する速
度を測定するのが一般的でした。しかし本章の3で見たよう
に、負荷−速度関係が極めて高い決定係数の直線回帰を示す
という研究や実践報告が蓄積されてきたことから、複数点に
よるプロフィールと同じ有益な情報が得られるのであれば、
さらに時間を節約し、選手に対する負担を減らすために、2

点だけで十分ではないのか、ということが考えられるように
なってきました。図5にそのコンセプトを説明しています。

　男子ボート選手と男子ウェイトリフターの計18名が、3〜4
日間隔てて、1RMの直接測定と個人の負荷-速度プロフィー
ル法の4ポイント法および、2ポイント法による推定を行い、
それらを比較しました。

　その結果、直接測定において、CV=2.45%、ICC＝0.97で最
大の信頼性が示されました。また4点法と2点法では、どちら
もCV<7%、ICC<0.8で、直接法には及びませんでしたが、
非常に高い信頼性が示されました。そして、推定された
1RM値それ自体は、4点法と2点法ともに、直接法による

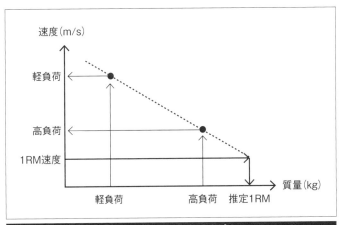

図5　2ポイント法による負荷-速度プロフィール

1RMと有意な差がありませんでした。この結果から、直接法が最も正確で信頼性が高いのは当然だとしても、1RMの推定法として信頼性が高く、短時間で、できるだけ選手に負担を掛けずに正確に1RMを推定する方法として、2点法が使える可能性は高いといえます。

　ベンチプレスの研究でも2点法の信頼性が確かめられています。ベンチプレスで体重の1.0倍以上を挙上することが可能な30名の男子を対象として、挙上速度がほぼ1.0m/sとなる軽い負荷と、0.5m/sとなる重い負荷の2点を用いて負荷-速度プロフィールを作成し、得られた回帰直線に、これまでの多くの研究で示されている1RM速度である1.7m/sを代入して、1RMが推定されました。推定1RMは、1RMの実測値と相関係数r=0.85〜0.98という非常に高い相関を示し、実測値との差の範囲は、-2.3〜0.5kgと非常に小さく、差の効果量も-0.17〜0.04という小さい値が示されました。

　2ポイント法の負荷-速度プロフィール作成を行う場合、その2点をどれくらいの負荷で設定すればよいのかという疑問が生じます。これに取り組んだ研究があり、1RMの20%、30%、40%、50%、60%、70%のすべての点を用いて22名の男子を対象にしたベンチプレススローの負荷-速度プロフィールが、20%と70%、30%と60%、40%と50%、20%と40%、

そして50％と70％という組み合わせの2ポイント法と比較されました。その結果、20％1RMと70％1RMの2ポイントを用いた組み合わせにおいて、最も信頼性のあるデータが得られることが明らかとなりました。

　また、フリーウェイトのベンチプレスにおける負荷-速度プロフィールからの1RM推定を、体重の1.0倍以上を挙上可能な男子を対象として、1RMの40％、55％、70％、85％の4ポイント法と、40％と85％の2ポイントで行った研究の結果、4ポイント法と2ポイント法のいずれも、推定1RMと実測1RMとの間に有意差は示されず、ほぼ完全な相関係数r=0.96が示されました。

　ラットプルダウンとシーティッド・ケーブルロウを用いて、12名の男子と11名の女子を対象に行われた研究では、負荷-速度プロフィールの40％、55％、70％、85％の4ポイント法と、40％と85％の2ポイント法、さらには80％1RMでフェイリヤーまで反復してその回数から先行研究が提起している公式によって1RMを推定する方法が比較されました。その結果、負荷-速度プロフィールによって推定された1RM値は、最大反復回数からの公式によって推定された1RM値よりも実際の1RM値に近い値を示し、4ポイント法と2ポイント法には有意差が示されませんでした。

スクワットとベンチプレスの1RMがそれぞれ体重の1.80倍と1.37倍の、ウェイトトレーニングを普段から定期的に実施している男子大学生13名を対象に行われた2点法の研究では、1RMの20%と80%、30%と70%、40%と50%、40%と70%という4種類の2ポイント法による1RMの推定値が実測の1RM値と比較されました。その結果、スクワットとベンチプレスともに、推定1RMと実測1RMとの間に有意な差は示されませんでした。推定値と実測値の間の差は、20%と80%の組み合わせで最も小さく、スクワットで6.44kg、ベンチプレスでは0.09kgでしたが、その他の組み合わせではこの差がさらに開くという結果が示されました。

　以上のように、時間を節約し、選手にできるだけ負担を掛けずに個人ごとの負荷-速度プロフィールを作成し、1RMを推定するには、2ポイント法が有効であるといえます。

（2）2ポイント法による負荷-速度プロフィールの作成

　この2ポイント法による個人ごとの負荷-速度プロフィールの作成と1RMの推定、そして得られた負荷-速度プロフィールからトレーニングで用いる負荷質量を求める具体的な方法については、第5章で詳しく説明します。

11 バリスティックエクササイズと クイックリフトにおけるピーク速度

　ここまでは、スクワットやベンチプレスといった一般的な
エクササイズを念頭に置いて説明してきましたが、パワー向
上のためのトレーニングにおいて採用されることの多いバリ
スティックタイプのエクササイズにおいては、どのような挙
上速度の特性があるでしょうか。

　バリスティックタイプのエクササイズの代表的な種目であ
る、反動を用いて沈み込んだ姿勢から跳び上がるカウンター
ムーブメントジャンプと、スクワット姿勢で1.5秒間静止し
た状態から跳び上がるスタティックなスクワットジャンプを
用いて、平均速度、平均推進速度、およびピーク速度の信頼
性が検討された研究があります。17kg、30kg、45kg、60kg、
75kg負荷に対して、2〜3日隔てて実施し、その信頼性がCV
を指標として確かめられました。その結果どちらのエクササ
イズタイプに対しても、ピーク速度の信頼性が最も高く（C
V=2.35%）、次いで平均速度（CV=3.29%）そして平均推進
速度（CV=3.69%）の順でした。

　日本ではあまり普及していませんが、電気的なブレーキを
掛けることによってバーの落下を防止できる特殊なスミスマ

シーンを用いて、ベンチプレスの挙上動作の最後の腕を完全伸展する時点でバーを停止させず、手から離して投げ上げるベンチプレススローというエクササイズにおいても、平均速度、平均推進速度、およびピーク速度の信頼性が比較検討されています。機械的ブレーキによって、バーを胸に接触させた位置で静止し、そこからコンセントリック動作だけで投げ上げる方法と、通常のエクセントリックからコンセントリックに切り返して投げ上げる方法の2つのタイプの動作で比較されました。その結果、ここでもピーク速度の信頼性が特に27kg以下の軽量負荷に対しては、どちらのタイプの動作においても最も高いという結果が示されました。

これらのことから、バリスティックタイプのエクササイズにおいては、平均速度ではなく、ピーク速度を用いて負荷-速度プロフィールを作成したり、パフォーマンスを評価したりすることが適切であると考えられます。

自体重でのジャンプスクワットにおけるピーク速度を比較した研究によると、ラグビーのセブンスのオリンピック選手では、3.9m/sであったのに対し、総合格闘技の選手ではハイレベルの選手で3.77m/s、低レベルの選手で3.29m/s、U-18の様々な男子チームスポーツの選手では3.1m/s、女子では3.0m/s、水泳選手ではさらに低い値が示されました。

この結果からは、自体重のジャンプスクワットのピークスピードはレベルの高い選手が速い速度を発揮することがわかりますが、興味深いことに、スナッチやクリーンにおける最大挙上質量に対するピーク速度は、競技レベルの高い選手のほうが遅くなることが知られています。これはレベルの高い選手のほうがより重い負荷を挙上することができるわけですから、その分、速度が遅くなるためと考えられています。

また、一定の負荷質量に対するクリーンやスナッチのテクニックに習熟していく過程でも、通常、発揮速度の低下が観察されます。これは、挙上動作の効率がよくなるため、最終的にバーをキャッチするためのテクニックが向上し、それに伴って発揮しなければならない筋力の省力化が進みますから、バーをキャッチするのに十分な素早い姿勢のコントロールと挙上スピードが得られればそれ以上に速く持ち上げる必要がなくなるためであると考えられています。

ですから、クイックリフトのテクニックに習熟することがそのまま挙上スピードの増大につながるわけではありませんから、リフティング動作がうまくなったからというだけでパワーが向上するということはありません。クイックリフトによってパワーを高めるためのトレーニングでは、より大きな質量のウェイトをより高速でリフトできるように速度をモニ

タリングしながら行うことが必要です。

　クイックリフトの負荷−速度プロフィールから1RM推定が可能かどうかを調べた研究があります。体重当たりのパワークリーン1RMが平均0.9のリクリエーションレベルでトレーニングを行っている22名の男子大学生を対象とし、1RMの30％、45％、70％、80％、100％のピーク速度と平均速度が調べられました。ピーク速度と平均速度の実測値は30％1RMでは3.29m/sと1.89m/s、45％1RMでは2.82m/sと1.54m/s、70％1RMでは2.32m/sと1.22m/s、80％1RMでは2.18m/sと1.09m/s、そして100％1RMでは1.79m/sと0.92m/sで、ピーク速度が平均速度を大きく凌駕していました。

　そして、負荷-速度プロフィールからの1RMを推定したところ、ピーク速度を用いた1RMの推定値と実測値との間には統計的有意差は示されず、ICC=0.86で相関係数r=0.84という高い相関が示され、効果量も0.11という小さい値であり、両者の差が小さいことが示されました。しかし、平均速度では、ICC=0.64、r=0.61そして効果量も0.51で推定値と実測値との一致度は低くなることが示されました。このことから、ピーク速度を用いることにより、パワークリーンにおいても、負荷−速度プロフィールからある程度1RMの推定は可能であるといえますが、スクワットやベンチプレスといったエクサ

サイズに比べて、その信頼性は低く、エクササイズの一瞬の
テクニックの成否によってキャッチできるかどうかが決まる
クイックリフト独特の1RM測定の精度としては低くなると
考えられます。

本章のまとめ

　以上、第3章では、VBTを正しく理解し、適切に実践する
ための前提となる、ウェイトトレーニングにおける挙上速度
の持つ特性について詳しく見てきました。従来の1RM測定
を前提とした%1RMやRM法を用いることなく、個人ごとの
適切な負荷を日々のコンディションに応じて設定し、レップ
数、セット数等を自動的に調整することにより、オーバート
レーニングやケガのリスクを回避しつつ、ベストコンディシ
ョンを作り上げていくことが可能なのは、まさに本章で説明
したような、ウェイトトレーニングにおける挙上速度の特性
にあります。

　今後も研究によってウェイトトレーニングにおける挙上速
度特性についてますます多くの知見が明らかにされていくも
のと思われますが、本章で紹介したような研究は、挙上速度
さえ測定できれば誰にでもトレーニング指導の現場で得られ

るデータから自分自身で確認できるようなものばかりです。本章で検討した指導対象や競技レベルやエクササイズ種目以外の条件では、負荷-速度関係も異なると思われます。ぜひ皆さんご自身で様々な指導場面で挙上速度を測定しデータを集めることで、負荷と速度の関係性やその変化等を分析し、独自の指導に役立てていただければと思います。

第4章

VBTを用いた
トレーニング効果

本章では、挙上速度を測定しながら実施するVBTによる
トレーニングの長期的効果と急性効果、挙上速度のリアルタ
イムフィードバックの効果、挙上速度の違いによってそのト
レーニング効果や生体に及ぼす影響がどのように異なるのか、
従来の1RMのパーセントを基準として行うトレーニングと
VBTとの比較、VBTにおける負荷設定法と調節の仕方、挙
上速度が疲労によって低下した際にセットを終了するヴェロ
シティーロス・カットオフの効果等について取り組まれた
様々な研究結果を詳しく紹介します。

　こうした研究の内容を知ることで、VBTを科学的に正確
に理解するためだけではなく、研究方法やデータ処理の方法
から、実際のトレーニングを進めていくためのアイデアを得
ることができると思います。

1 大学生投擲選手の ベンチプレスによる事例研究

　最初に、私が1998年にフィットロダインという装置を、第
1回国際ストレングストレーニング学会が開催されたフィン
ランドから持ち帰ってすぐに取り組んだVBT（もっともその
当時はVBTという言葉は存在しませんでしたが）に関する事

例研究の結果を紹介することから始めたいと思います。

　2名の大学生陸上競技部投擲選手に協力してもらい、ベンチプレスのトレーニングを週2〜3回の頻度で行いました。1名の選手には従来通りの一般的なウェイトトレーニングプログラムである10RM×3セットで行いました。1セット目に何とか10回持ち上げることのできる質量を選択し、1分半の休息時間で3セット行いました。2セット目も3セット目もフェイリヤーまで追い込みました。そして2セッション連続して3セット目に12レップ挙上できるようになれば、次のセッションから2.5kg増やすという方法を取り、8週間継続しました。仮にこの選手をA選手とします。

　これに対してもう1人の選手（仮にB選手と呼びます）には、同じく10RMの負荷を設定しましたが、挙上速度をレップごとに測定し、その数値をリアルタイムで口頭によりフィードバックし、何回持ち上げるかは気にせずに、とにかく毎レップ最大速度を出すようにという指示で行い、8週間継続しました。休息時間は同じ1分半でした。

　A選手には速度フィードバックは一切行いませんでしたが、速度データはすべて記録しました。図1のaとbはその結果を示したものであり、使用した重量が左側の第1軸に、セットごとの平均速度が右側の第2軸に示してあります。

A選手の最初の使用重量は75kgでしたが、順調に挙上重量を増し、最終的には84.5kgを扱えるようになりました。一方のB選手は、負荷設定の試行錯誤の後、62.5kgのままで6週間変わらず推移し、最終セッションでやっと65kgに上げることができました。B選手は1セット目から毎レップ最大速度を出すための爆発的筋力の発揮にエネルギーを費やしていましたから、いつまでたっても3セット目で12回はおろか10回持ち上げることさえできないセッションが続きました。

　スピードの変化について見てみると、B選手のデータで大きくスピードが低下しているのがその日の3セット目で、次のセッションの1セット目でスピードが向上し、再び3セット

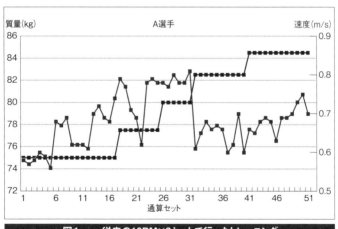

図1-a　従来の10RM×3セットで行ったトレーニング

目に遅くなるということの繰り返しであることがわかります。

　トレーニング開始時期は0.5m/sくらいですが、0.6m/s、0.7m/sと一気にスピードが向上し、最後の負荷を上げる直前には0.8m/sに達しています。一方のA選手のスピードは、0.6m/sから0.8m/sへと緩やかな向上が見られますが、負荷を80kgから82.5kgに上げたとたん再び0.6m/sに低下しています。

　この結果から、セッションごとの平均パワーを計算し、プロットしたのが図1のcです。トレーニング開始時点のパワーを100としてその%で示しています。グラフから明らかなように、A選手のパワーにはほとんど変化が見られないのに対して、B選手は150%、つまり1.5倍の明らかな向上が示されました。

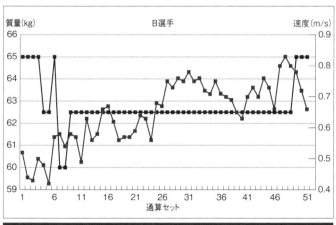

図1-b　速度フィードバックを受け最大速度を意識して行ったトレーニング

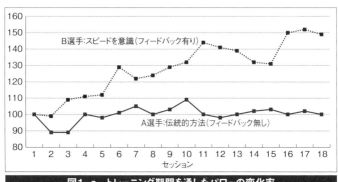

図1-c　トレーニング期間を通したパワーの変化率

　このように、挙上速度を意識した爆発的なトレーニングと、それまで当たり前に行ってきた10RM×3セットというトレーニングとの間に、歴然としたトレーニング効果の違いがあることが確認されましたが、挙上速度のフィードバックの効果については直接この研究からはわかりませんでしたから、次に挙上速度のリアルタイムフィードバックの効果について確かめてみることにしました。

2　大学生サッカー選手の
ジャンプスクワットトレーニングにおける
パワーのフィードバック効果

　大学生サッカー選手24名をランダムに8名ずつ次の3群に分

けました。3秒で降ろし2秒で上げるという通常のスクワットを10RM×3セット行ったグループ（統制群）、30kgのバーベルを用いて3秒で降ろし、コンセントリック局面では爆発的にできるだけ高く跳び上がることを、意識して行うジャンプスクワット6レップ×4セットをフィードバック無しで行ったグループ（フィードバック無しジャンプスクワット群）、そして同じジャンプスクワットを、パワー値のリアルタイムフィードバックをしながら行い、パワー値を少しでも高くするように意識して行ったグループ（フィードバック有りジャンプスクワット群）です。セット間休息時間はどの群も2分で、週に2回の頻度で4週間行いました。

その結果が図2です。トレーニング前の30kg負荷に対する

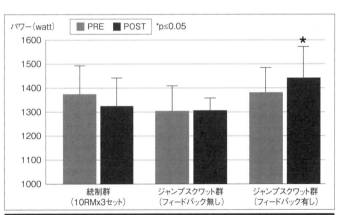

図2　ジャンプスクワットのパワーに及ぼすリアルタイムフィードバック効果

パワー値には群間の有意な差はありませんでしたが、フィードバック有りのジャンプスクワット群のみ、トレーニングの前と後で有意なパワー値の増加が観察され、ほかのグループのパワー値には変化が見られませんでした。

このように、単に意識して爆発的にトレーニングするだけではなく、実際に発揮しているパワーをリアルタイムでフィードバックすることにより、そのパワー値を少しでも高くしようとして取り組むトレーニングの効果は明らかです。

選手同士で挙上速度のフィードバックを行うトレーニングの風景

3 リアルタイムフィードバック

　従来のトレーニング法と異なるVBTの大きな特徴は、トレーニングで使用する負荷を、%1RMに相当する固定された質量で設定するのではなく、個人ごとの負荷-速度プロフィールによって個別に設定すること、およびセッションごとあるいはセットごとのスピードを参考にして、選手のコンディションや疲労状態をモニタリングして、負荷を微調整する点にありますが、さらにもう1つの重要な特徴は、上で見たように、セットやセッションのトレーニングの質を少しでも高く維持するために、1レップごとの挙上速度やパワーをリアルタイムでフィードバックする点にあります。これによって選手に最大の努力を促し、最大スピードを発揮するためのエクササイズ動作に集中させることが可能となります。

　以下では、この挙上速度のフィードバックについて行われた研究を紹介します。

(1)パワーのリアルタイムは安定した質の高い動作を引き出す

　ニュージーランドのプロラグビー選手12名を対象として、40kgのジャンプスクワットを3レップ×3セット行うトレーニ

231

ングが週3回の頻度で6週間行われました。被験者は統制群と実験群に分けられ、実験群の選手だけが、トレーニング期間を通して、1レップごとに発揮したピークパワーがリアルタイムでフィードバックされました。その結果、実験群においてのみ、垂直跳びが61cmから64cmへと向上し、30mのスプリントタイムが4.20秒から4.14秒へと統計的に有意に短縮し、その効果量も中程度の大きさであることが示されました。

さらに、全トレーニング期間を通して発揮されたセッションごとの平均スピードを調べると、実験群ではICC（級内相関係数）=0.81〜0.95という非常に高い安定性が示されたのに対して、統制群のICCは-0.52〜0.14と低く、大きなばらつきのあることがわかりました。このことから、挙上速度のリアルタイムフィードバックによるトレーニングによって、安定した質の高いトレーニング動作を引き出すことがわかります。

ちなみにこの研究は2011年に発表されたものですが、表題に初めてVelocity-Based Resistance Trainingという言葉が使われ、VBTという言葉が広まるきっかけとなった研究論文です。

（2）リアルタイムフィードバックの急性効果

先に示した私が大学生のサッカー選手を対象に行った研究

でも、トレーニングセッション中に発揮されるパワーは、リアルタイムフィードバックによって、フィードバックがない条件よりも高く維持されることが示されていますが、パワーやスピードのリアルタイムフィードバックが、1つのセッション中にどのような違いを生み出しているのかについてさらに詳細に検討されたのが、次に紹介する研究です。

　南半球最強をかけて14チームで戦われる世界最高クラスのラグビーリーグであるスーパーラグビー14に出場するニュージーランドのプロラグビー選手9名がA、B2グループに分けられ、40kgバーベルを用いたベンチプレス・スローの4レップ×3セットを2分間のレストで行いました。これを48時間空けて週に2回ずつ、フィードバック有りと無しで交互に行われました。つまり最初のセッションでグループAはフィードバック有り、グループBはフィードバック無し、2日後に今度はグループAがフィードバック無し、グループBがフィードバック有りで行い、これをもう一回繰り返し、それぞれフィードバック有りと無しを2セッションずつ実施し、その平均値が比較されました。

　その結果、フィードバック有りの条件では、ピークパワーの平均値が1セット目と比較して2セット目には2.4%増加、3セット目には3.1%増加することが明らかにされました。一方、

フィードバック無しの条件ではセット間のピークパワーには変化が見られませんでした。つまり、フィードバックによって、1セット目よりも2セット目、2セット目よりも3セット目というようにセッション中の発揮パワーが増加したのです。

この2.4%や3.1%の増加というのは、小さいように見えるかもしれませんが、この研究と同レベルのプロラグビー選手を対象として行われた4年間にわたるトレーニング研究で、ベンチプレス・スローのピークパワーの向上率がやっと5%であったということとを考え合わせると、わずか2回のセッションで3.1%の向上が見られたということは、予想を上回る驚嘆に値する向上率であると、この研究者らは考察しています。高いレベルにある競技者にとって、選手自身が発揮するパワーが1レップずつリアルタイムでフィードバックされ、その数値を少しでも上回るように努力することの持つ客観的なトレーニング効果が定量的に明らかにされた初期の研究であるといえます。この研究も2011年に発表されています。

(3)フィードバック効果の安定性と信頼性

2011年には、ニュージーランドの研究グループによって、立て続けに挙上速度のフィードバックに関する研究が発表されており、これが3つ目のものとなります。

　20名の少なくとも2年以上のウェイトトレーニング経験のあるニュージーランドのセミプロのラグビー選手が、40kg負荷でのコンセントリックオンリー・スクワットジャンプを、「できるだけ高速で爆発的に行うように」という指示のもと、8レップを3分間のレストで4セット実施しました。選手をフィードバック群と非フィードバック群に分け、フィードバック群には、1レップごとのピーク速度が口頭でフィードバックされましたが、非フィードバック群には挙上速度は一切知らされませんでした。同じセッションを48時間空けて3セッション行い、速度のリアルタイムフィードバックをすることによって、挙上速度がいかに安定するのか、そしてその信頼性はどうかということが比較検討されました。

　その結果、セッション1とセッション2の平均挙上速度の差は、フィードバック群が0.07m/sだったのに対して、非フィードバック群は0.13m/sと大きく、セッション2とセッション3の差も、フィードバック群の0.02m/に対して、非フィードバック群は-0.04m/sというより大きな差を示し、数値の安定性と信頼性においてもフィードバック群に大きな値が示され、挙上速度のフィードバックによって、トレーニング中に発揮される挙上速度がより安定的に速くなり、その効果に対する信頼性も高まるということが示唆されました。

（4）ジャンプスクワットトレーニングにおける
視覚フィードバックのパフォーマンスに及ぼす効果

　ジャンプスクワットトレーニングにおける発揮パワーのフィードバックの有無が、スプリントスピードやジャンプ能力といったパフォーマンスの向上効果に影響を及ぼすかどうかが、少なくとも4年以上のウェイトトレーニング経験を持つ25名の格闘技、サッカー、ウェイトリフティング、陸上競技の男子選手を対象に調べられました。

　被験者を、1レップごとに平均コンセントリックパワーをモニターに表示し、視覚的にフィードバックするフィードバック群と、そうしたフィードバックを一切行わない非フィードバック群の2つに分け、ジャンプスクワットのトレーニングを週に3回の頻度で6週間実施しました。最初の3週間は、個々人の最大パワーが得られた負荷質量の80%で8レップ×4セット、残りの3週間は、個々人の最大パワーが得られた負荷質量の100%を用いて4レップ×8セットが、それぞれ3分間レストで行われました。

　その結果、20m、30m、50mのスプリントタイム、3RMの負荷質量、最大パワー、最大パワーの得られる負荷質量、カウンタームーブメントジャンプとスターティック・スクワットジャンプの跳躍高には、フィードバック群にのみ有意な向

上が示され、非フィードバック群にはどの項目においても統計的に有意な向上は示されませんでした。

　トレーニング経験の豊富なアスリートを対象としたトレーニング研究では、筋力が向上してもスプリントタイムやジャンプ高に有意な差が生じないということが決して珍しくない中で、この研究ではフィーバック群にのみパフォーマンスに対するトレーニング効果が示されています。このことから、ジャンプスクワットのトレーニングにおける発揮パワーのリアルタイムフィードバックは、トレーニング経験の豊富なレベルの高い選手に対しても、より大きなトレーニング効果を引き出す上で有効な手段であるということができます。

(5)ドロップジャンプにおける
リアルタイムフィードバックの短期効果と長期効果

　これは、ウェイトトレーニングにおける挙上速度に関する研究ではありませんが、ウェイトトレーニングに関連したトレーニングプログラムの一環としてよく用いられるプライオメトリクスにおけるリアルタイムフィードバックの研究も紹介しておきます。

　台の上から手を腰に当てて落下し、できるだけ短い接地時間ですぐにできるだけ高く跳び上がるというドロップジャンプにおけるフィードバック効果に関する研究です。

34名の被験者が、高さ30cmのボックスを用い、15秒間隔での12回のドロップジャンプを4分レストで5セット行うトレーニングを週に3回、4週間継続しました。すべてのジャンプの跳躍高のリアルタイムフィードバックが毎回与えられた100%フィードバック群、最初の6ジャンプのみフィードバックが与えられ、残りの6回はフィードバックが与えられなかった50%フィードバック群、そして全くフィードバックが与えられなかった0%フィードバック群の3グループに分けてトレーニングが実施されました。

　跳躍高の向上率は、100%群が最も大きく+14%、次いで50%群が+10%、そして0%群は+6%にとどまりました。

　この研究では、上記の4週間のトレーニングにおけるフィードバック効果の実験とは別に、フィードバックの短期効果を確かめるための実験も行われています。トレーニングと同条件で10回のドロップジャンプを行い、2分のレストを挟んで、被験者ごとに前半の5回と後半の5回でフィードバックの有無の順序を入れ替えて2回行い、10回の各ジャンプの平均値でその推移を見ました。その結果、明らかにフィードバック有りでは各5回のジャンプの最初から後半にかけて（１回目→5回目、６回目→10回目）跳躍高が上昇したのに対し、フィードバック無しでは、ほとんど変化が見られませんでし

た。また、5回目と6回目のジャンプには有意な差が示されました。これらのことからも、フィードバックの有無によってトレーニング中のパフォーマンスに明らかな差が生じることが明瞭です。

(6) 1レップごとのリアルタイムフィードバックとセットごとの平均値のフィードバックの比較

挙上速度のフィードバックを1レップごとのリアルタイムでフィードバックしなくても、セット終了時にその平均値をフィードバックしたり、動作映像を見せたりするだけでも同様の効果があるのではないかという仮説から行われた研究があります。スクワット1RMの体重比が平均1.98倍の大学生ラグビー選手37名が、75%1RM負荷でのジャンプスクワットを8レップ×3セットで週2回、4週間実施しました。レップ間レストは15秒、セット間レストは2分でした。被験者は、挙上動作のすべてに対して1レップごとに挙上速度をフィードバックするリアルタイムフィードバック群、セット終了時に8レップの平均速度をフィードバックするセット平均値フィードバック群、さらに、セット終了時に動作の映像を見せる映像フィードバック群、そして何もフィードバックしない統制群に分けられました。

トレーニング4週間前を基準として、トレーニング期間中

の各セッション時とトレーニング終了10日後に、30kg負荷に対する挙上速度の変化を調べたところ、リアルタイムフィードバック群はほかのどのグループよりも、基準値から統計的に有意に大きな向上率を示し、基準値とトレーニング直後、および終了10日後の向上率においても、他のグループよりも大きな効果量を示しました。

このことから、1レップごとのリアルタイムフィードバックには、セットごとの平均値や、トレーニング動作の映像をフィードバックするだけにはない、トレーニング効果を最大化するための質の高いトレーニングを引き出す大きな効果があることが明らかです。

(7)「できるだけ速く」ではなく具体的な数値目標が重要

VBTで挙上速度をリアルタイムでフィードバックすることの効果は、以上の研究からも明らかですが、数値をフィードバックして、できるだけ速く挙上するようにと指示するだけではなく、具体的な数値目標を設定して、その速度が発揮できるように努力するほうがより効果的であることが示された研究を紹介します。

平均7年以上のトレーニング経験を持つ13名の男子パワーリフターによって、各自の45%1RM負荷の爆発的なベンチプ

レスが5レップ×4セット行われました。セット間レスト3分、各レップ間にも15秒のレストが設定されました。これが3〜7日間を空けて、それぞれ異なるフィードバック法で2回実施されました。

　2回とも、1レップごとの平均挙上スピードが口頭でフィードバックされたのですが、そのうち1回は、「できるだけ高速で挙上するように」との指示が与えられ、被験者は1レップごとにフィードバックされた数値を少しでも上回るように全力で挙上しました。これに対し、もう1回は、「できるだけ高速で」ではなく、具体的な数値である「1.0m/sを出すように」という指示が与えられました。1.0m/sというスピードが設定された理由は、先行研究で45%1RMのベンチプレスで容易には発揮できないけれども、それに近い数値は出せるという、いわば"チャレンジングな"レベルの数値だったからです。この2条件が被験者によってランダムな順序で実施されました。

　その結果、「挙上速度1.0m/sを出すように」と指示された条件のほうが「できるだけ高速で」という条件よりも、13名中11名で、より高速のセット平均速度を発揮していたことが明らかになりました。

　このことから、VBTにおいて、選手に真の最大速度を発

揮させるための条件としては、たとえ発揮スピードの数値を
1レップごとにフィードバックし、「できるだけ速く挙上す
るように」と指示したとしても、それだけではまだ不十分で
あり、チャレンジしがいのある数値目標を設定し、その数値
に到達するように1レップごとに最大努力を促すことがより
効果的であることがわかります。そのためにも、個人ごとの
負荷-速度プロフィールを作成し、トレーニング目的に応じ
た挙上速度を設定することが必要です。

4 VBT研究の原点

　第1章3節の（5）（78ページ）で紹介したVBTの父とも称さ
れるドゥシャン・ハマー教授（図4）が1998年の第1回国際ス
トレングストレーニング学会で発表した研究に触れることな
く、VBTを語ることはできません。

　20名の選手をA、B、2群に分け、A群は、70%1RMを用い、
ゆっくりとコントロールされた速度での6レップ×6セットの
ベンチプレスを、週3回の頻度で8週間行いました。 B群は、
同じ70%1RMでしたが挙上スピードのフィードバックを受け
ながら最大スピードでの挙上を繰り返しました。8週間のト
レーニング期間の終了後、8週間の休息を挟んで、今度はA

群とB群でトレーニング方法を入れ替えて再び8週間のトレーニングを継続し、各トレーニング条件に対して最終的に16名ずつのデータが収集されました。

その結果、1RM、ピークパワー、平均パワー、そして筋持久力の指標である疲労指数のすべてにおいて、両群ともに統計

図4　ドュシャン・ハマー教授

学的に有意に向上しましたが、高速条件で行ったトレーニングのほうが明らかに大きな向上率をより高い有意性で示しました。挙上速度とそのフィードバックという条件以外の、使用したウェイトの負荷、反復回数、トレーニング頻度そして期間については全く同じ条件で、しかもクロスオーバーによって合計16週間という長期トレーニングの結果、こうした差が生じた理由としては、より高速で行ったほうがより大きな力とパワーを発揮することになり、その結果より多くの運動単位が動員され、より多くの筋線維が使われたためだと考えられます。またさらに、トレーニング強度が高くなったことによる成長ホルモンやテストステロン等の内分泌的反応が顕著に引き出されたという可能性も考えられています。

5 トレーニング効果に及ぼす
最大速度 vs. 1/2速度

（1）ベンチプレスにおける最大速度 vs. 1/2速度

　以上のことから、従来のように、スピードをコントロール
して行うトレーニングよりも、スピードを測定することによ
って実際の挙上スピードをモニタリングし、高速で行うトレ
ーニングのほうが高い効果が得られるということがおわかり
いただけたと思います。

　では、挙上速度の違いによって、トレーニング効果にどの
ような影響が及ぼされるでしょうか。最大速度によるトレー
ニングと、敢えてそのちょうど半分の速度でのベンチプレス
のトレーニングを比較した研究がありますから、その結果を
見てみましょう。

　20名の2〜4年のトレーニング経験のある男子大学生を、常
に最大速度でトレーニング動作を行う最大速度群と、速度を
リアルタイムでモニターして、最大速度のちょうど1/2にな
るようにスピードをコントロールしてトレーニング動作を行
う1/2速度群に分け、週3回のベンチプレスのトレーニングを
6週間継続しました。両群とも60%1RMから80%1RMに相当
するスピードを基準として設定した負荷質量を週ごとに上げ

ながら、レップ数とセット数もそれに見合うように変化させました。例を挙げると、60%1RM相当では挙上速度0.79m/sで6〜8レップ×3セット、80%1RM相当では0.47m/sで2〜3レップ×3セットで、レップ数に関しては、この負荷に対する通常のトレーニングによりも極めて少ない回数で設定されました。両グループで異なるのは、挙上スピードのみでした。

その結果、最大速度群は、0.47〜0.79m/sの速度でトレーニングしていたのに対して、1/2速度群は0.24〜0.40m/sでした。そして、1RMの向上率は、最大速度群が18.2%だったのに対して、1/2速度群は9.79%にとどまり、トレーニング前と同じ負荷に対する挙上速度は、最大速度群が20.8%の増大を示したのに対して1/2速度群は10.0%しか向上しませんでした。

トレーニング動作中の生理学的な反応についてみると、血中乳酸濃度は、トレーニング終盤の80%1RMでのトレーニング時には、最大速度群が1/2速度群に対してわずかに大きい値を示しましたが、それ以外のトレーニングにおいては、有意差がなく、筋疲労の指標とされる血中アンモニア濃度にも有意差が示されませんでした。つまり、挙上動作を最大速度で行っても、1/2の速度、すなわち倍の時間をかけてゆっくり行っても生理学的な疲労度には差が示されませんでした。しかし、筋がどれだけ長い時間緊張しているかという指標で

ある筋緊張時間（Time Under Tension：TUT）は、トレーニングの全期間で、最大速度群が222.8秒に対して1/2速度群は360.9秒でより長時間緊張状態にあったことがわかります。

（2）スクワットにおける最大速度 vs. 1/2速度

　スクワットについても同様の研究が行われています。体重の1.25倍を挙上可能な21名の男子が、常に最大速度でトレーニング動作を行う最大速度群と、速度をモニターして、最大速度のちょうど1/2になるようにスピードをコントロールしてトレーニング動作を行う1/2速度群に分けられ、スクワットの、60%1RMから80%1RMに相当するスピードを基準として設定した負荷質量を、週ごとに上げながら、レップ数とセット数もそれに見合うように変化させ、週3回のトレーニングを6週間継続しました。例を挙げると、60%1RM相当では最大速度群は挙上速度0.98m/sで6〜8レップ×3セット、80%1RM相当では、0.68m/sで2〜3レップ×3セットで、上記のベンチプレス同様に、レップ数に関しては、この負荷に対する通常のトレーニングによりも極めて少ない回数で設定されました。両グループで異なるのは、挙上スピードのみでした。

　実際のトレーニングは、最大速度群が、0.63〜0.94m/sの

速度でトレーニングしていたのに対して、1/2速度群の挙上速度は0.34〜0.51m/sでした。トレーニング期間全体のTUTは、最大速度群が260.5秒で1/2速度群の383.5秒に比べ統計的に有意に少ない値を示しました。そして、1RMの向上率は、最大速度群が18.0%で効果量0.94だったのに対して、1/2速度群は9.70%にとどまり効果量も小さく0.54でした。トレーニング前と同じ負荷に対する挙上速度の向上率は、最大速度群が14.6%で効果量1.76の増大を示したのに対して、1/2速度群は7.5%で効果量0.88でした。またカウンタームーブメントジャンプの向上率も最大速度群が8.9%で効果量0.63だったのに対し、2/1速度群は2.4%で効果量は0.15でした。

このトレーニングと別に行われた急性効果についての実験では、最大速度群が血中乳酸濃度と血中アンモニア濃度において1/2速度群よりもわずかに高い値を示しましたが、最大値でも血中乳酸濃度が3.2mmol/L、血中アンモニア濃度が28.4µmol/Lと非常に低い値でした。これは、使用された負荷に対して通常行われているレップ数よりも少ないレップ数だったためと思われます。

以上、2つの研究結果から、最大速度で行うウェイトトレーニングは、無駄な疲労を避けながら、より高い効果を得ることが可能であることがわかります。特にウェイトトレーニ

ング効率を最大限に上げつつ、他の技術的・戦術的トレーニングに対してウェイトトレーニングによるネガティブな影響を避ける必要があるシーズン中には、特にこのことが重要になるといえます。

6 PBTに対するVBTの優位性

（1）変動型ピリオダイゼーションにおけるPBTとVBTの比較

トレーニング期間の全体を通じて、使用する%1RM値とレップ数およびセット数の組み合わせを週ごとあるいは日ごとに変化させていくことにより、同一のプログラムを長期間継続したり、負荷を一直線に上げていったりすることによるトレーニング効果の停滞を防ぐ方法は、変動型（あるいは波動型）ピリオダイゼーションと呼ばれ、その効果は広く確かめられてきましたが、このトレーニング方法にもVBTを応用することによって、さらに大きな効果が得られる証拠が示されています。

少なくとも2年以上のトレーニング経験があり、スクワットで体重の1.54倍、ベンチプレスで1.13倍、オーバーヘッドプレスで0.68倍、デッドリフトで1.95倍を挙上可能で、直近6ヵ月間以上ウェイトトレーニングを継続しているという男性

16名を対象として行われた研究です。

　トレーニングプログラムは、第1週から第6週までの6段階で、レップ数とセット数、そして％1RM値を変化させる変動型ピリオダイゼーションが用いられました。

　1RMのパーセンテージに基づいて負荷を設定するグループ（パーセンテージに基づいて負荷を設定するのでVBTとの対比でPercent Based Training：PBTと呼ばれる）は、ウェイトの重さもレップ数もセット数も、あらかじめ決めたプログラムの通りにトレーニングを進めましたが、VBT群は、挙上スピードを1レップごとに計測し、リアルタイムでフィードバックし、挙上速度が設定したスピードゾーンよりも速くなったり遅くなったりした場合には、ウェイトの重さを次のセットから微調整しました。設定されたスピードは、70％1RMに対する最大挙上スピードについてのこれまでの研究結果に基づいて設定され、スクワット0.74〜0.88m/s、ベンチプレス0.58〜0.69m/s、オーバーヘッドプレス0.77〜0.91m/s、デッドリフト0.51〜0.65m/sでした。

　さらに、反復動作中に、このスピードゾーンより20％以上遅くなった場合は、セットの途中でもそれ以上の挙上を中止させました。

　こうしたトレーニングの結果、スクワットとオーバーヘッ

ドプレスではVBT群とPBT群ともに統計的に有意な向上率を示し、その差には有意差がありませんでしたが、ベンチプレスではVBT群が8%向上させたのに対して、PBT群は4%の向上率にとどまり、VBT群のほうが有意に大きな向上率を示しました。また、デッドリフトではVBT群にのみ6%の有意な向上が示されました。さらに垂直跳びの跳躍高は、VBT群のみが有意に5%の向上率を示しました。

さらに興味深いことに、レップ数×セット数×%1RMで計算されたトレーニング期間全体を通したトレーニング量は、VBT群がPBT群に対してスクワットで9%、ベンチプレスで6%、オーバーヘッドプレスで6%少なかったことが明らかとされました。

この研究で用いられたプログラムは、これまでにアスリートを対象としたトレーニング研究で、その効果が広く確かめられてきた変動型ピリオダイゼーションを用いている点に1つの重要性があります。従来の変動型ピリオダイゼーションで使われていたレップ数とセット数、そして使用するウェイトの1RMに対するパーセンテージをそのまま踏襲し、VBT群とPBT群で等しくした上で、VBT群のみ挙上スピードをフィードバックして、セットごとに負荷を微調整し、ターゲットスピードの一定の割合に届かない場合は、それ以上の反

復を継続せず直ちにセットを終了する、という方法が用いられました。

この研究結果は、従来から効果的であると確かめられてきたプログラムを用いた上で、さらに挙上スピードを測って負荷の微調整やレップ数の制限を行うことで、筋力レベルの高いトレーニング経験の豊富な対象者に対してでもさらなる効果を高める可能性を示した点が重要です。

(2)フィットネスクラブのインストラクターによるPBTとVBTの比較

トレーニング経験が豊富なフィットネスクラブのインストラクターを対象として私が行った研究でも、筋肥大や筋力の向上効果が、VBTを用いることによって効率よく得られることが示されました。

被験者をPBT群とVBT群に分け、週2回のスクワットトレーニングを8週間継続しました。どちらのグループも男子6名と女子4名の合計10名でした。

PBT群は、従来の典型的な筋肥大トレーニングである70%1RMでの10レップ×4セットを実施し、4セット目は12レップに挑戦し、成功すれば、次のセッションから負荷を2.5～5.0kg増やしました。

一方、VBT群はレップごとに挙上速度をモニタリングし

て、各セットのレップ数と使用重量を調整しました。具体的には、挙上速度をこれまでの研究で1RMの70%に相当するとされている0.5〜0.6m/sに設定し、各セットで発揮された最大速度に対して15%以上低下したら、その時点ですぐにセットを終了しました。ただし、速度が0.5m/s以下になっても最低7レップは実施しました。そして、セットの半数以上で0.6m/s以上出せるようになれば、次のセットから2.5〜5.0kg増やし、セットの半数以上が0.5m/s未満の場合は、次のセットから2.5〜5.0kg減らしました。

トレーニングの結果、1RM、負荷-速度プロフィールから得られた平均パワーとピークパワー、自体重でのカウンタームーブメントジャンプとスクワットジャンプの跳躍高のすべてにおいて、どちらのグループにも統計的に有意な向上が示され、向上率に有意な差はありませんでした。超音波で計測した大腿部の筋厚と大腿周径囲にも両群で有意な増大が示されましたが、群間の有意差はありませんでした。

このようにPBTでもVBTでも同様のトレーニング効果が示されたのですが、では実際に行われたトレーニングはどうだったでしょうか。

まず、トレーニング期間を通じて使用した負荷の大きさはPBT群が1RMの71.2%であったのに対して、VBT群はそれよ

りも少なく62.2%でした。しかし実際に各セッションで発揮した筋力の大きさには両群に差は示されませんでした。トレーニング期間全体を通じて発揮された挙上速度はPBT群が0.42m/sに対しVBT群ではそれより速く0.54m/sでした。

トレーニング期間全体の1人当たりの総レップ数は、PBT群の529.8レップに対してVBT群は486.2レップで有意に少ない回数でした。また、総仕事量は、PBT群が39.2kJに対してVBT群は37.3kJでした。

このように、VBT群はPBT群に比べて、より高速でトレーニングすることにより、PBT群よりも低い%1RM値を用いてもより大きな筋力を発揮することができ、かつスピードの低下に対応してレップ数をコントロールし低速での挙上をキャンセルすることで、PBT群よりも少ない総レップ数と少ない総仕事量で、PBT群と同様のトレーニング効果が得られたということができます。

また、個人が発揮していたトレーニング速度を調べてみると、挙上スピードを指定せず個人の自由に任せたPBT群では0.28〜0.59m/sという広い範囲でのばらつきが見られましたが、VBT群は0.49〜0.61m/sという狭い幅で安定していました。このことは、たとえばチームスポーツのトレーニングにおいて、スピードを指定して行うVBTは、トレーニング

の質をメンバー全員に対して一定にコントロールする効果も
期待できることがわかります。

（3）試合シーズン中のPBTとVBTの比較

　イングランドのラグビースーパーリーグU19チャンピオン
シップ所属チームの選手27名を対象として、7週間のインシー
ズン中のPBTとVBTを比較した研究があります。

　選手はランダムにPBT群とVBT群に分けられ、両群とも
スクワットを5レップ、2〜3分間のレストで4セットを、週に
2セッション行いました。PBT群は事前の1RMテストの結果
に基づき、セッション1では80%1RMで、セッション2では
60%1RMを用い、全トレーニング期間を通して同じ負荷を用
いました。

　一方VBT群は、事前に個人別に作成された負荷-速度プロ
フィールに基づき、セッション1では80%1RM、セッション2
では60%1RMに対応する挙上速度での負荷質量をウォームア
ップで見つけて設定しました。セット内の最大挙上速度に、
±0.06m/s以上の誤差が生じたときは、次のセットから
±5%1RMで負荷が調整されました。両群とも声掛けによる
鼓舞はなされましたが、具体的な数値のリアルタイムフィー
ドバックは行われませんでした。

　トレーニングの結果、1RM値の改善率では、PBT群と
VBT群に差は見られませんでしたが、カウタームーブメ
ントジャンプの跳躍高と40%1RMおよび60%1RMに対するス
クワットの挙上スピードはVBT群がより高い改善率を示し
ました。また、トレーニングセッション中に発揮された
60%1RM負荷に対するスピードとパワーは、VBT群がPBT
群を上回っていました。その一方で、1レップ当たりの平均
筋緊張時間（TUT）はVBT群のほうが短く、セッションご
とに調べられた主観的ストレスも、VBT群が低い値を示し
ました。

　一般に、チームスポーツの試合シーズン中は、1RM値の
向上というよりも、スピードやパワーの向上と維持が主要な
目的となることから、この研究で示されたような40%1RMや
60%1RMという中・軽量負荷に対するスピードやパワーの向
上は望ましい結果であったといえます。こうした点で、
VBTがPBTよりも望ましい効果を示した理由として、VBT
群では、常に目的とする挙上スピードが発揮されるように、
トレーニングで用いる負荷質量を、セッションごとそしてセ
ットごとに細かく調整したことが考えられます。それによっ
て、体調のすぐれないときでもいつも同じ負荷を課すことで
負荷が強くなりすぎるようなトレーニングを避けることがで

きたと思われます。そしてそのことがTUTや主観的ストレスにおいて、PBTより低い値を示すことにつながったのではないかと思われます。

このように、VBTは、スポーツのシーズン中において、無駄な疲労や心理的ストレスを低く抑えつつ、スピードやパワーといった競技パフォーマンスに直結する能力の向上にとって有効であるといえます。

（4）変動型ピリオダイゼーションにおいて　個人の負荷−速度プロフィールを用いたPBTとVBTの比較

上記3つの研究は、VBTとPBTを直接比較した研究ですが、（1）と（2）の研究では、セッションごとの負荷設定やセットごとの調整を行う際に、集団のデータによる一般的な負荷−速度プロフィールから得られた速度を用いています。第3章5節の（2）（199ページ）で見たように、VBTにおける負荷設定においては、集団のデータに基づく一般的な負荷−速度プロフィールよりも、個人ごとの負荷−速度プロフィールを用いて負荷設定をしたほうがより効果的であることが示されています。

また、前項（3）の研究は、確かに個人の負荷−速度プロフィールを用いた負荷設定によるトレーニング効果を検討しており、ラグビーの選手を対象としたシーズン中の研究でもあ

り、非常に実践的な内容で興味深いのですが、実施されたトレーニングには、VBTで用いたスクワット以外にVBTではない方法で行ったほかのエクササイズが含まれており、ウェイトトレーニング以外のフィールドトレーニングに対する条件統制がなされておらず、さらには、すでに効果が高いということが多くの研究で確認されているピリオダイゼーションが適用されていないという限界があります。

したがって、ピリオダイゼーションを用いたプログラムにおいて、個人の負荷-速度プロフィールに基づいた負荷設定を行い、ウェイトトレーニング以外の条件をコントロールした上で、PBTとの比較を行う必要があります。こうした視点から行われた研究を次に紹介します。

この研究にはスクワット1RMの体重比が平均1.6の男子24名が参加しました。6週間にわたる週3回の合計18セッションで、セッションごとに59～85%1RMの間で変動させた負荷が設定されました。PBT群は事前の1RM測定の値に基づいてその%1RM値でトレーニングしましたが、VBT群は、ウォームアップの最後のセットで、その日に指定された%1RMに相当する挙上速度となる負荷質量を、あらかじめ作成された個人ごとの負荷-速度プロフィールに基づいて決定しました。各セッションは5レップをレスト2分で5セット実施しました。

VBT群は、セット終了時に平均速度が設定速度の±0.06m/sであった場合には、次のセットで使用する負荷を、±5%1RMの範囲で調整しました。

どちらのグループに対しても、コンセントリック局面で最大速度を発揮するように指示されましたが、トレーニング期間全体を通しての実際の挙上速度を見てみると、VBT群のほうがPBT群よりも速く、かつセッションごとに安定した速度が示され、セッションごとに収集された主観的運動強度のトレーニング全体を通しての平均値は、VBT群がPBT群と比較して低い値を示しました。

トレーニングの結果、どちらのグループにおいても1RMと方向転換能力の改善が示されましたが、30%1RM負荷を用いたカウンタームーブメントジャンプにおけるピーク速度、5mおよび20mのスプリントタイム、および方向転換能力の改善率においては、VBT群がPBT群よりも大きな効果量を示しました。

以上のことから、変動型ピリオダイゼーションを用い、個人の負荷-速度プロフィールに基づいてセッションごとの負荷を設定しセットごとに調整するVBTは、従来の%1RMに基づいた固定的な負荷設定のままトレーニングを行うPBTに比べて、全く同じ%1RMを用いて爆発的挙上のトレーニン

グを実施しても、より低い心理的負担度で、高速トレーニングを安定したスピードで実施することが可能となるといえます。その結果、ジャンプやスピードや方向転換能力といったパフォーマンスに対するより高いトレーニング効果が得られたと考えらえます。

7 スピードが低下する前に　セットを終了する効果

　以上で検討してきた研究は、従来の1RMのパーセンテージによって負荷を設定する方法に対して、挙上速度に基づいて負荷を設定し、調整するという方法の優位性を示したものですが、このほかに、これまでに見たVBTの中には、従来のウェイトトレーニング法にはなかったもう1つ特徴的な方法を採用していることに気づかれたと思います。それは、セット中に、挙上速度の低下が見られた時点で、それ以上の反復を行わず、直ちにセットを終了するという方法です。

　VBTにおいては、このスピード低下に伴うセットの終了というコンセプトが様々な方法で研究されています。次にこの点について見ていきたいと思います。

　12RMを用いて1レップずつ最大速度で12レップ行うと、

レップごとの挙上速度はスクワットで46.5%低下し、ベンチプレスではさらに低下率が激しく63.3%低下することがわかっていますが、同じ12RMを用いて半分の6レップまでで止めれば、スピード低下率はスクワットで20.2%、ベンチプレスでは24.2%にとどまるという報告があります。

また、6RMで6レップ行うと、スピード低下率は、スクワットで41.9%、ベンチプレスで56.8%ですが、3レップで止めると、スクワットは19.6%、ベンチプレスは23.7%の低下にとどまります。

このことから、このスピードの低下率をモニターして、一定のレベルまでスピードが低下する以前にそのセットを終了すれば、選手に過剰な疲労を強いることなく、しかも質の高いリフティングを反復させることができるのではないかと考えられるわけです。こうした仮説に基づいて行われた研究を見てみましょう。

ウェイトトレーニング経験のある平均年齢42.5歳の消防士20名を対象に、1RMの85%負荷を用いてベンチプレスのトレーニングが行われました。被験者を2つのグループに分け、高速群には最大挙上スピードの80%以上を維持するように指示し、一方、自己スピード群には、自分の好きなスピードで反復するよう指示しました。

　高速群はそれぞれの被験者があらかじめ測定した85%1RMに対する最大速度の20%以下に低下した時点で、直ちにそのセットを終了しました。休息時間は2分で、新たなセットの1レップ目からその最大速度よりも20%遅い速度さえ発揮できなくなった時点で、セッション自体が終了となりました。自己スピード群は1セット当たりフェイリヤーまでのできるだけ多くの反復を繰り返し、同じく2分のレストで、新たなセットで1回も持ち上げられなくなった時点でセッションを終了しました。

　これを週2回頻度で3週間続けた結果、高速群はグループ平均で、最初2.33レップ×7セットしかできなかったのが、3.17レップ×9セットできるようになり、自己スピード群は最初7レップ×7.98セットだったのが、8.33×9セットできるようになりました。トレーニングの結果、高速群が1RMを99.7kgから109.8kgへと有意に10.2%向上させたのに対して、自己スピード群は、97.5kgから97.7kgへの向上で、向上率0.77%にとどまりました。挙上スピードは高速群が2.22%向上させたのに対して自己スピード群ではスピードの変化はありませんでした。

　この研究では、筋電図が記録されており、その結果を見ると、高速群は自己スピード群に比べて三角筋、上腕三頭筋、

上腕二頭筋、大胸筋で7.31〜202.29%高い筋活動が記録されており、このことからも高速トレーニングでは、より多くの運動単位が動員され、発火頻度が増し、同期して活動したと考えることができます。

　実際に行ったレップ数やセット数が少なくても、同じ85%1RMという負荷を用いてより高速に動作を反復し、スピードが低下し疲労した状態ではそれ以上の反復を行わない、というスピード重視のトレーニングによって質の高い筋活動をより多く反復させたことが、3週間で10.2%という大きな効果を生んだと言えます。

　図5はこの論文に掲載されていた図で、高速群と自己スピード群のトレーニングの違いを端的に説明した概念図です。トレーニングに費やされたエネルギー量が同じ面積だと仮定

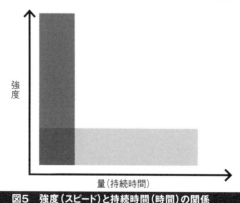

図5　強度（スピード）と持続時間（時間）の関係

すると、高速群は強度が高く量が少なかったのに対して、自己スピード群では強度が低く、量が多かったと言え、挙上スピードがこういった全く異なる差をもたらしたわけです。

8 ヴェロシティーロス・カットオフ

　以上のように、反復によって挙上速度が低下してからも、決められた回数まで反復動作を継続するという従来の方法ではなく、一定レベルまで速度が低下した時点でそのセットを終了することによって、無駄な疲労を招くことなく、より少ないレップ数や仕事量で、従来の方法と同等あるいはそれ以上の効果が得られることは明らかです。このように、スピードが失われた時点でそれ以上のレップを継続しないという方法は、ヴェロシティーロス・カットオフ（Velocity Loss Cutoff）と呼ばれており、VLCと略されています。

　以下では、様々なスピード低下率やVLCの方法を比較した行われた研究を紹介していきたいと思います。

（1）スピード低下率20％ vs. 40％

　22名の男子を対象として、スクワットのトレーニングが週2回の頻度で8週間行われました。ウォームアップの最後に、

セッションごとに指定された0.82〜0.60m/sという速度が出る負荷質量を個人ごとに見つけ、4分間のレストで3セット実施されました。この速度は1RMの70〜85%に相当していました。被験者を2つのグループに分け、一方はセット中のスピードが最大速度の20%低下した時点でセットを終了するグループ（VLC20%群）、もう一方は40%低下するまで反復を続けるグループ（VLC40%群）としました。

　その結果、当然のことながら、VLC20%群のほうがVLC40%群よりも少ない総レップ数を示し（185.9レップvs.310.5レップ）、大きな平均速度が示されました（0.69m/s vs. 0.58m/s）。総仕事量は、VLC20%群の127.5kJに対して、VLC40%群は200.6kJでした。

　このようなトレーニングの結果、1RMについては、VLC20%群が18%の増加、VLC40%群が13%の増加で統計的に有意な差は示されませんでしたが、トレーニング前と後で同じ負荷に対する挙上速度については、VLC20%群のみ向上し、VLC40%群では挙上速度の向上は見られませんでした。そしてカウンタームーブメントジャンプの跳躍高は、VLC20%群で9.5%の向上が見られましたが、VLC40%群では有意な変化はありませんでした。

　さらに磁気共鳴映像法による筋断面積では、外側広筋と中

間広筋においてはVLC40％群が有意により大きな増大を示しましたが、大腿四頭筋、大腿二頭筋、および内側広筋では、両群に有意な増加が示され、グループ間の有意差はありませんでした。

　そして、速筋線維であるタイプIIにおいて、タイプIIxのミオシン重鎖と呼ばれるたんぱく質の割合が、VLC40％群においてのみ有意に減少することが確認されました。このことはタイプIIaの割合が増加したことと同義であり、いわゆる筋線維の遅筋化と呼ばれる現象が生じたことを意味し、VLC40％群 において1RMの増大や筋肥大に対する効果があったにもかかわらず、カウンタームーブメントジャンプの向上が示されなかったことがこれによって説明できるかもしれません。

（2）スピード低下率15% vs. 30%

　スペインのプロサッカークラブに所属する16名の男子選手が、6週間にわたって週3回、合計18セッションのスクワットを実施しました。トレーニングは、セッションごとに挙上速度を0.82～1.13m/sの範囲で変化させながら、2～3セットをレストピリオド4分で実施されました。使用する負荷の質量は、あらかじめ実施した個人別の負荷–速度プロフィールに

基づいて、そのセッションで目標とする速度発揮に相当する負荷質量（1RMの約70〜50％）が選ばれました。

　被験者を、挙上速度がそのセットで到達した最大速度の15％に低下した時点でセットを終了するグループ（VLC15％群）と、最大速度の30％に低下した時点でそのセットを終了するグループ（VLC30％群）に分けて、トレーニングを実施しました。

　その結果、トレーニング期間全体の平均挙上速度は、VLC15％群が0.91m/sだったのに対し、VLC30％群はそれよりも遅く0.84m/sであり、総レップ数は、VLC15％群が251.2レップだったのに対し、VLC30％群は414.6レップで、これをセット当たりに換算するとVLC15％群は6.0レップ、VLC30％群 は10.5レップでした。さらに、0.9m/sよりも速いスピードでの挙上回数には、グループ間の差は見られませんでしたが、それより遅い速度（0.4m/s〜0.9m/s）での反復回数は、VLC30％群のほうが有意に多く行っていました。

　このようなトレーニングの結果、1RMの向上率についてはVLC15％群にのみ有意な改善率がVLC30％群よりも大きな効果量で示され、カウンタームーブメントジャンプに関しても、VLC15％群にのみ有意な向上がVLC30％群よりも大きな効果量で示されました。

この研究から、同じ%1RMという負荷を用いても、挙上スピードの低下率を指標として、疲労した状態での低速挙上による反復をやめることで、より少ない量でより大きな効果が得られるということが明らかです。特にこの研究のようなチームスポーツの選手にとってはこのことは極めて重要だといえるでしょう。

（3）軽量負荷での総レップ法によるVLC

上で紹介した2つの研究は、負荷の大きさが50〜85%1RMという比較的中程度から高重量を用いたトレーニングであり、比較された速度低下率は15% vs. 30%、および20% vs. 40%でしたが、より軽量の負荷を用いたいわゆるパワーの向上にフォーカスしたトレーニングで、比較する速度低下率をさらに小さくした場合に、同じようなVLCの効果があるかどうか、という問題に取り組まれた研究があります。

20名の男子学生を対象に、バーベルを背負った状態でのカウンタームーブメントを用いたスクワットジャンプを週に2回の頻度で4週間行いました。挙上速度が1.2m/sになるように、週ごとに負荷の大きさが調節されました。1.2m/sに相当する負荷質量は個人によって異なりますが、平均40%1RM以下という比較的軽量の負荷でした。

このトレーニング実験には、トレーニングの進め方についてもう1つの特徴がありました。それは総レップ法と呼ばれる方法を用いている点です。この総レップ法もVBTにおいて新たに提唱されている方法で、通常行われているように、1回のセッションにおけるセット数と各セットごとのレップ数を指定するのではなく、そのセッションで実施するべきトータルなレップ数だけを指定しておき、VLCによって、一定の速度閾値まで低下したら反復動作を中断するのですが、速度閾値まで低下しなければそのまま挙上動作を継続します。それによって決められた総レップ数を消化した段階でそのエクササイズは終了となります。その結果、決められた総レップ数を消化するのに必要なセット数は個人によって異なるわけです。たとえば総レップ数25レップと指定してトレーニングを実施しても、ある選手のセットごとのレップ数は10→8→7と3セットで終了するのに対し、別の選手は8→6→5→4→2と5セットを要するというふうになります。

　この研究のトレーニングでは総レップ数を36レップと指定して実施されました。

　トレーニングの結果、VLC10％群はセット数が2.7セットだったのに対し、VLC20％群は2.0セット、セット毎のレップ数は、VLC10％群が10.2レップに対してVLC20％群は13.3

レップというように、VLC10％群のほうがより多くのセットを行い、1セット当たりのレップ数は少なくなることが示されました。しかしながら、トレーニングの目的であったパワーとスピードにはどちらもグループにおいても有意な向上が示されず、自体重のカウンタームーブメントジャンプの跳躍高にも、15mスプリントタイムにも有意な向上は示されませんでした。

この理由として、最初のセットにおけるレップ数に対する極めて大きな個人差が指摘されています。たとえば、VLC10％群にもVLC20％群にも1セットだけで36レップ消化できてしまう選手がいたり、VLC10％群にもVLC20％群にも3セットあるいは5セット必要な選手がいたりといった個人差が示され、最初のセットの平均レップ数はVLC10％群が20.0レップ、VLC20％群が26.7レップであり、CV（変動係数）にも、それぞれ30.3％と29.4％という非常に大きなばらつきが見られました。

セッション前後のカウンタームーブメントジャンプ跳躍高の差は、VLC10％群が 0.5cm低くなったのに対し、VLC20％群では1.8cm低くなっていたということから、VLC20％群のほうがVLC10％群よりも疲労は大きいということはいえそうですが、これだけ個人差が大きく、両群の間にセット数やレ

ップ数に関する一定の傾向がなく、しかもパワーやスピード
の改善が見られなかったということは、この研究で用いられ
た負荷と速度での総レップ法を用いたVLCによるトレーニ
ングでは、カウンタームーブメントジャンプによるトレーニ
ング効果を引き出すことは難しいといえそうです。

9 ヴェロシティーロス・カットオフの 急性効果

　次に、個人ごとの負荷-速度プロフィールに基づいて使用
する負荷質量を調節し、一定水準以下に挙上速度が低下した
時点でセットを終了するというVLCを用いたセッションに
おける急性効果についての研究を見てみましょう。

（1）挙上速度と筋緊張時間から見たVLCの急性効果

　バックスクワットの体重当たりの1RM値が平均1.8倍の15
名の男子を対象として、次に示す4種類のセッションを、ラ
ンダムな順序で96時間空けて（中3日）実施し、セッション
中に発揮されたピーク速度、平均筋緊張時間（TUT）、コ
ンセントリックTUTが比較されました。

●**PBT**：事前の1RM測定の結果を基にした80%1RMで5レッ

プ×5セット。

●個人別負荷−速度プロフィール：あらかじめ行った個人ごとの負荷−速度プロフィールから得られた80%1RMの速度を基に、セッション当日の負荷質量を調整し、セットごとにも調整しながら5レップ×5セット実施する。たとえば80%1RMの速度が0.6m/sだった人が、当日その質量でアップした際に、挙上速度に±0.06m/sの差があれば、0.6m/sになるように±5%1RMで使用する負荷質量を調節する。この調整は各セットが終了するごとに行う。

●VLC20%：事前の1RM測定の結果を基にした80%1RMで行うが、挙上平均速度がウォームアップセットで行った80%1RM速度の20%以下になった時点、もしくは5レップできた時点でセットを終了し、これを5セット行う。

●25総レップ：事前の1RM測定の結果を基にした80%1RMで行うが、挙上平均速度がウォームアップセットで行った80%1RM速度の20%以下になるまでは5レップできてもそのセットにおける挙上を継続し、トータルで25レップ消化した時点でセッション終了とする。

　その結果、セッション中に発揮された挙上速度についてみると、個人別の負荷−速度プロフィールに基づいて速度をコントロールしたセッションと、VLC20%のセッションにおい

て、ＰＢＴセッションよりも有意に速い平均速度とピーク速度が示されました。レップ数では、VLC20%セッションでその他のセッションよりも有意に少ない平均レップ数（23.6レップ）が示され、セット数に関しては、25回総レップセッションの平均セット数が4.3セットで他のどのセッションよりも有意に少ないセット数となりました。

　セッションの所要時間も、この25回総レップセッション時が最も短く、9分02秒で、他のセッションでは10分以上を要しました。TUTとコンセントリックTUTは、個人別の負荷-速度プロフィールに基づいて速度をコントロールしたセッションとVLC20%セッションにおいて、ＰＢＴセッションよりも短くなることが示されました。

　以上のことから、従来のＰＢＴによるセッションよりも、個人別に作成された負荷-速度プロフィールを基に、ターゲットとなる%1RMの挙上速度に対応する負荷質量をその日のコンディションやセッション中の疲労に応じて調整する方法や、目標とする挙上速度よりも一定レベルまで低下した時点でセットを終了するというVLCが、セッション全体における挙上速度を高く保つことができ、しかも筋に対するより低いストレスでそのことが可能であることが示されました。さらに、25回総レップセッションは、ＰＢＴよりも明らかに短

いトレーニング時間で、同様の質のトレーニングが行われた
ことも注目に値すると思われます。

（2）スピード低下率10％と20％と30％に対する急性効果の比較

　16名の大学生ラグビー選手を対象として、スクワットにお
ける異なるVLCによるセッションでの急性効果が比較され
ました。個人ごとにスクワットの平均速度が0.7m/sに相当す
る負荷質量を用い、挙上速度がその10％、20％、30％まで低
下した時点でセットを終了させる方法（VLC10％、VLC20％、
VLC30％）で5セット行うセッションを、72時間空けて（中2
日）ランダムな順序で実施されました。

　この研究ではVLCだけではなく、セット間休息時間につ
いても独特な方法が採用されました。基本的な休息時間は3
分間にセットされていたのですが、2セット目から5セット目
の最初の1レップ目に設定した速度よりも0.06m/s遅かった場
合、追加で30秒のレストが与えられ、30秒後の開始時でもな
お設定速度よりも0.06m/s以上遅い場合は、1RMの5％以内の
負荷質量を減らし、さらに30秒のレストが追加されました
（先に紹介したいくつかの研究でも、0.06m/sという速度が選
ばれていますが、その理由は、先行研究で、この大きさの差
が生じた場合、それは測定誤差ではなく、実質的な差である

みなすことができる最小可検誤差であることが示されている
ためです）。

　このような3つのVBTセッションを比較した結果、平均速
度とパワーの5セットを通しての変化は、スピード低下率が
最も大きかったVLC30%の平均パワーで、「小さい低下」に
該当する効果量が示された以外は、5セットを通してほとん
ど変化なく、個人内のばらつきも見られませんでした。

　セットの平均速度と平均パワー出力は、VLC10%の時が最
も大きく、次いでVLC20%、そしてVLC30%の順でした。そ
して、セット当たりの平均レップ数は、これとは逆にVLC30
%で最も多く、次いでVLC20%、そしてVLC10%の順でした。

　以上のことから、この研究で実施されたVLCを用いたト
レーニング法は、セッション中のセットの進行に伴って、挙
上速度やパワーを低下させることなく、狙った通りの安定し
た質の高いトレーニング刺激を与えることが可能であるとい
えます。そして、無駄な疲労を招くことなく、高速で大きな
パワー発揮をより少ない量で負荷したい、たとえばシーズン
中のトレーニングではVLC10%を、逆に筋肥大を目的として、
フェイリヤーまで追い込むことは避けつつ、できるだけ大き
なトレーニング量を確保したい場合にはVLC30%を用いるこ
とが有効であると思われます。

（3）スピード低下率の違いが主観的運動強度、血中乳酸、神経筋機能に及ぼす急性効果

　VBTにおけるVLCの急性効果をさらに詳細に検討したのが、次に紹介する研究です。

　個人ごとに、スクワットの平均挙上速度が0.7m/sとなる負荷質量を見つけ、3分間のレストで5セット実施されました。セットを終了する基準となる速度低下率は10%、20%、30%でした（VLC10%、VLC20%、VLC30%）。3分間の休息中に、カウンタームーブメントジャンプの跳躍高とパワーおよび力積、血中乳酸濃度、呼吸の苦しさと下肢の疲労度に関するRPEが調べられました。それぞれのスピード低下率のVLCセッションが、72時間隔てて（中2日）で2回実施され、さらに4週間後に同じことが繰り返されました。

　その結果、セッション中のRPEと血中乳酸濃度の上昇度においては、VLC30%が最も大きく、次いでVLC20%そしてVLC10%の順でした。カウンタームーブメントにおける跳躍高、パワー、および力積の減少率は、VLC30%の減少が最も顕著で、次いでVLC20%そしてVLC10%の順でした。2回のセッションにおける各変数の測定値は、4週間という長期間何もコントロールしなかった期間を空けたにもかかわらず、先行研究における1週間未満と同様の信頼性を示しました。

以上のことから、VLCのスピード低下率によって、心理的負担度、代謝および神経筋系に対する負荷の大きさを、適切にコントロールすることが可能だということが理解できると思います。したがって、たとえば、試合期や試合に近い日のセッションで、不必要な疲労や負担を掛けずにスピードやパワーを向上または維持させることを目的としたトレーニングでは、スピード低下率を低く（たとえば10%）したトレーニングが適切であり、逆に、ある程度心理的な負荷を掛け、神経筋の疲労を大きくしてでも、トレーニング量を増加させ、代謝に対する刺激を増大したい場合には30%程度の大きなスピード低下率を設定していくことで目的が達成できるものと思われます。

10 筋肥大のためには VLCの大きなパーセンテージが有効

　筋肥大を目的としてVBTを行うには、トレーニング量を増やし、代謝に対する刺激を高める必要があることを述べましたが、実際にVLCの違いによって筋肥大効果はどれくらい異なるでしょうか。

　週に1〜3回のウェイトトレーニングを1年半〜4年継続して

いる男子64名を、VLCのパーセントによりVLC0％群、
VLC10％群、VLC20％群、VLC40％群の4グループに分け、
スクワットのトレーニングを週2セッションで8週間、レスト
4分間で3セット行いました。

　使用する負荷質量は、事前に実施された負荷-速度プロフ
ィール（R^2=0.99）に基づいて、70〜85％1RMに相当する個
人ごとの挙上速度から、±0.3m/sの精度でセッションごとに
設定されました。

　VLC0％群は、速度低下率が0％ということですから、要す
るに1レップのみです。残りの3グループは個人ごとに設定さ
れたスピードから、10％、20％、40％低下した時点でセット
終了です。

　トレーニング期間全体の総レップ数はVLC0％群が48.0回、
VLC10％群が143.6回、VLC20％群が168.5回、VLC40％群が
305.6回でした。

　これだけ大きなトレーニング量の違いにもかかわらず、
20mスプリントタイムとカウンタームーブメントジャンプの
跳躍高の向上率には、グループ間で統計的に有意な差は示さ
れず、1RMにもすべてのグループで12.3〜18.1％の向上率が
示され、グループ間の有意差はありませんでした。また、
70％1RMでの反復回数による筋疲労テストもすべてのグルー

プで有意な向上を示し、グループ間の差は示されませんでした。

しかし、VLC20%群とVLC40%群にのみ、超音波法による外側広筋の筋断面積にそれぞれ、7.0%と5.3%の増大が示されました。VLC40%群においては、テンシオミオグラフィーを用いた外側広筋の短縮検査において、筋収縮時間の遅延が確認され、アイソメトリック筋力テストにおける0から50msecまでのRFDにも低下が示されました。

このことから1RMの70～85%負荷に相当する挙上速度を用いたVBTで、VLCを20～40%として3セット実施し、週2回8週間継続すれば、有意な筋肥大が生じることがわかります。ただし、速度低下率を40%にしたトレーニングでは、高速での爆発的な筋活動のための神経筋機能に対してはネガティブな影響が生じる可能性が高く、またトレーニング量も他のVLCに比べて大きくなることから、無駄な疲労を避けつつ、筋力向上やパフォーマンス向上も目的とし、さらに筋肥大も必要であるという場合には、VLC20%が最も適切であるということが可能です。

面白いことに、この研究結果では、VLC0%という、セット当たり1レップしかしないという極端な場合でも、筋力やパフォーマンスの向上率について、他のグループとの間に統

計的な有意差は示されませんでしたが、実際の向上率の大きさでは他と比べてやや低い傾向が見られたことから、さすがに1レップだけというのは現実的ではないと思われます。とはいえ、このトレーニング研究の実際のトレーニングにおけるレップ数は、たとえば85%1RMでのセッションを例にとると、VLC0％群の1レップのみに対して、VLC10％群は2.2レップ、VLC20％群で2.3レップ、そしてVLC40％群でも4.3レップであり、85%RMでフェイリヤーまで行った場合の従来の一般的な基準としての6レップよりも遥かに少ない回数であったことは注目に値します。

11 たった5％のVLCでも十分な筋力とパフォーマンスのトレーニング効果が得られる

　以上の研究結果から、VLCは20％、15％、さらに10％であっても、筋力やパフォーマンスの向上、神経筋機能の改善に対して、従来必要とされてきたようなトレーニング量を課す必要がないことが明らかですが、では、さらに少ないレップ数となるVLC5％でも同様のトレーニング効果が得られるのかという疑問に取り組んだ結果を次に紹介します。

少なくとも1.5年のウェイトトレーニング経験を持つ男子30名を対象として、週に2セッションを7週間、トータル14セッションのスクワットトレーニングが実施されました。使用した負荷質量は、先行研究で50%1RMに相当するとされた挙上速度である1.14m/sに相当する負荷とし、個人ごとに、1.10m/s〜1.17m/sの許容範囲でこの負荷となる質量を見つけて、3セットをレスト3分で行いました。

　被験者を、セットを終了するタイミングによって2つのグループに分け、1つのグループは各セットの最大速度が20%低下した時点とし、もう1つのグループは、そのセッションで設定した速度から0.04m/s低下した時点としました。このグループのスピード低下率はトレーニング期間終了時点で計算したところ、結果的に5.6%となりました。したがってこの研究はVLC20%とVLC5%との比較をしたことになります。

　トレーニングの結果、VLC20%群とVLC5%群に、ほぼ同じ大きさの中等度から非常に大きい効果量で、1RM、一定の負荷に対する挙上速度、20mスプリントタイム、カウンタームーブメントジャンプの跳躍高の向上率が示されました。

　こうしたトレーニングによる向上効果が両グループに示されたにもかかわらず、総レップ数では、VLC20%群が480.5レップだったのに対し、VLC5%群はその約1/3にあたる僅か

32.6％の156.9レップで、セット当たりの平均レップ数は
VLC20％群が11.4レップ、VLC5％群は3.7レップでした。

　このことから、スピード低下率が5％でセットを終了する
ことにより、セット当たりの疲労度を低く抑え、可能な限り
少ないレップ数でも、それよりも高い疲労度でより長い時間
を要するトレーニングと同じ筋力、スピード、スプリントそ
してジャンプ能力の効果が得られるということが明らかです。

12 パワー持久力の向上のためには VLC30％を6週間継続するとよい

　日常的にウェイトトレーニング経験のある男子大学生27名
を対象に、スクワットにおいて、一般的に1RMの65〜75％に
対応するとされる挙上速度である0.6〜0.7m/sに相当する負
荷質量を、各被験者がセッションごとに見つけて設定し、レ
スト3分間での3セットを週に2〜3セッションで6週間継続し
ました。負荷質量はセットごとに微調整されました。被験者
は、各セットの最大速度の10％、20％、30％低下のVLCによ
り3群に分けられました。

　トレーニングの結果、体重、大腿部と下腿部の周径囲、ス
クワット1RM、自転車エルゴメーターにおける最大パワー、

カウンタームーブメントジャンプの跳躍高がすべてのグループにおいて統計的に有意な向上を示しましたが、グループ間の差はありませんでした。負荷質量×反復回数で計算された総トレーニング量は、VLC30%群＞VLC20%群＞VLC10%群の順で有意に高く、主観的運動強度（セッションRPE）は、VLC30%群では7.4、VLC20%群では7.3だったのに対して、VLC10%群は4.9という有意に低い値を示しました。

この結果からも、VLCを用いたVBTは、筋力やパワーの向上に必要なトレーニング負荷を、より少ない仕事量と疲労感で可能とすることが明らかです。また、この研究ではセットごとの反復回数とセットごとに発揮された平均パワーの増大が、VLC30%群において、トレーニング期間の中盤以降に増加する傾向が示されたことから、高い発揮パワーの持久力の向上を目的としたトレーニングでは、VLCを30%とし、少なくとも6週間程度のトレーニング期間を要することが示唆されています。

本章のまとめ

本章では、これまでに取り組まれてきたVBTに関する基礎研究や、トレーニングへの介入研究を紹介しました。まと

めると以下のようになります。

①挙上速度を測定し、速度を1レップごとにリアルタイムでフィードバックしながら、できるだけ高速で爆発的に行うトレーニングは、個人の自由な速度や意図的に遅い速度で行うトレーニングあるいは、フェイリヤーまで反復を繰り返すトレーニングよりも、少ないトレーニング量と心理的負担度で、同等あるいはより優れたトレーニング効果を得ることができる。

②挙上速度のリアルタイムフィードバックによって、トレーニングの質を高め、維持することができ、その結果、より高いトレーニング効果が得られる。

③従来の1RMのパーセンテージによる負荷設定ではなく、個人の負荷-速度プロフィールから得られた挙上速度を基準として負荷を設定し、速度を基準として、セットごとあるいはセッションごとに負荷質量を調整することにより、より高い効果を、より少ない仕事量で得ることができる。

④挙上速度が疲労によって一定程度まで低下した時点で、そのセットを終了することにより、無駄な反復をすることなく、高い効果を上げることが可能である。

第5章

VBTの実践

1 VBTにおける負荷質量の設定

　ウェイトトレーニングにおける負荷の強度は、基本的には
トレーニングで向上させたい能力や機能によって決まります
が、最終的に目的とする負荷まで週ごとに漸増させていきた
いといった場合や、試合に向けて徐々に負荷を減らしていき
たい（テーパーリング）、あるいは週ごとやセッションごと、
さらには時期に分けて負荷にバリエーションをつけることで、
身体的・心理的なオーバートレーニングやケガを未然に防止
したい、といった様々な目的に応じて決まります。そして、
具体的には、そのセッションで何kgのバーベルやダンベルを
使うのかによって決定されます。

　従来はこの質量を求めるための方法として、1RM測定を
行ってそのパーセンテージで決めるという方法が一般的でし
た。しかし、その1RMの値自体、その日のコンディション
や、能力の向上あるいは低下によって変化しますから、指定
したパーセント値が同じでも、使用する負荷質量は変わって
しまいます。

　たとえば、2週間前に行ったベンチプレスの1RMテストで
100kgだった人に対して、　1RMの80%で8回×3セットと指定

したとします。そこで80kgをセットして8レップやろうとしてもその日のコンディションが2週間前よりも低ければ8回上がる保証はどこにもありません。無理に80kgをセットして1セット目6回、2セット目5回、3セット目4回実施したとしても、本来の1RMの80%という負荷を用いて狙った最大筋力のトレーニングになるかどうかは極めて疑問です。逆に、2週間前と比べて非常に調子がよく、また力がついてきたような状態では、80kgはすでにその人にとっての80%ではなくなっている可能性があります。オーバーロードの原則に照らすと、これではさらに力をつけていくための最適な負荷を掛けていることにはなりません。もっと重い負荷を設定するべきです。

このような日々のコンディションによって個人ごとに大きく変化する1RM値を基準としていたのでは、数週間にわたって、あるいは週内の負荷強度を%1RMで変化をつけて設定し、それに応じてレップ数とセット数を変化させるようなピリオダイゼーションを組んだとしても、1RMの絶対値が日々変わってしまうのですから、あまり意味がありません。

そこで、VBTにおいては、第3章で詳しく説明したような、1RMに対するパーセントと挙上速度の安定的な関係を利用して、セッションごとあるいはセットごとに使用する負荷の大きさを、挙上速度に基づいて設定するのです。

（1）VBT指導入門者用：
一般的に提唱されているスピードゾーンの利用

　速度によって負荷の大きさを設定する最も簡単な方法は、すでにこれまでの研究や実践において提案されている一般的な負荷‐速度関係に基づいて決定するという方法です。

　これまでに、世界中の数多くの研究者や指導者が、トレーニング目的に合わせた負荷と平均速度との関係を提唱しています。

　図1は、その中でも最も代表的なもので、2000年代の中頃から、アメリカのカレッジスポーツにおけるVBTの普及に貢献したブライアン・マン（Brian Mann）が2016年に提唱したものです。この図からもわかるように、1RMのパーセントの幅に合わせてスピードにも幅がある連続体となっていますので、%1RMをその範囲内で変更するためには、スピードもそれに合わせて変更すればよいということになります。

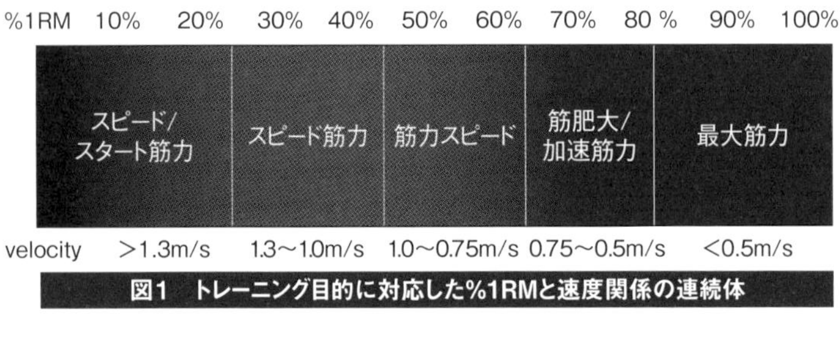

%1RM	10%	20%	30%	40%	50%	60%	70%	80 %	90%	100%
	スピード/ スタート筋力		スピード筋力		筋力スピード		筋肥大/ 加速筋力		最大筋力	
velocity	＞1.3m/s		1.3〜1.0m/s		1.0〜0.75m/s		0.75〜0.5m/s		＜0.5m/s	

図1　トレーニング目的に対応した%1RMと速度関係の連続体

　たとえば筋力スピードという、パワーの中でも、筋力を強調したゾーンには1.0〜0.75m/sの幅がありますが、より筋力を強調したトレーニングにしたい場合は、0.75m/sを用い、よりスピードを強調したい場合には、1.0 m/sを使えばよいということになります。もちろんその中間あたりを使用することもできますし、セッションごとに変化させることもできます。

　この図は、トレーニング目的とスピードの関係が切りのいい数字で対応させてあるので、覚えやすく、最大筋力なら0.5m/s以下、筋肥大なら0.7m/s、パワーなら1.0m/s、スピードなら1.3m/s以上というふうに、大まかですが簡単にVBTの速度を決めることができます。その意味で、これまでVBTを使ったことがなく、これから挙上スピードを測って、そのスピードを基に目的に応じた負荷を設定していこうといういわばVBT指導の入門用としては便利なものです。

　筋肥大と加速筋力が同じスピードゾーンにありますが、代謝刺激によって筋の肥大を促進するスピードは、最大筋力ほど低速ではなく、筋力を素早く立ち上げ、対象物や身体を加速させていくための筋力を向上させるスピードでもあることを示しています。また、スピードと同じゾーンのスタート筋力というのは、軽量の負荷に対して動作の開始と同時に、瞬時に筋力を立ち上げる能力のことです。

しかしながら、第3章で説明したように、負荷–速度関係は種目によって異なり、選手のトレーニング経験やスポーツ種目によっても異なります。したがって、挙上スピードによってトレーニング負荷を設定し、後述するセッションごとあるいはセットごとに負荷を調整する、ということに慣れてきたならば、エクササイズ種目に合わせたスピードで負荷設定をすることが必要になってきます。

（2）VBT指導初級者用:種目別スピードゾーン表の活用
①一般的エクササイズ種目のスピードゾーン

表1は、これまでの様々な種目について行われた負荷–速度関係の研究を基にして、種目ごとの平均的な%1RMと挙上速度との関係をまとめたものです。第6章で紹介するVitruveというデバイスではこの負荷-速度関係がデフォルトで使用されています。同じ%1RMでも、種目によって挙上速度が異なる点に注意してください。

ベンチプレスやミリタリープレスといった上肢のプレス系のエクササイズは、下肢のエクササイズよりも軽量負荷で速度が速く、逆に高負荷では遅くなる傾向があります。そしてプローン・ベンチプルは、他のエクササイズよりもすべての負荷で速く、デッドリフトはスクワットよりも遅くなるとい

表1　種目別に見た%1Mと挙上速度の関係およびトレーニング目的との対応

%1RM	スクワット	ミリタリープレス	ベンチプレス	ベンチプル	プルアップ	デッドリフト
100	0.32	0.20	0.18	0.53	0.22	0.14
90	0.51	0.34	0.32	0.65	0.39	0.29
80	0.68	0.49	0.47	0.78	0.57	0.46
70	0.84	0.62	0.62	0.92	0.74	0.66
60	1.00	0.75	0.78	1.06	0.91	
50	1.14	0.86	0.95	1.21	1.09	
40	1.28	0.97	1.13	1.36		

う特徴があります。これらは可動範囲や、主動筋となる筋群の生理学的特性や、挙上動作のバイオメカニクス的な特徴によるものと思われます。

また、一般的に筋力レベルの低い人は高い人に比べて、高重量域でのスピードが速くなり、逆に筋力レベルの高い被験者ほど高重力域でのスピードや1RM速度が遅くなる傾向があります。

②クイックリフトのスピードゾーン

上記は、一般的なエクササイズ種目に関するスピードゾーンですが、つい最近、英国、アメリカ、オーストラリアの大学のストレングスコーチと研究者の共同作業により、これま

で明確にされてこなかったパワークリーンについての目的別スピードゾーンが提唱されました（図2）。クイックリフトに関しては、これまでウェイトリフターを対象とした一定の基準値に関するデータはありましたが、大学生アスリートの指導を前提としたものはありませんでした。

　様々な種目のアスリートから得られたデータを基にしたゾーンであるため、今後のクイックリフトにおけるVBT指導で非常に参考になると思われます。

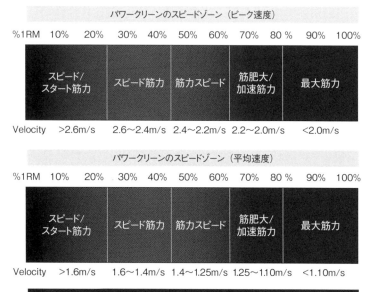

図2　クイックリフト（パワークリーン）におけるトレーニング目的に対応した%1RMと速度関係の連続体

（3）VBT中級者用：集団負荷−速度プロフィールの作成

　こうした個人差に対応した正確な負荷設定のためには、様々な年齢や性別で異なる競技種目の異なるレベルの被験者から得られたデータの平均値ではなく、指導対象とする年齢層、性別、そして特定のレベルの競技種目の選手における、特定のエクササイズについての負荷−速度関係を調べ、その値を基にして、負荷を設定するための速度を用いる必要があります。

　そのためには、実際に指導するチームや集団の選手に対して、負荷−速度プロフィールを作成することになります。選手全員から得られた各%1RMに対する挙上速度の平均値を用いて、負荷−速度プロフィールを作成し、トレーニング目的やピリオダイゼーションに応じた%1RMに対応した速度でセッションごとあるいはセットごとの負荷を設定します。速度を指示すれば、実際に何kgの負荷で行うかは、選手だけで設定することができ、個人ごとに異なる重さとなりますが、1RMに対するパーセンテージという点では全員に同じ負荷を掛けることが可能となります。

　多くの選手についての様々な負荷とそれに対する速度の関係を効率よく調べるためには、第3章で紹介した2ポイント法が有効です。2ポイント法の具体的な作成法と留意点につい

ては、309ページから詳しく説明しています。

（4）VBT指導上級者用:個人別負荷-速度プロフィールの作成

　集団のデータから得られた負荷-速度プロフィールよりも
さらに正確に、挙上速度からの適切な負荷質量を個人別に見
つけるには、やはり個人別の負荷-速度プロフィールを作成
することがベストです。これが、いわばVBTにおける負荷
設定の最終的な姿です。前述したように、トレーニング経験
が豊富で筋力レベルの高い選手ほど、高重量域での挙上速度
が遅くなる傾向にあります。スピード能力に優れた選手は、
1RMや高重量域での挙上速度が同じ選手と比較して、中軽
量域で大きな速度を発揮できる傾向があります。また、第3

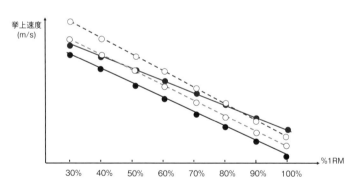

負荷－速度関係は、トレーニング経験・競技レベル・性差・年齢差・個人差によって異なる

図3　負荷-速度関係における個人差

章でも説明したように、特にパワー系のトレーニングによって、軽量から中等度の負荷に対する挙上速度が速くなる傾向があります。

　図3でわかりやすいようにやや極端に示しましたが、すべての負荷で他の人よりも高速が発揮できる人、逆に低速となる人、高重量が遅くても中軽量で速い選手など、個人によって%1RMに対する速度は異なるため、個人別の負荷-速度プロフィールを定期的に作成し、それに基づいて個人ごとの使用質量を見つけることによって、最も正確な負荷の設定が可能となります。

　しかし、これもできるだけ効率よく、時間をかけず、そして選手に負担を強いることなく行う必要があります。そこで、2ポイント法が推奨されるわけです。その前に、こうしてセッションごと、あるいはセットごとに設定したスピードを基に選手がいかに適切な負荷質量を見つけるのかという方法を説明します。

(5) 負荷-速度プロフィールを用いた負荷質量の決定

　たとえば、ある日のセッションで、筋肥大を目的として70%1RMを用いてスクワットのトレーニングを行うとします。そして、その選手あるいは全選手に70%1RMに対応すると考

えられる0.7m/sで行うようにという指示を出します。

　選手は、各自のおおよその1RM値がわかっていますから、その約70%程度まで、徐々に負荷質量を増やしながら、また挙上速度を増しながら各自のペースでウォームアップを行います。負荷が軽いうちは、1.0m/s程度の速度となりますが、0.9m/sくらいの速度になったら、徐々に負荷を増しながら全力で1〜3レップ行い、最終的に0.7m/sが出る質量を見つけます。0.03m/s程度のプラスマイナスは、許容範囲としても構いません。そしてたとえばその質量が65kgだとすると、最初のセットを65kgとしてその日のトレーニングを開始します。

　この65kgという質量は、次のセッションでも1つの目安となりますが、その日の体調により、あるいはトレーニングの急性効果により、実際は60kgになったり、70kgになったりと変化します。これが、毎回同じ重さではなく、速度を基準として重さを選ぶというVBTの特徴です。

2　挙上スピードによる負荷の調整

（1）セットの平均速度で判断する方法

　次に、設定されたスピードに対する負荷質量を見つけて、その負荷質量で1セット目を終えたときに、そのセットの速

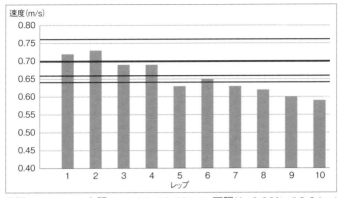

目標は0.70m/s、上限は+0.06で0.76m/s、下限は-0.06%で0.64m/sにラインを引いている。平均は黒線の0.66m/s

図4　0.70m/sを目標スピードで行った10レップの例

度がどうであったのかということを確認して、次のセットの負荷を調整する方法を説明します。

　仮に、先の例で65kgを用いて10レップ行うように、というプログラムだったとします。10レップ行った後、VBTデバイスのセットの平均スピードを確認し、その値が、0.06m/s以下または以上だった場合は次のセットから1RMの4～5%を減らすか増やすかします。1RMの4～5%はその人の1RMによりますが、だいたい2.5～7.5kgに相当します。

　図4は、目標スピードが0.70m/sですが、黒線で示した平均値は、0.66m/sです。下限は0.70-0.06＝0.64m/sです。5レップ目と7～10レップ目はこの下限速度を下回っていますが、

平均値が下限速度の0.64m/sを上回る0.66m/sですから、次のセットもこのままの負荷で行います。　この方法は、あくまでセット終了後の平均値が指定した範囲にあるかどうかを問題とします。

　この0.06m/sという数値を用いる理由は、前述したように、先行研究で、測定装置によって生じる測定誤差を超えるほどの明らかな意味のある誤差であるということが統計学的に明らかにされている数値です。ただし、この研究は、現在最も測定精度が高いとされているリニアポジショントランスジューサータイプのデバイスから得られた結果であり、他の加速度タイプのデバイスを用いる場合や、VBTに十分慣れないうちは、速度の変動がこれよりも大きくなる傾向がありますから、その場合は、±0.1m/sで設定したほうがよいでしょう。

（2）スピードゾーンに何レップ入っていたかで判断する方法

　上記の方法は平均値が指定した範囲内にあったかどうかでした。したがって、平均値さえ範囲内にあれば、何回かのレップが範囲から外れていても、負荷はそのままで次のセットを継続しました。しかし、次に紹介する方法は、指定した目標とする速度の範囲で、何レップ行えたかが問題となります。図5の例では目標は先と同じで0.70m/sですが、範囲を少し広

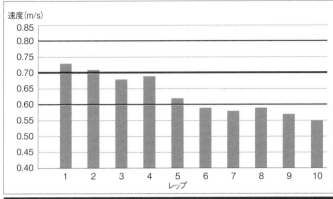

速度（m/s）

0.85
0.80
0.75
0.70
0.65
0.60
0.55
0.50
0.45
0.40

1　2　3　4　5　6　7　8　9　10
レップ

図5　目標のスピードゾーンからセットの半数以上が外れている例

めにとって±0.1m/sとし、範囲は0.60〜0.80m/sとなります。

　セット終了後、VBTデバイスのモニター画面で各レップ
の数値またはグラフを確認します。例では、6レップ目以降
が下限から外れています。10レップの半分以上がターゲット
ゾーンに入っていなかったことになります。この場合、次の
セットで1RMの4〜5%を減らすことになります。

　ここまでの2つの例では、どちらも挙上速度がセット内に
低下しました。ウォームアップが適切に行われ、目標とする
速度に対応した負荷質量が正しく設定されていれば、セット
内で速度が範囲を外れて大きく上昇することはほとんどあり
ませんが、もしそういうことが生じた場合は、負荷が軽すぎ
たわけですから、負荷を増量して次のセットに入ります。

(3) 最初の1〜2レップの速度によって判断する方法

　以上2つの方法は、目標速度を設定してセットを完了させた後、その平均値やターゲットゾーン内のレップ数によって、次のセットの負荷を増減する方法でしたが、セッション中に急激な疲労が生じた場合や、コンディションがよくないときなどは、2セット目または3セット目になると、目標とした速度が最初から出せなくなることがあります。その際、そのままそのセットを無理やり実施してしまうと、無駄なトレーニングをさせて、選手を疲れさせてしまうだけのトレーニングになる可能性があります。

　そうした方法を継続していると、第4章8節（1）（265ページ）で紹介したような、遅筋化が生じたり、他のフィールドやコートでのセッションに悪影響を及ぼしたりしてしまいかねません。そこで、1レップ目もしくは2レップ目の速度を見て、目標速度から外れている場合は、すぐにセットを中断して負荷の調整をしてからそのセットをやり直します。

3 挙上スピードによるレップ数の調整 （ヴェロシティーロス・カットオフ）

　以上は、各セットのレップ数をあらかじめ決めておき、そ

のレップ数は最後までやり切ることを前提としていました。しかし、第4章で見たように、セット中の挙上スピードの低下レベルに基づき、それ以上の挙上動作を継続せずセットを終了するという方法によって、不必要な身体的・心理的負担を強いることなく、より少ない仕事量で同等あるいはそれ以上の効果が得られることが、多くの研究で明らかにされています。

そこで、挙上速度を1レップごとにリアルタイムでモニターし、一定の閾値を決めておいて、その閾値に達したらセットを終了するヴェロシティーロス・カットオフ（VLC）のやり方を紹介します。

（1）カットオフ閾値のパーセント法と絶対値法

これまでの研究では、挙上速度0.5〜1.3m/sの範囲であれば、VLCの効果があるとされています。負荷が軽すぎる場合は、個人のばらつきが大きくなり、スピードの低下もあまり生じてこない場合が多いため、VLCの適用は難しいとされています。

VLCを行うためには、最初に閾値を設定します。閾値は、通常1レップ目、もしくは1〜3レップ目に発揮される最大速度に対して何パーセント低下したのかのセット内低下率で決

める方法と、目標速度に対する低下率から計算した絶対値で決める方法があります。

　たとえば、目標速度が0.70m/sとして、セット内最大値に対する低下率で行うとします。そしてセットの2レップ目に最大速度が出てそれが仮に0.72m/sだったとします。この最大値に対する低下率を20％で設定すると、0.72m/s×（1-0.2）＝0.58m/sに達した時点でセット終了となります。これに対して目標速度0.70m/sの20％低下率で閾値を計算すると、0.70×（1-0.2）＝0.56m/sに達した時点でセット終了となります。

　セットの1レップ目に対する低下率で設定する方法もありますが、1レップ目に油断して低い値が出てしまった場合、その後により速い速度が出ても、1レップ目の低い値が基準となりますから、注意が必要です。

　図6は、目標速度0.7m/sに対してVLCを20％で行った場合を示しています。7レップ目に0.56m/sに達してしまいましたから、8レップ目以降はキャンセルとなり、セット終了です。

　ほとんどのVBTデバイスでは、以上の3つのVLC法、すなわち、セット内最大値に対する低下率（％）で設定する方法、セット内1レップ目に対する低下率（％）で設定する方法、および目標速度に対する低下率から計算した絶対値（m/s）

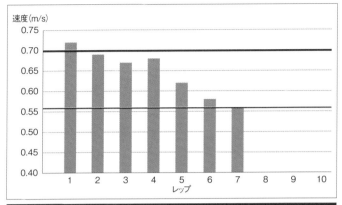

速度（m/s）

図6　挙上速度低下によるセット終了の閾値を目標速度の20％としたセットの例

で設定する方法の、どのVLCも設定可能ですから、セット開始前に設定します。

　VLCを行う場合、多くのデバイスでは、閾値に達するとビープ音や画面上に警告が表示されますので、その時点でセットを終了します。また、少しでも気を抜くと閾値に到達してしまうこともありますから、1回閾値に達したからといってすぐにセット終了とせず、2回目、あるいは2回連続で終了するという方法でセット終了とすることも可能です。しかし、VBTに慣れてきた段階では、緊張感を持って反復し常に最大努力に集中するためには、1回でも閾値に達した時点で直ちに終了するほうが適切だと思われます。

（2）目的別のカットオフ閾値

　これまでの研究されたVLCの閾値には、0%、5%、10%、15%、20%、30%、40%があります。第4章の10節（276ページ）で紹介したような、個人別の70〜85%1RMに相当する速度（平均0.7m/s）を目標速度として、VLCが0%、つまり1レップだけを3セット×週2回、8週間継続すれば、1RMが13.7％有意に向上したという報告もありますが、VLCが10%の18.1%や20%の14.9%よりは向上率が低くなるため、積極的に採用することはないとしても、現実として効果がないわけではない、ということは知っておくべきだと思われます。

　0%は極端だとしても、第4章11節（279ページ）で見たように、50%1RM相当の平均1.14m/sという速度では、VLCが5%でもVLC20%との間に筋力、跳躍およびスプリントパフォーマンスのトレーニング効果において同じ大きさの効果が得られ、しかも、総レップ数では、VLCを20%にしたトレーニングのわずか32.6%で、同等の効果を上げています。1セット当たりのレップ数に直すと、11.7レップに対して3.7レップで同等の効果を上げることができるわけですから、1時間かけて得られるのと同じ効果を20分で得ることができたことになり、今後、VBTを進めていく上で一考に値する重要な研究結果だといえます。

筋肥大や筋持久力に関しては、スピード低下閾値は20〜40%が有効であろうということが示されていますから、この範囲でのVLCでトレーニングを行うことが有効です。ただし、VLC20%とVLC40%では筋肥大の効果に大きな差はなく、VLC40%では、高速での爆発的な筋活動のための神経筋機能に対しては、ネガティブな影響が生じる可能性が高いと考えられるため、そうした点を考慮し、かつトレーニング量をできるだけ低く抑える必要がある場合には、速度低下閾値は30%あるいは20%が推奨されます。

こうしたVLCは、実際にアメリカのメジャーリーグのチームでも取り入れられており、最大筋力を目的としたトレーニングには、0.5〜0.7m/sという速度ゾーンで、VLCを20〜30%で行い、パワー向上を目的としたトレーニングでは、0.7〜0.9m/sという速度ゾーンで、VLCを10〜20%とし、スピード向上を目的としたトレーニングでは、0.9m/s以上の速度を用い、VLCは5〜10%で実施する、というように設定しているチームもあります。

図7は、図6と同じ例でVLCを10%とした例を示しています。4レップ目に目標速度0.70m/sから10%低下した0.63m/s以下となりましたので、その時点でセットを終了し、5レップ目以降はキャンセルとなります。

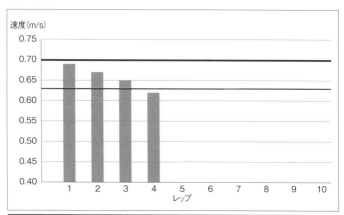

速度(m/s)

図7　挙上速度低下によるセット終了の閾値を目標速度の10%としたセットの例

4 挙上スピードによる休息時間の調節

　従来のウェイトトレーニングのプログラムにおいては、休息時間を2分とか3分というように設定し、それを遵守することを求めてきました。しかし、VBTにおいては挙上速度を基準として、この休息時間も調節することができます。その理由は、休息時間を調整することによって、次のセットのトレーニングの質を最大限に高めるためです。

　本章2節の（3）（300ページ）では、1レップ目か2レップ目に目標速度を下回った場合、直ちに負荷を調整する方法を紹介しましたが、ここで紹介するのは休息時間を延長するとい

う方法です。たとえば、上の例で0.70m/sを目標速度として1セット目を実施し、休息時間2分で、2セット目に入ったとします。そして1レップ目のスピードが0.70m/sより0.06m/s以上遅い、たとえば0.63m/sだったとします。この時点で、バーベルやダンベルをラックまたは床の上に戻し、さらに30秒間休みます。そして再び0.70m/sが出るようにチャレンジします。さらにもしそれでも、1レップ目のスピードが0.06m/s以上遅い場合には負荷を調整します。この0.06m/sという基準は0.1m/sとすることも可能です。

5 挙上スピードによるセット数の 自動調節（総レップ数法）

　総レップ数法というのは、第4章8節（3）（267ページ）で紹介したように、通常行われているように、セット数とセットごとのレップ数をあらかじめ指定するのではなく、そのセッション全体で実施するべき総レップ数だけを指定しておきます。そして、VLCによって、セットを中止するのですが、速度閾値まで低下しなければそのまま挙上動作を継続し、トータルとしてあらかじめ決められた総レップ数を消化した段階で、そのエクササイズは終了とします。

その結果、決められた総レップ数を消化するのに必要なセット数は個人によって、あるいはその日のコンディションによっても異なります。たとえば、総レップ数を25回と決めた場合、ある人は1セット目に10回、2セット目に8回、そして3セット目に7回の計3セットで終了するのに対し、別の人、あるいは別の日には、1セット目に8回、2セット目に7回、3セット目に5回、4セット目に3回、そして5セット目に2回と、計5セットかけて終了するといった違いが生じます。

　総レップ数の発想は、一定以上の速度で反復するべきレップ数が決まっているのであれば、セット数を固定せず、調子のいいときはできるだけ多くのレップを繰り返し、より少ないセット数でトレーニングを終えるようにして、選手の負担を軽減しようというわけです。

　ただ第4章8節（3）（268ページ）で示したように、この方法を40%1RM相当のスピードで、速度低下閾値を10%と20%に設定して実施したトレーニング研究では、どちらのグループにも有意なトレーニング効果が示されず、非常に大きい個人差が生じます。したがって総レップ数法は、もう少し中等度以上の負荷に相当する速度を用い、VLCの値も小さすぎないほうがよいと思われます。

6 2ポイント法による個人別の 負荷-速度プロフィールの作成と活用

（1）個人別負荷-速度プロフィールを作成するための 2ポイントデータ収集法

第3章の10で取り上げた、負荷-速度プロフィール作成の2ポイント法において注意するべきことをまとめると、以下のようになります。

①ウォームアップは入念に

まず、しっかりとしたウォームアップを行うということが非常に重要です。わずか2つの負荷質量だけで負荷-速度プロフィールを作成するわけですから、得られる2つの速度に関する信頼性をいかに高めるかが決定的に重要です。したがって、ウォーミングアップが不十分では正確な数値を得ることができません。また、ウォーミングアップはケガを予防するためにも重要です。

ウォームアップで用いる重量は、重い方の質量と同じか、それよりもやや重めで行うようにします。

②使用する2つの負荷の目安

使用する2つの負荷は、近すぎると不正確となりますからできるだけ離すようにします。しかし、あまりにも軽すぎた

り重すぎたりすると精度が低下します。本人から申告された1RMや、推定される1RMを基準とする場合は、軽重量（ライト）が1RMの40〜50%、高重量（ヘビー）が75〜85%くらいが適切です。スピードを基準として2つの負荷を選ぶのであれば、下の表2を参考にしてください

　試行の順序についてはどちらから行っても同じ結果が得られることがわかっています。各ポイントの試行回数は、2〜3回とし、それらの間に10%以上の差があればもう1回行い、最大値を採用します。

表2　2ポイント法で用いる負荷を挙上速度で決定する際の参考速度				
	ベンチプレス	スクワット	デッドリフト	ベンチプル・ラットプルダウン・シーティッドロウ
ライト	1.0m/s	1.0m/s	1.0m/s	1.3m/s
ヘビー	0.5m/s	0.7m/s	0.6m/s	0.8m/s

③フィードバックと鼓舞・激励が重要

　最大の能力を引き出すためには、数値のフィードバックとともに、選手を鼓舞し激励することも重要です。特に軽重量の挙上時には、フィードバックの有無によって数値が変わっ

表3　2点法による個人別負荷-速度プロフィール						
	A	B	C	D	E	F	G
1	軽負荷(kg)	高負荷(kg)	軽負荷速度(m/s)	高負荷速度(m/s)	1RM速度(m/s)	推定1RM(kg)	100%速度(m/s)
2	60	75	0.78	0.5	0.18	92.1	0.18

てきてしまうことが指摘されています。2点で直線回帰式を予測しますので、1点の数値が正確でないと回帰式の傾きも切片も変わってしまいますから、全力が発揮できるようパートナーや指導者の役割は重大です。

休息時間はベンチプレスでは15〜45秒、スクワットやデッドリフトでは30〜60秒とるようにします。

(2)エクセルを用いた2ポイント法による 個人別の負荷−速度プロフィールの作成

以上の方法によって得られた個人ごとの2つの負荷質量と挙上速度から、個人ごとの負荷-速度プロフィールをエクセルを用いて作成する方法を紹介します。ウェイトの質量とそれに対する速度から得られる回帰式についての説明や1RM推定についての詳細は、第3章の2節と8〜10節をお読みください。

表3で説明します。

①A2とB2に、それぞれ軽負荷および高負荷の測定で使用した質量（kg）を入力。

H	I	J	K	L	M	N	O
95%速度(m/s)	90%速度(m/s)	85%速度(m/s)	80%速度(m/s)	75%速度(m/s)	70%速度(m/s)	65%速度(m/s)	60%速度(m/s)
0.27	0.35	0.44	0.52	0.61	0.70	0.78	0.87

②C2とD2に、それぞれの負荷から得られた速度（m/s）を入力。

③E2に、1RMの推定に用いたい速度（m/s）を入力（実測値、MVTまたは第3章9節 (1) の表3から得られた値等の参考値)

④F2に、次の関数を入力し、推定1RMを計算させて表示させる。

=TREND（A2:B2,C2:D2,E2)

この関数は第3章9節 (2) （210ページ）で説明した1RMの推定を2ポイントで行っています。

⑤G2に次の式を入力。

=SLOPE（$C2:$D2,$A2:$B2)*$F2+INTERCEPT（$C2:$D2,$A2:$B2) と入力。

　この式は、A列とC列から得られた軽重量の質量とその速度、およびB列とD列から得られた高重量の質量とその速度という2ポイントを基に、yを速度、xを質量として、y =ax+bの形で得られる直線回帰式の傾きa（SLOPE関数）と、切片b（INTERCEPT関数）を求めるとともに、xの値を指定してyの速度を表示させる式です。このG列は100%1RMに対する速度を求めたいので、xの値に、F2で推定された1RM値を指定しています。

　また、列番号の前に$を付けて、A〜Dの列のみの相対

参照とすることで、H列以降の95%以下の負荷に対する速度の計算にA〜Dに入力された値を使うようにできるとともに、同時に2行目以降に1行目をコピーして、別の選手の負荷質量とその速度を入力するだけで、直ちに1行目と同じ負荷-速度プロフィールを表示させるようにしています。

⑥G1の項目名100%速度（m/s）の右に、各負荷に対する速度を表示させたい%1RMを入力する。この例では95%速度から5%刻みで60%速度までとなっているが、さらに30%速度まで作ってもよい。

⑦G2セルのフィルハンドルを右にドラッグして60%速度の列までコピーする。

⑧そのままでは$F2が100%1RMのままなので、その後ろに*0.95を追加し、95%1RMの速度を計算させる式にする。
=SLOPE（$C2:$D2,$A2:$B2）*$F2*0.95+INTERCEPT（$C2:$D2,$A2:$B2）

⑨90%速度以下のセルにコピーされている数式の$F2の後に、必要な%に合わせて、*0.9、*0.85、*0.8等々を追加する。表3の例では紙面の都合で60%までとなっていますが、30%程度まで作っておくと便利です。

⑩以上で1名分が完成するので、下の行にチームの他のメンバーの2ポイント測定からの負荷-速度プロフィールを作成

するには、F2から右端まで選択し、そのまま下の行にドラッグしてコピーする。

⑪A3〜E3までが空白の状態では、エラーが表示されるが、数値を入れるとすべての値が計算されて表示される。

こうして、作成された5名の個人別負荷-速度プロフィールを表4に示しています。実際はA列の左側に氏名が来ますが、この表では省略しています。また、この表は60%までとなっています。

初めて文章で読むと難しく感じるかもしれませんが、第3章の負荷-速度プロフィールと2ポイント法のコンセプトを理解した上で、実際にエクセルでこの通りにやっていただくと、簡単にできるはずですのでぜひ作成してみてください。一旦この表を作成すると、後は、軽負荷と高負荷を選んでそれぞれのスピードを測るだけですから、選手に対してほとんど負

表4　5名分の個人別負荷-速度プロフィール

	A	B	C	D	E	F	G
1	軽負荷(kg)	高負荷(kg)	軽負荷速度(m/s)	高負荷速度(m/s)	1RM速度(m/s)	推定1RM(kg)	100%速度(m/s)
2	60	75	0.78	0.5	0.18	92.1	0.18
3	55	75	0.72	0.47	0.18	98.2	0.18
4	50	80	0.78	0.41	0.17	99.5	0.17
5	40	75	0.72	0.45	0.17	111.3	0.17
6	60	75	0.70	0.56	0.18	115.7	0.18

担を掛けず、しかも短時間で個人別の負荷-速度プロフィールを作成することができます。大人数のチームであっても、個々の選手が実際に使った2つの質量とそれに対応する速度という4つの数字を集めるだけです。2点ではなく、たとえば4点でやりたいという場合は、負荷の列とそれに対応する速度の列を増やし、推定1RMを計算する列のTREND関数の内容をそれに合わせて調整してください。

　こうして作成された個人別の負荷-速度プロフィールを用いることで、指導者が1RMの%でトレーニング負荷を指定すれば、個々の選手は、その%に相当する各自の速度を確認し、ウォームアップの最後にその速度になる実際の質量を見つけることができます。これにより、個人ごとに最も適切な負荷質量を日々の体調の変化に合わせて適切に設定することが可能となります。

H	I	J	K	L	M	N	O
95%速度 (m/s)	90%速度 (m/s)	85%速度 (m/s)	80%速度 (m/s)	75%速度 (m/s)	70%速度 (m/s)	65%速度 (m/s)	60%速度 (m/s)
0.27	0.35	0.44	0.52	0.61	0.70	0.78	0.87
0.24	0.30	0.36	0.43	0.49	0.55	0.61	0.67
0.23	0.29	0.35	0.42	0.48	0.54	0.60	0.66
0.21	0.26	0.30	0.34	0.38	0.43	0.47	0.51
0.23	0.29	0.34	0.40	0.45	0.50	0.56	0.61

7 VBTにおけるフィードバックの実際

(1)何をモニターしフィードバックするべきか

VBTでは、基本的に1レップごとの平均速度をリアルタイムでフィードバックし、そのスピードが低下しないように全力で努力することによって、筋力、パワー、スピード、筋持久力を向上させること、および筋肥大を促進させることがトレーニングの目的となります。

したがって、こうした目的をより確実に達成するためのトレーニングを行うためには、単に1レップごとの平均速度だけではなく、トレーニング目的に見合った形でより効果的なフィードバックを行うことが重要となってきます。

①平均速度とピーク速度

ほとんどのVBTデバイスでは、1レップごとの平均速度の他にピーク速度をリアルタイムで表示できるようになっています。1つの画面に平均とピークの両方を同時に表示できるものや、切り替えて表示できるものなどがあります。セットが終了した段階で両方が確認できるというものもあります。

クイックリフトやその他の爆発的エクササイズで、瞬間的

なスピードを向上させたい際には、ピーク速度をモニターし、フィードバックすることが重要です。平均速度がばらついたり、低下したりしたとしても、ピーク速度が安定し、より大きなピーク速度が出ていれば、爆発的動作によって瞬間的なピーク速度を発揮できているわけですから、セットを終了させる必要はありません。たとえばスクワットジャンプで、同じ質量の負荷でいかに大きなピーク速度に到達できるかを目標とすることで、踏切の直前のスピードを向上させ、より高い跳躍高を得ることができるようになります。

　逆に、可動範囲の全体にわたって大きな速度を発揮し、大きな力積を得る必要があるような動作における筋力やパワーの発揮を目的としている場合には、ピークではなく、平均速度に着目するべきです。また、これまでの多くの研究では、ピーク速度よりも平均速度に関するものが圧倒的に多く、負荷-速度プロフィールの信頼性や妥当性も平均速度が高いとされていますので、負荷設定のための速度やVLCの基準としては、基本的に平均速度を用いることが適切です。その上で、パフォーマンスとの関連でピーク速度に着目し、フィードバックすることが有効だと思われます。

②平均パワーとピークパワー

爆発的動作によって行われるスポーツパフォーマンスの多くは、純粋な筋力やスピードだけではなく、パワーによって規定されます。したがってVBTにおいてもスピードだけではなく、平均パワーやピークパワーをモニターし、フィードバックすることも効果的です。

第2章の1節（9）（130ページ）で説明したように、パワーは、単位時間当たりの仕事量、すなわち仕事率であり、瞬間的なパワーは、その瞬間に発揮されている力の大きさと運動スピードの掛け算によって決まります。大きな力を発揮している瞬間のスピードが遅ければ、同じ大きさの力をさらに速いスピードで発揮した瞬間よりもパワーは小さくなってしまいます。

たとえば、ジャンプ動作の踏み切りにおいてこのことを考えると、通常、スピードは跳び上がる動作に伴って増加し、踏切の直前から瞬間にかけてピーク速度に到達しますが、力も同じように増加していくとは限りません。その瞬間瞬間の力とスピードの積がパワーとなります。したがって、1回の挙上動作における平均パワーが大きいからといってピークパワーも同じように大きくなるとは限りません。あくまで力と速度の瞬時の積でその瞬間のパワーは決まります。

トレーニングの目的や動作の特徴に合わせて、平均パワーとピークパワーのどちらをモニタリングするか、どちらをフィードバックするかを考える必要があります。

③パワーの体重比

下肢のエクササイズにおいては、平均パワーとピークパワーに関しては、その体重比をモニターすることも重要です。体格に優れ、筋肉量の多い選手のほうが、一般的に大きなパワーを発揮することに関しては有利です。コンタクトスポーツではパワーの絶対値を大きくすることが重要です。しかし、スプリントやスケーティングや自転車競技のようなスポーツ動作において、自分の身体を素早く加速し高速域に到達させることや、急激に減速し素早く方向転換すること、あるいは上り坂走行等においては、自分の体重に対するパワーの比率が大きいほうが有利です。

こうした視点から、チーム内でパワーの比較をする際には、パワーの体重比がリアルタイム表示可能なVBTデバイスを使用して体重比をモニターし、フィードバックすると効果的です。

④その他のリアルタイムフィードバック可能な指標

VBTデバイスの中には、これ以外の様々な指標をリアルタイムでフィードバックできる機種もあります。

たとえばスクワットで、動作を開始した高さからどれだけ低くまでしゃがんだかという沈み込みの深さを表示できるデバイスがあります。この数値をリアルタイムでモニターし、フィードバックすることで、トレーニング中に沈み込みが浅くなってきていないかをチェックすることができます。このデバイスでは高さをチェックすることも可能で、特にジャンプを伴うエクササイズで何センチ跳んでいるかを確認することもできます。プレス系のエクササイズでどこまでしっかりと腕が伸展しているかといった高さをモニターするデバイスもあります。

さらに、バーの軌跡をモニターできるものもあり、クリーンやスナッチといったクイックリフトでバーを垂直に引き上げているか、後方や前方にどれだけずれているかといった情報をリアルタイムで得ることができます。最新のデバイスでは、真横から見た軌跡だけではなく3Dで前後、左右のみならず水平面における捻れもグラフィカルに確認できるようなものもあります。

こうした動作に関する指標は、スピードやパワーの情報と

同時に表示可能となっており、1レップごとの動作に注意しながら、発揮したスピードやパワーをモニターしフィードバックできるため、フォームが崩れることなく、正しい姿勢や動作で発揮できるスピードやパワーに集中することができます。

エクセントリック局面からコンセントリック局面への切り返しを含むエクササイズでは、エクセントリック局面のスピードが問題になることもあります。そうしたエクササイズでは、エクセントリック局面のスピードを確認しながら、コンセントリック局面のスピードの変化をモニターすることにより、より効率的な動作や力の発揮を探ることができます。

エクセントリック局面をより速く行うということは、沈み込みから伸び上がりまでの全体的な動作時間を短縮することにつながり、切り返し時の負荷も高まりますから、そうした特徴を持つパフォーマンスのトレーニングにとっては重要です。

また、最大RFDを表示することが可能なデバイスもあります。コンセントリック局面開始後の40msecごとの力の増加量を測定し、その最大値を表示するというものです。

デバイスによって、こうした指標のうちどの指標をモニター画面に表示するかを選択することができますから、リアル

タイムでモニターし、フィードバックしたい指標と、セット終了後に確認できればよいものを区別して効率的なトレーニングとその指導に役立てることが必要です。

（2）いかにフィードバックするか

VBTにおけるスピードやパワーや、さらには上記で紹介した様々な指標のフィードバックは、視覚、聴覚、またはその両方で行うことができます。現在利用可能なVBTデバイスにおいて、データはすべて、リアルタイムでスマートフォンまたはタブレットに表示され、数値だけではなく、グラフ表示されたりメーター表示されたりと視認性の高いデザインが採用されています。また数値を音声で読み上げる機能や、スピードやパワーのターゲットゾーンに入っているかどうかを知らせるサウンド機能が付いているものもあります。

スマートフォンやタブレットを、トレーニングパートナーやコーチが手に持って、フィードバックしたい数値を選択して読み上げることもできますし、画面を選手に見せながら、コーチは、画面には表示されない動作に関する指導や、力発揮のタイミング等を口頭で指導することも可能です。

また、スマートフォンやタブレットを三脚に設置して床から立てておくこともできますし、専用のホルダーでパワーラ

ック等にマグネットで取り付けるという方法もあります。こうすることで、リフティング中の選手とコーチだけではなく、順番待ちの他の選手も同時に画面を見ることができるので、激励したり鼓舞したりする雰囲気を作り出すことができます。

　1セットの間に、あまり多くの異なる指標のフィードバックをしても、意識を集中させることができませんから、セット中にフィードバックし意識を向けさせる指標は1つだけに絞ったほうが効果的です。しかし、スクワットの沈み込みの深さと速度、というように、1つの指標を追求しつつ、それに伴うもう1つの指標の変化が重要とされるような場合は、一方を選手自身が視覚によって確認し、もう一方をパートナーやコーチが口頭で伝えるという方法が効果的です。いずれにしても、その数値の意味を選手自身が正確に理解しておくことが重要で、指導者と選手との間にその数値を追求する認識のずれがないように注意する必要があります。

　セット中にリアルタイムでフィードバックする方法以外に、セットが終了した時点で、その全体のレップを振り返ったり、リアルタイム表示しなかったその他の指標、バーの軌跡、あるいは映像等を確認することにより、次のセットで意識するべきポイントを明確化したりすることもトレーニングの質を高める上で非常に有効です。

また、チームで多くの選手が同時にトレーニングしている
ような場面では、トレーニングルーム内の複数のラックやベ
ンチ等に分かれて、それぞれのデバイスとつながったスマー
トフォンまたはタブレットを使ってトレーニングすることに

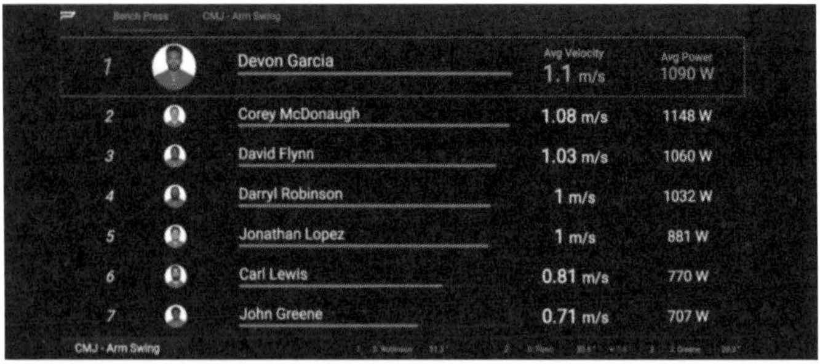

**図8　リーダーボードによる個々の選手のスピードやパワーの
リアルタイム一覧表示**

**図9　絶対値データだけでなくパーソナルベストに対する
割合や傾向を表示する機能**

なりますが、それらをWiFiでネットワーク接続し、個々の選手が発揮しているスピードやパワー等を、ランキング形式で一覧表にして1つのモニター上に表示するリーダーボードという機能を持つVBTデバイスもあります（図8、9）。単に絶対値を表示するだけではなく、体重比や、個人のベスト記録に対する割合や前回の記録に対する変化等、様々な指標でランキングすることにより、チーム全体の個々の選手のモチベーションを最大限に高めることができます。

8 VBTのピリオダイゼーション

（1）年間計画へのVBTの適用

表5は、あるメジャーリーグのチームによって実際に使われているVBTによる年間計画です。1月のプレシーズン開始からインシーズンに向けて、ひと月ごとにトレーニングの目的を筋力（ST）、パワー（PW）、スピード（SP）と変化

表5　あるメジャーリーグチームが採用しているVBTによるピリオダイゼーション計画

月	Jan	Feb	Mar	Apr	May	Jun	Jul	Aug	Sep	Oct	Nov	Dec
シーズン	PRE-SEASON			IN-SEASON						OFF-SEASON		
目的	ST	PW	SP	ST	PW	SP	LV ST	LV PW	SP	BSC ST	BSC ST	ST
速度 (m/s)	0.50	0.70	0.90	0.60	0.75	0.95	0.65	0.75	1.00	-	-	0.55

させ、それに対応させて目標スピードが0.50m/s、0.70m/s、0.90m/sへと変化しています。そして、インシーズンに入ると再び同じサイクルがひと月ごとに繰り返されますが、目標スピードは0.60m/s、0.75m/s、0.95m/sとやや高速化し、さらにシーズンの終盤に向けて、もう一度同じサイクルを繰り返します。しかし、筋力期とパワー期の量は低く抑えつつ（LVはLow Volume）、速度は0.65m/s、0.75m/s、そしてスピード期は1.00m/sと増大し、クライマックスに向けて疲労をためずに野球において最も必要とされるパワーとスピードの最大化を目指すというものです。

　オフシーズンには一定の速度だけではなく、個人ごとに様々な速度を使用し、筋肥大を含めた基礎筋力（BSC ST）の向上を狙い、12月には、0.55m/sという速度で1月の本格的な筋力期に向けた準備をしていきます。

　このように、ピリオダイゼーション計画においても、VBTでは、各時期に対応させた目標速度や速度ゾーンを設定することで、容易に適切な負荷を個人ごとに設定することができます。同じ目標であっても、目標速度を変化させたり、速度ゾーンに幅を持たせたりすることで、オーバートレーニングを防ぎつつ、効率よく目標を達成することが可能となります。

　ＶＢＴのピリオダイゼーションについての研究で、1.5〜4年の中等度のウェイトトレーニング経験を持つ被験者を対象として、スクワットの55%1RMから85%1RM相当の挙上速度を8週間にわたって、様々なパターンで変化させ、20%VLCを用い、4分間レストで3セットを週に2回行ったトレーニング介入研究で、どのパターンにおいても、1RM、カウンタームーブメントジャンプ、一定負荷に対する挙上速度、20mスプリントタイムに有意で大きな効果量の向上が示されています。

　メジャーリーグチームの例のように、年間計画の中に各期間のトレーニング目的に応じた速度や速度ゾーンを設定していくピリオダイゼーションや、挙上速度やヴェロシティーロス・カットオフの閾値を変化させることでトレーニング期間全体を通した強度と量を変化させ、オーバートレーニングを防ぎつつ最大限の効果を上げることができます。

（2）週内変動型ピリオダイゼーションへのVBTの適用

　ピリオダイゼーションの週内変動型は、1週間の中で、筋肥大、最大筋力、パワーといった異なる目的のプログラムを実施し、それを数週間継続するものです。こうした週内変動型のピリオダイゼーションもVBTによって効率よく進めて

いくことができます。

　表6は、日曜に試合があるインシーズンの1週間をVBTによって進めていく際の1例です。試合の翌日はオフ、火曜が筋肥大、水曜のオフを挟んで木曜が最大筋力、金曜がパワー、そしてオフの次の日に試合というパターンです。それぞれのトレーニング目的に対応させたヴェロシティーロス・カットオフの閾値、%1RMの目安とそれに対応させたスピードゾーン、VLCを用いたセット当たりの目安となるレップ数を示しています。

　試合から逆算しても最も遠い火曜日に、代謝刺激が強く、身体的疲労と心理的負担度が最も高くなる筋肥大のためのVBTをVLC30〜40%で行い、オフで回復させた後、木曜日は、それより遅いスピードで高強度のトレーニングを行いま

表6	VBTによる週内変動型ピリオダイゼーションの例						
	月	火	水	木	金	土	日
目的		筋肥大		最大筋力	パワー		
VLC 閾値		30〜40%		10〜20%	5〜10%		
%1RM		65〜75%		80〜85%	45〜55%		
速度（m/s）		0.70〜0.80m/s		0.55〜0.65m/s	0.85〜1.00m/s		試合
レップ/セット		<7〜9レップ		<4〜5レップ	<2〜3レップ		
代謝刺激		+++		++	+		
神経筋刺激		+		++	+++		
疲労・心理的負担		+++		++	+		

すが、VLCは10〜20%に設定し、必要以上の疲労を招かないようにし、翌日の金曜に、神経筋への刺激が最も高くなるパワートレーニングを行い、1日休んで試合というスケジュールです。金曜日のパワーのトレーニングでは、5%VLCを用いると2レップ、多くても3レップ程度となり、疲労や心理的負担を最小限にして、高速で爆発的にパワーを発揮するトレーニングにより、日曜の試合に備えます。

9　非アスリートのためのVBT

　加齢に伴って、筋力が低下することはよく知られていますが、筋力の低下よりも早期に低下するのがパワーです。しかし、日常生活における様々な機能的な活動においては、筋力よりもパワーのほうが重要となるものが少なくありません。

　たとえば、椅子からの立ち上がり、階段の昇降、一定速度以上での歩行、障害物の乗り越えや迂回、乗り物の中での移動、バランスを崩したりつまずいたりすることによる転倒の危険性からの回避、高所への荷物の上げ下げ等々においては、ゆっくりと大きな力を発揮することよりも、素早く高速で大きな筋力を発揮することが必要です。そうしたパワーを維持・向上させるためのトレーニングにVBTを活用しようとする

ことは、科学的にも正しい判断であり、いくつかの高齢者に対するVBTの有効性についても研究によって確かめられています。

　また生活習慣病による高度肥満の患者に対する研究でも、下肢のパワーは、Timed Up and Goテスト（TUG）、30秒椅子立ち上がりテスト（CS-30）、および6分間歩行試験（6MWT）との間に筋力よりも高い有意な相関が示されており、従来の低速での筋力トレーニングよりも、高速でのパワー向上を目的としたトレーニングのほうが、機能的な活動の改善に有効であると考えられるようになってきています。

　こうした非アスリートの下肢のパワーの正確な測定やパワーや動作スピードをモニタリングしながらのトレーニングによく用いられているものに、椅子に腰かけた姿勢から素早く立ち上がる動作があります。

　この測定やトレーニングでは、リニアポジショントランスジューサー（LPT）型のVBTデバイスを用いる場合は、図9のように、椅子に腰かけた状態で、ケーブルを腰の横に装着し、デバイスの本体を足の外踝の側面に置きます。立ち上がる動作に伴い、ケーブルは斜めに引き出されることになりますが、アングルセンサーのついているデバイスであれば、正確に垂直移動のスピードを測定し、身体質量を加速させるた

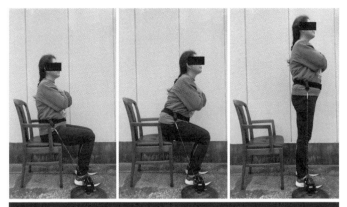

図9
LPT型のVBTデバイスを用いた椅子からの立ち上がり速度の測定

図10　前腕に加速度計タイプのVBTデバイスを付けて行う
椅子からの立ち上がりパワーの測定

331

めの力とその速度から、パワーを計算し表示してくれます。

　加速度計タイプのデバイスであれば、下の図10のように、胸の前に組んだ前腕に取り付け、フロントスクワットのアルゴリズムを適用することで正確に測定することが可能です。

10 VBT採用上の留意点

（1）VBTの弱点

　トレーニングの無駄を省き、オーバートレーニングやケガのリスクを回避し、不必要な心理的負担を減らし、目的意識を持って、短時間で効率よく、従来以上のトレーニングの効果が得られるとなれば、デバイスの購入にかかる費用くらいしか他に導入しない理由を探すほうが難しいくらいのVBTですが、VBTには実は1つだけそれ以外に留意すべき問題点があります。

　それは、選手がインチキをしようと思えばいつでもできてしまうという点です。

　常に、決められた質量のバーベルをセットし、決められた回数持ち上げ、フェイリヤーまで追い込む、さらには、つぶれてからもフォーストレップで強制的に規定回数を挙上させられるようなトレーニングであれば、よほどやる気がないか、

芝居上手でなければそこから逃げることは難しいですが、VBTでは楽にトレーニングしようと思えば簡単にできてしまいます。つまり、わざと速度を低下させ、疲労したふりをして少ない回数でセットを終了し、より軽いウェイトに付け替えることさえできます。

　今日のVBTデバイスは、クラウドサービスを用いてチームの選手を登録することで、モニター画面からトレーニングするアスリートを選択し、必要事項を入力してトレーニングすれば、従来のような紙ベースのトレーニングログに選手がいちいち記入しなくても、誰が、どのエクササイズを、何kgのウェイトを使って、どれくらいの速度で、何レップ、何セット、どのように行ったかを確認することができます。そして、目標とする速度に該当するウェイトの質量は選手がその日のコンディションによって選択し決定します。したがって、このとき選手が実際に使用したウェイトの質量をごまかして、実際に使用した質量より重い数値を入力すれば、実際に発揮したパワーや筋力よりも大きな数値が記録されてしまいます。

　このように、選手のごまかしや甘えがある場合、VBTは機能しなくなってしまいます。高い動機づけと自覚のある選手にとっては、従来のトレーニング法よりも効果的でチャレンジし甲斐のあるトレーニングとなり得ますが、そうした動

機づけや自覚がなく、意識レベルの低い、ただやらされているだけのトレーニングをこなせばいいと思っている選手には、残念ながらVBTは適用できません。

　アメリカのカレッジスポーツのチームの中には、ヘッドコーチから信頼され、承認が下りた選手だけにVBTへの取り組みを許可する、というルールを採用しているところもあるくらいです。VBTの効果を理解し、VBTを自分のトレーニングに取り入れることで効率よく最大限の効果を得たいという強い動機と自覚を持つ選手だけが、VBTの恩恵にあずかることができるのです。ですから、VBTを指導する指導者には、選手に対してVBTの意義と効果、そして適切な方法を確実に理解させる工夫も求められます。

(2) 正しいリフティングテクニックの習得がVBTの前提

　VBTの弱点というほどではありませんが、VBTを採用していく上で考慮するべきことは、適切なリフティングテクニックが習得され、動作が安定するまでは、スピードだけに意識を集中するような方法でのVBTは避けたほうがよいということです。

　最大の挙上スピードを発揮し、できるだけ低下させず維持し、設定されたスピードゾーン内で反復するためには、ただ

スピードを意識し、気持ちを集中するだけでは不十分です。たとえばスクワットでは、膝がぐらついたり、背中が丸まったりせず、しっかりと胸を張って体幹を固定し、股関節、膝関節、足関節の伸展のタイミングを合わせてバーをまっすぐに上昇させていかなければ高速を発揮することができません。クリーンやスナッチなどのクイックリフトでは、多くのポイントを一瞬で制御する必要があります。

　姿勢やコントロールするべき動作のポイントが正確に意識的にコントロールできず、動作が安定しないうちに、いきなり速いスピードだけを追求すると、フィードバックされるスピードやパワーだけに意識が行ってしまい、適切なテクニックの習得ができず、結局VBTによる効果を得る前にケガをしてしまうということにもなりかねません。

　したがって、VBTを導入するためには、まず適切な動作のポイントを理解し、その動作がある程度安定してスムーズに実施できるようにすることから始める必要があります。ただ、ある程度安定した動作がスムーズにできるようになれば、挙上速度のモニターとフィードバックを取り入れることは、むしろ効果的な力の発揮を促し、スムーズなリフティングができているかどうかの指標となりますから、積極的にVBTを導入し、速度を指標とすることで適切なフォームの習得を

促進することも可能です。

　動作が安定し適切なフォームが習得され、ある程度の筋力が付いて挙上質量が上がってきても、速度を測りながら行うトレーニングに取り組み始めた当初は、1レップごとに常に最大高速を発揮するというトレーニングに慣れていませんから、レップごとに安定した速度が発揮できず、セットごとに数値がばらついたり、疲労しているはずのセットの終盤で最大速度が出たりといったことも起こります。その結果、使用するウェイトの質量が、セットごとあるいはセッションごとに大きく変動することもあります。

　しかし、常にフィードバックされた数値を基に1レップごとに最大速度を発揮するということに慣れていくにつれて、スピードも安定し、効率よくVBTを進めることが可能になってきます。したがって、あまりにも数値がばらつく場合には、本格的なVBTのトレーニング期間を開始する前に、VBTに慣れるという期間を置いたほうがよいでしょう。

第6章

VBTデバイスの
特徴と選択

第1章で紹介したように、トレーニング現場でウェイトトレーニングの挙上速度を1レップごとに測定するためのデバイスであるフィットロダインが1900年代末に世界に先駆けて登場して以来、ウェイトトレーニングにおける挙上速度の測定によって得られる様々な効果に関する理解の深まりと、スポーツのトレーニングに対する科学的認識の深化、そしてテクノロジーの急速な進歩が相まって、世界中で様々なVBT装置が開発されてきました。

　本章では、トレーニング指導者が適切な機器を選択し、正しく利用してトレーニング指導に適切に役立てていくために必要な、VBTデバイスの基本的な測定の仕組みについて概観した後、現在、世界に存在するデバイスのうち、妥当性と信頼性が科学的研究によって確かめられている機種で、かつ日本国内で容易に入手可能でサポートサービスの整っているデバイスを5種取り上げて、それらの特徴について比較しながら紹介します。

　VBTデバイスで取得されるスピードやパワーといった概念の力学的基礎については、第2章をご覧ください。

1 VBTデバイスで使用されている テクノロジー

　今日のVBTデバイスにおいて、バーベルやダンベルある いはその他のウェイトトレーニングで使用するトレーニング 機器、または身体等の動きを検知するセンサーとして最も広 く普及しているものは、リニアポジショントランスジューサ ー、慣性計測装置、そしてレーザー光線です。

（1）リニアポジショントランスジューサー

　第2章で詳しく説明したように、速度は変位÷時間ですか ら、まずは、その装置がバーベルやダンベルなどの移動に伴 う位置の変化をいかに正確に測定できるかが重要です。そし て次に、その変位をどれくらいの時間の細かさで検出してい るかが問題となります。位置の変化量とそれに要した時間が 正確にわかれば、速度が得られますが、その精度が細かけれ ば細かいほど、瞬間の速度が計算されます。その結果、細か い速度の変化を捉えることができるため、ピーク速度の精度 が上がり、平均速度の精度も高くなります。

　変位を捉える方法のうち最も古くからある代表的なテクノ ロジーがフィットロダインに採用されたリニアポジション

ランスジューサー（Linear Position Transducer: LPT）です。VBTデバイスとして世界で最も普及しているオーストラリアのKinetics Performance Technology社による**GymAware RS**（ジムアウェアアールエス）や、2021年に発売が開始されたスペインのVitruve社による**Vitruve**（ヴィートゥルーヴ）に採用されているのもこのLPTです。

　LPTは、釣竿のリールのような巻き取り装置（スプール）に巻き付けらたれテザーと呼ばれる細く伸縮性のないケーブルの先端をバーベルやダンベルあるいは身体の一部に装着します。リフティング動作に伴って、テザーが引き出される際に、スプールが回転し、その回転の速度から、テザーが引き出される直線速度を検出します。

　回転速度は、スプールの回転する円盤上の小さなスリットを光が通過するかしないかで回転軸の回転速度を測定する光学式エンコーダというセンサーで検出されます。

　一旦引き出されたテザーは、エクセントリック局面で、バネの力によって逆回転するスプールに再び巻き戻されます。このとき、テザーが何重にも重なって巻き取られることで回転半径が微妙に変化してしまうことを避けるため、スプールが移動して常に同じ軌道上に同じ半径でテザーが巻き取られ、そして引き出されるという技術を用いています。

　スリットの間隔は非常に狭く、テザーの変位を0.3㎜の精度で検出します。そして、テザーが0.3㎜移動する度にそれに移動した時間で割って、瞬間的な速度を測定しています。この方式は、レベルクロッシング検出法と呼ばれ、従来のサンプリング周波数の115,200Hzに相当します。

　さらにGymAware RSには、角度センサーが搭載されているため、テザーが完全に垂直に引き出されなくても三角関数の原理により、引き出された斜めの変位から垂直変位を計算します。したがって、スミスマシーンを使用しなくても、スクワットやベンチプレスあるいは、椅子からの立ち上がり動作のように、ケーブルが垂直に引き出されなくても問題ありません。また、45度レッグプレスやインクラインレッグプレスと呼ばれるプレートローディングマシーンでも、プレートの移動する方向にテザーが引き出される位置にデバイスを置いても、重力の作用する垂直方向の速度やパワーを正確に計算し、測定します。

　ＶＢＴデバイスの妥当性と信頼性について、129本の研究を対象にしたシステマティックレビューが2021年に発表されていますが、その中で、ハイスピードカメラを用いた3次元動作解析やフォースプレートといった、バイオメカニクス分析におけるいわゆるゴールドスタンダードとの比較において、

LPT方式のデバイスが最も正確で再現性の高いデータを得ることができると報告されています。さらにその中でもフリーウェイトのエクササイズに関しては、GymAware RSが最も正確性があると評価されています。

(2)慣性計測装置

慣性計測装置は、Inertial Measurement Unitの頭文字を取ってIMUと呼ばれています。IMUを利用した世界で最初のVBTデバイスである、スイスで作られ現在は生産終了となっているマイオテストは、3軸加速度計のみを搭載していましたが、現在利用可能なほとんどのVBTデバイスには、それに加えて3軸ジャイロセンサーも内蔵されています。これらの総称がIMUです。

加速度計とは、その名の通り加速度を直接検出するセンサーで、3軸加速度計は、直行する3次元の方向への直線的な加速度を計測し、計算によって斜め方向の合成された加速度も計測することができます。したがってバーベルが斜めに移動しても垂直方向の速度を測定することが可能です。

しかし、たとえばバーベルのシャフトやダンベルのグリップが手首の返しによって回転したり左右に傾いたり、水平面上で回旋してしまうと、3軸加速度計だけでは、重力に抗し

て生じた垂直方向の加速度を正確に測定することができません。そこで、3軸ジャイロセンサーという3次元の回転運動を検出するセンサーから得られた情報を利用して、トレーニング動作で生じる垂直方向への加速度を正しく測定することができるようになります。また、3軸ジャイロセンサーと3軸加速度計の組み合わせによって、前額面上でのバーベルの左右への傾きや水平面上の左右への回旋を含めた3次元のバーの軌跡を分析することも可能です。

　ただ立っているだけで静止しているときも、あるいはまたジャンプして両足が地面から離れているときも、身体重心には重力加速度（g）しか作用しておらず、両者を区別することができませんが、今日のVBTデバイスに搭載されている加速度計はすべて、両足が地面から離れていても重力加速度による落下運動を検出することが可能であるため、両者を区別することができます。また、肩にバーベルを担いだり、手にダンベルやヘックスバーなどを保持したりしている場合で、ジャンプしている最中に、肩からバーベルを腕で押し上げる動作や、肘を曲げてダンベルやヘックスバーなどを引き上げる動作がない限り、身体と一体となったものとして同じように重力加速度だけが作用しますから、両足が地面から離れるまでのコンセントリック局面とジャンプ中の滞空局面を正し

く区別することができます。これはLPTでも同じです。

　IMUの精度は、加速度と回転速度の検出可能な範囲と、それらを感知できる時間の細かさによって決まります。検出可能な加速度の範囲については通常のトレーニング動作で生じる範囲をカバーしています。周波数は200Hzから1000Hzと様々なものがあります。

　第2章1節136ページの図2に示したように、IMUとLPTの大きな違いは、LPTが最初に変位を測定し、それを時間で割って速度を計算し、速度をさらに時間で割って加速度を計算しているのに対して、IMUは、まず加速度を測定し、それに時間をかけて速度を計算し、さらにそれに時間をかけて変位を計算しているという点です。どちらも重力加速度とトレーニング動作で加えられた加速度の和にウェイトの質量をかけて力を計算しています。

　ドイツBLAUMANN & MEYER - SPORTS TECHNOLO-GY社のVmaxpro（ヴィマックスプロ）が、この加速度計とジャイロスコープを採用しています。

　さらにまた、IMUには、地球を取り巻く磁気を検出して、3次元の角度変化を知ることが可能な3軸地磁気センサーというものもあります。イタリアMicrogate社のGyko（ジャイコ）には加速度計とジャイロスコープに加えてこの地磁気セ

ンサーも搭載されており、IMUとしては最大の9軸センサーであり、バーベルを用いたVBT用のソフトも付属していますが、現在のところ、主として身体各セグメントの運動や重心動揺分析等によるリハビリテーション目的で利用されています。

(3)光学センサー

最近、VBTデバイスに採用された最も新しいテクノロジーが、光学レーザーセンサーによるものです。バーの先端に装着された光源から照射された不可視レーザー光が、フロア上に敷かれた専用のマットに反射し、レンズによって集光されてセンサーの受光素子で受光されます。光が照射されてから受光されるまでの間に、距離に応じたある一定の時間が経過しますが、このことによって元の光の波と受光する光の波の間に位相差が発生します。この位相差を計算することにより、距離を計算します。そしてその距離の変化から速度が求められます。

このテクノロジーを世界で最初に採用したのがGymAware RSと同じオーストラリアのKinetics Performance Technology社によるFLEX（フレックス）です。FLEXの光学センサーは、一般的な20kgシャフトの50mm径スリーブ先端にキャ

ップをかぶせるような形式で取り付けますが、16個のセンサーがキャップの周りを取り囲むように位置しているため、クイックリフトにおけるシャフトの回転にも正確に反応します。FLEXにはこれに加えて、3軸加速度計、3軸ジャイロスコープ、さらに数センチの高さの変化を検知できる高精度気圧センサーを搭載しています。

　FLEXの妥当性と信頼性については、2020年の論文でフリーウェイトのスクワットとベンチプレスについて1RMの20、40、60、80、90、100%に対する平均速度が、ハイスピードカメラによる3Dモーションキャプチャーから得られたデータとの比較において、非常に高い妥当性と信頼性が示されています。さらに、シャフトの左右の端にそれぞれFLEXを1台ずつ取り付け、セットごとに左右のFLEXを入れ替えて取得された速度データ間には、スクワット、ベンチプレスともに誤差の平均値が0.00〜0.01m/sであったというユニット間の高い信頼性が示されています。

各種VBTデバイスの特徴

（1）妥当性と信頼性

VBTデバイスの中でも、ゴールドスタンダートといわれるほどの高い妥当性と信頼性が最も多くの研究で確かめられている機種が、GymAware RSです。様々な種目で速度とパワーについて平均、ピークともに正確なデータを高い信頼性によって得ることが可能です。オーストラリアの国立スポーツ科学研究所（AIS）の研究を背景として開発され、15年以上の経験を持つとともに、世界中に最も多くのユーザーを持っています。高齢者の椅子からの立ち上がりテストにおいても速度とパワーにおいて高い妥当性と信頼性が確認されています。

同じLPTであるVitruveは、高性能ハイスピードモーションキャプチャーシステムで得られたデータを基準として、7種類のVBTデバイスを同時に比較したベンチプレスの研究において、45〜85%1RMという幅広い負荷に対する平均挙上速度において、最も優れた妥当性と信頼性を示しています。FLEXは発売されて間もないため、妥当性と信頼性に関する研究論文はまだ少数ですが、極めて高い妥当性と信頼性が確認されており、バーの移動距離（変位）を直接測ってそこか

ら速度を求めていくというGymAware RSと同一の方式であるため、バーの位置に関するデータの正確性が特に高いといえます。0.08m/sという超低速移動にも対応します。

IMUであるVmaxproは、スクワット、デッドリフト、ベンチプレスにおいて、GymAware RSと同等の妥当性と信頼性を示しているほか、先に挙げたVitruveとの同時計測においても、スクワットとヒップスラストにおける平均速度の高い相関が示されています。

(2) バーの軌跡

バーの軌跡を確認することのできるデバイスは、GymAware RS、FLEX、そしてVmaxproです。このうち、GymAware RSとFLEXでは、矢状面から見たバーの軌跡が確認でき、経時的な垂直位置の変化がリアルタイムにライングラフで表示されます。さらにVmaxproでは、3次元の軌跡を表示させることができ、バーベルの左右の傾きや回旋についての評価が可能です。クイックリフトの評価に役立てることができる機能です。

(3) ビデオフィードバック

GymAware RSとFLEXとVmaxproそしてVitruveでは、

トレーニング動作をデータの取得と同時に、スマートフォンやタブレットのカメラを使って動画撮影することができます。挙上動作を映像によって記録しておくことで、スピードやパワー、バーの軌跡などのデータとオーバーラップさせてエクササイズ動作それ自体の問題点や改善点を確認できます。

　Vmaxproでは、リフティング動作の可動範囲に対する速度や加速度の変化を示すグラフと映像およびバーの軌跡が同期した状態で表示されるため、最大スピードや最大加速度がリフティング動作のどの部分で生じているのか、スピードが低下するのはどこかといったことを細かく確認することができ、パフォーマンスの改善に役立てることができます。

(4)モニター端末

　VmaxproとVitruveおよびFLEXは、iPhon、iPadおよびAndroidにも対応しています。GymAware RSはiPadのみです。iPadやiPhoneをパワーラックに簡単に取り外し可能なマグネットで固定できる専用のホルダーがオプションで用意されています。これらを利用することで、スムーズにリアルタイムフィードバックやトレーニング指導に役立てることができます。

(5)携帯性とトレーニング機器への装着

最も小さく軽いデバイスは、Vmaxproで、サイズは44×27×13mm、質量はわずか16gで、バーベルの他、ダンベルや身体に取り付けて使用します。ジャンプ測定用の専用ベルトがオプションで付属しています。Vitruveは、85×70×75mmで365gで、フロアに固定するためのマグネットが6個ついています。50mm径バースリーブの先端に取り付けるタイプの円筒状のFLEXのサイズは、厚さ66×直径52mmで175gです。以上のデバイスはどれも手軽に持ち運ぶことができます。

最も大きく重いデバイスはGymAware RSで、サイズは107×95×99mm、質量は1150gありますが、GymAware RSの本体は床に置いてマグネットでプレート等に固定し、テザーをバーに固定するタイプですから、この質量はトレーニング動作や測定値には全く影響しません。

(6)エクササイズ種目とリアルタイムモニターへの対応

VBTのデバイスは、すべてVBTを行うためだけに開発された専用機器です。生のデータを取ることだけが目的の工業用や研究用のセンサーではありません。したがって、トレーニング中に得られた生のデータをユーザー自身が最初から加

工しなくても、トレーニング指導を進めていく上で知りたい必要な評価項目が直ちに表示され、知りたい項目にすぐにアクセスできるようになっています。その上でより高度な分析やトレーニングの研究にも十分耐えうる精度の高い信頼性のあるデータを提供することができます。

それが可能なのは、各デバイスの開発過程において、ウェイトトレーニングにおける様々なエクササイズ動作の特徴を細かく分析し、得られた生のデータをそれらのエクササイズ動作に合わせて適切に処理し計算するためのアルゴリズムと呼ばれる演算手続きを個別に開発しているからです。

これがないと、1秒間に数千個以上という膨大な数の数値データが得られてもそこから何も判断できずただ混乱してしまうだけなのです。それぞれのエクササイズでバーベルやダンベルがどのような動きをするのかを徹底的に分析した結果、様々なエクササイズに対応するように開発されているのです。

ですから、スクワットやベンチプレスといった代表的な種目以外に、どれだけ多くのエクササイズ種目に対応しているかということは、特殊なエクササイズやあまり一般的でないエクササイズを多用するユーザーにとってはチェックしておくべき特性となります。

GymAware RSはバーベル、ヘックスバー（トラップバ

ー）、ダンベル、懸垂、インクラインプレスマシーン等の205種目に対応し、FLEXは50mm径スリーブのバーベルとヘックスバーを使用して行う75種目、Vitruveは、クイックリフトを含めた幅広いバーベル種目に対応しています。Vmax-proは、ウェイトトレーニング種目とクイックリフトのウェイトリフティング種目であればほぼすべてに対応し、さらにリバウンドジャンプやドロップジャンプ、カウンタームーブメントジャンプにも対応しています。そのエクササイズがバーベル種目かそうでないか、ウェイトリフティング種目かそうでないかという区別はバーの動きを検知する上で必ず指定する必要があります。

　FLEXでは、最初にフロアからのパワークリーンを行い、次いでハングポジションからもう一度クリーンを行い、そこからジャークをして最後にスクワットをする、といった複合エクササイズにも対応する学習機能を開発中です。

　すべてのデバイスのほぼすべてのエクササイズで、リアルタイムフィードバックが可能で、表示させる項目を選択することが可能です。

(7) バッテリー性能

　多くのチームや選手を毎日指導する指導者としては、デバ

イスの充電時間と連続使用時間も気になるところですが、こ
こで紹介している機器はすべて長時間の連続使用時間をカバ
ーしています。

　GymAware RSは、5時間充電で50時間の連続使用、Vit-
ruveは、2時間の充電で8〜12時間の連続使用が可能です。
Vmaxproは、2時間充電で12時間連続使用でき、100日間の
スタンバイ、FLEXは3時間充電で10時間以上の連続使用と1
ヵ月のスタンバイが可能。したがって、通常の使い方であれ
ば、これらのデバイスでほぼ1週間に最低1〜2回の充電で全
く問題なく使用可能です。

(8)表示項目

①すべての機器に共通する項目

　VBTの指導に不可欠な基本的測定項目は、常にリアルタ
イム表示可能なもの、モニター画面に表示させたい項目を設
定によって切り替えられるもの、セットやセッション終了時
に確認できるものという違いはありますが、すべての機器に
共通しているトレーニングセッション中にすぐに確認可能な
項目は次の通りです。

●レップ数とセット数
●使用質量

●コンセントリック平均速度：m/s

●コンセントリックピーク速度：m/s

●コンセントリック平均パワー：W

●コンセントリックピークパワー：W

②設定によって表示可能な項目と表示形式

　機器ごとに異なるリアルタイム、あるいはセットやセッション終了時に表示が可能な項目と表示の形式は次の通りです。

GymAware RS

●高さ（バーベルやダンベル等の構えた位置から上の距離）：m

●深さ（バーベルの構えから下げた距離）：m

●平均パワーとピークパワーの体重比：W/kg

●矢状面上のバーの軌跡（グラフィカル）

●全機器共通項目および上記項目は数値テーブル、棒グラフ、

線グラフ、およびターゲットメーターで表示

●全機器共通項目および上記項目に対するセット内の平均値を数値テーブルと棒グラフ上に表示

●上記項目が設定したターゲットの目標範囲（％）に入っているかどうかを棒グラフおよびターゲットメーターで表示（ターゲットは、チーム共通、パーソナルベスト、1セット前のベスト、任意の中から選択）

●上記項目のうち2項目は常に同時表示（測定中切り替えは不可）

●表示方法（棒グラフ、線グラフ、数値テーブルは測定中切り替え可能）

Vitruve

●平均速度もしくは平均推進速度のグラフ表示

●セット内ベストレップからの低下率

●設定した速度ゾーンをグラフ背景に表示

●ROM（コンセントリック局面の移動距離）

●セット終了後に各レップに対する推定1RMを表示

●レストライマー（秒）

●エクセントリック局面の数値も同時表示

●ベストレップからの低下率を示す総合疲労度（％）

●総挙上重量

FLEX

●移動距離（深さ+高さ）：m

●全機種共通項目の速度とパワー、および移動距離の、1レ
　ップ前の値とそれに対するプラスとマイナスの変化：％

●設定したターゲットスピードをターゲットメーター上で表示

●矢状面上のバーの軌跡（グラフィカル）

●バーの上下移動の線グラフ（深さ+高さおよびフロアから

の高さのリアルタイム連続表示）

●上記項目は画面のスワイプにより測定中でも変更可

●セッション終了時に、平均速度と平均パワーのセッション
　内変化傾向

●セッション終了時に、目的別推奨平均速度に入っていた割
　合のパイグラフ：％

・最大筋力　＜0.75m/s

・パワー　　0.75〜0.13m/s

・スピード　1.3m/s＜

Vmaxpro

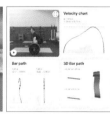

●移動距離（深さ+高さ）：m

●コンセントリック時間：sec

●スピード低下率（セットのベスト平均速度に対する）：％

●最小水平移動（最下端から前方への水平移動距離）：m

●最大水平移動（最下端から後方への水平移動距離）：m

●エクセントリック平均速度：m/s

●エクセントリックピーク速度：m/s

●移動速度（取得された個々のサンプル速度をそれに要した距離で割って、移動距離に対する速度の割合を計算し、それを合計したもの。これによって、平均速度の値から、たとえばスティッキングポイントのような1回の動作中の極端に遅くなる部分の影響を小さくし、実際の筋収縮速度を比較するために独自に開発された指標）：（m/s）/m

●ピークRFD（コンセントリック局面開始後の40msec毎のRFDの最大値）：N/s

●リアルタイムで矢状面上のバーの軌跡（グラフィカル）

●上記項目は最大6項目同時表示（バーの軌跡表示時は最大4項目）

●セット終了後は矢状面に加え、前額面、水平面、３Dのバーの軌跡（グラフィカル）

●セット終了後の可動範囲-速度曲線およびバーの軌跡からの、動作中に最大速度および最大加速度の発生した位置

●セッション終了後トレーニング履歴から確認可能な項目

・負荷-速度プロフィール

・推定最大パワーとそれが得られる負荷

・最小速度閾値

・推定1RM

●連続リバウンドジャンプにおけるRSI（跳躍高cmを接地時間secで除した値）

●ドロップジャンプにおけるRSI（同上）

●カウンタームーブメントジャンプにおけるRSI（CMJの場合は、接地時間ではなく、静止姿勢から動作を開始し足が地面を離れるまでの時間で跳躍高を除した値となるのでRSImodとなる）

●4ステップジャンプや横移動ジャンプのような歩助走してからのジャンプにおける最大跳躍高にも対応

(9) 推定1RMテスト

軽量負荷から負荷を漸増させてその速度を測り、負荷-速度関係から1RMを推定するテストモードがFLEXとVitruveには含まれています。Vitruveの1RM推定はプルアップやクイックリフトを含む様々な種目に対応しており、4段階で負荷-速度プロフィールを作成し、1RMを推定します。1RM速度はデフォルトが使用できますが、個人の値を挿入することも可能です。

また、デフォルトもしくは作成した負荷-速度プロフィールを使用して、僅か1レップの速度だけから1RMを推定する

ことも可能です。その速度が1RMの何パーセントに対応するかという関係からその日の1RMを直ちに推定することができます。

Vmaxproには直接このテスト機能はありませんが、蓄積されたトレーニングデータから個人の負荷-速度プロフィールに基づいて1RMを推定することが可能となっています。GymAware RSも同様ですが、有料のクラウドサービスを利用することでそれが可能となります。

(10) 登録選手数

無料で登録可能な選手数は、GymAware RSは10名まで、Vmaxproは3名までで、Vitruveはアカウントを作成した1名までとなります。FLEXは基本的にパーソナルな使用を前提としているため1名のみです。ただし、バディモードを使うことで、コミュニティーに登録した友人と一緒に行うトレーニングで1台のFLEXを共有して、3名がそれぞれのアプリでデータを取得するという使い方が可能です。

(11) 有料クラウドサービスやポータルサイトによる さらに詳しい分析と便利な機能

以上で紹介したVBTデバイスのアプリは、ダウンロード

してアカウントを作成すれば、すべて無料で使用することができ、選手数の上限まで、前述した指標やデータはすべて確認することが可能です。しかし、さらに多くの選手を登録し、高度な使い方をするためには、有料サービスを利用することをお勧めします。

　各デバイスによってできることが異なるため、ここでそのすべてを個別に取り上げることは、非常に複雑となり、ページ数の関係でも不可能ですので、以下にどのようなことが可能となっているのかについて列挙しておきます。どの機種の有料サービスで何ができるのかについては取扱業者（エスアンドシー株式会社www.sandcplanning.com）にお尋ねください。

●複数チームやグループと所属アスリート数の無制限の登録
●個々の選手やクライアントのトレーニング結果や傾向についての追跡的な分析
●チーム全体のトレーニング結果や傾向についての追跡的な分析
●RFDや加速度、フォース等リアルタイムやセット終了後には表示されないより詳しいバイオメカニカルな指標についての分析

●データテーブルやロウデータのエクスポート

●トレーニングレポートのPDF出力

●異なるステーションで別々のデバイスを用いて実施された
　トレーニングデータの単一アカウントへの統合

●多くの選手によるトレーニング実施時の様々な指標のリー
　ダーボードへの同時表示

●リモートでの個人別トレーニングプログラムの配信や実施
　されたトレーニングログの確認

●1RMの自動推定（トレーニングデータからの予測値）

●負荷-速度プロフィールの自動作成（トレーニングデータ
　からの予測値）

（12）RSIとCMJ

　第2章の1節（15）の②（149ページ）で説明したドロップ
ジャンプにおけるRSIは、GymAware RSのポータル上で調
べることができます。エクササイズ種目をドロップジャンプ
に設定し、フロアレベルで測定をスタートさせ、ボックスの
上に乗り、落下してすぐにジャンプすると、跳躍高÷接地時
間の値として表示されます。跳躍高と接地時間を個別に対応
させて確認することもできます。

　RSIをより簡単に測定するにはVmaxproが便利です。専用

ベルトで腰背部に装着して行います。テスト種目としては、ドロップジャンプとリバウンドジャンプで測定が可能で、ポータルを必要とせず、跳躍高÷接地時間の値としてすぐその場で確認できます。連続リバウンドジャンプにおいても、1回ごとの跳躍高とRSIがリアルタイムでフィードバックされますので、跳躍高と同時に接地時間を意識した測定やトレーニングが可能です。

　CMJについては、Vmaxproを使えば、いわゆる変形反応筋力指数（RSImod）が表示されるようになっています。これは、静止状態から身体重心が下降してから切り返して脚を伸展し、両足が離地するまでの時間である踏切時間に対する跳躍高の割合を計算して表示してくれます。これにより、単に「より高く」だけではなく、「いかに速くかつより高く」跳べるか、という多くのスポーツで要求される能力を評価することが可能となり、選手ごとのトレーニング目標の設定や、トレーニング成果の確認をする上で極めて便利な機能であるといえます。

(13) テクニック分析

　Vmaxproには、各種の力学的データをリフティングテクニックとの関係で詳しく分析する機能があります。この機能

を用いると、コンセントリック局面における速度、加速度、力、パワーの変化を、バーの2D軌跡および撮影した動画と同期させて確認することができます。グラフと2D軌跡と動画は自動で完全に同期しており、グラフ上に示される垂直カーソル線を時間軸に沿って左右にドラッグして移動させると、それに同期して動画もコマ送りで前後し2D軌跡上の位置も変化します。それによって、挙上動作のどの局面でどれだけのスピードが出ているのか、最大の加速度や力が生じている瞬間はどこか、スピードと力の積であるパワーはどのように変化し、最大パワーが出ているのはどこなのか、といった高度なバイオメカニクス的分析が可能です。

　グラフは2種類あり、速度と加速度の変化を重ね合わせたグラフおよび、力とパワーの変化を重ね合わせたグラフとなります。これら4つの力学量の変化を2D軌跡および動作映像と同期して詳しく分析することは、動作の改善課題を明確にするために科学的な根拠を与える上でも極めて役立つものとなっています。

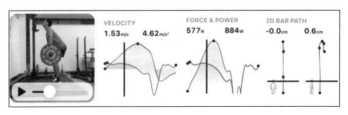

	GymAware RS
センサー	LPT
サイズ/質量	115×85×85mm/900g
測定端末	iPad
充電/連続駆動時間	5時間/50時間
バーの位置と軌跡	2D矢状面
ビデオフィードバック	○
対応エクササイズ種目	バーベル、ヘックスバー、ダンベル、懸垂、インクラインプレスマシーン等205種目
リアルタイムフィードバック	すべての種目
無料での登録可能選手数	10名
有料クラウドサービス	GymCloud
リアルタイムでの同時表示項目数/選択可能な項目数	2/8項目
無料テスト	×
付属品を含まない本体の価格帯(税抜)	400,000

Vitruve	FLEX	Vmaxpro
LPT	光学センサー	IMU
85×70×75mm/365g	66×直径52 mm/175g	44×27×13 mm/16g
iPad, iPhone, Android	iPad, iPhone	iPad, iPhone, Androide
2時間/8-12時間	3時間/10時間	2時間/12時間
×	2D矢状面	2D矢状面/前額面/水平面 3D
○	○	○
バーベル、 ヘックスバー、 ダンベル、懸垂、等	50mm径スリーブの バーベルと ヘックスバー75種目	垂直方向に動作する ほぼすべての ウェイトトレーニング種目と ウェイトリフティング種目、 およびジャンプ種目
すべての種目	すべての種目	すべての種目
1名	1名、バディーモードで 1台を3名同時使用可能	3名
Teams	FLEX bridgeでGym-Cloudを利用可能	Trainer/Team/Scientist
4/10項目	8/8項目	6/14項目 (バーの軌跡表示時は 4/14)
推定1RM	推定1RM	ジャンプ
80,000	120,000	80,000

散布図

　2つの変数、たとえば%1RMとそれを挙上した際の挙上速度をそれぞれ横軸と縦軸にとり、個々の被験者から得られた1組のデータが対応する位置にプロットしたグラフ。この例では%1RMが大きくなるにつれて挙上速度が遅くなるためプロット全体は右肩下がりとなる。

回帰線

　ある変数y（たとえば挙上速度）を別の変数x（たとえば%1RM）を使った式で表すための式を回帰式または予測式といい、回帰式を求めることを回帰分析という。y＝ax＋bという式の直線で表すことができる時、この直線を回帰直線という。aがその直線の傾きを表し、bはその直線がy軸と交わる点で、切片という。実際にプロットされた各データと直線との乖離（差）を2乗した合計が最も小さくなるような直線となる。これに対しyとxの関係が、y＝ax²＋bx＋cの2次式で表され、回帰線が曲線になるものを2次回帰という。エクセルでは散布図から回帰線や回帰式を容易に得ることができる。

決定係数

　予測式の精度を表す値で、R²という記号で表されることが多い。0〜1の値を取り、1に近いほどデータにその予測式がうまく当てはまっていることを示す。相関係数の2乗と同じ値をとるが、相関係数のように2つの変数の関係の強さではなく、あくまで予測の精度（一致度）を見ている。

相関係数

　相関関係がどれくらいあるかを示す値、2つの変量の関係性の強さを示す。rという記号で表すことが多い。散布図を描いた際に右肩下がりとなる負の相関と、右肩上がりになる正の相関があり、−1〜1の値をとる。スポーツサイエンスでは、「≦0.1非常に低い、ほとんど相関はない」「0.1〜0.3低い、弱い相関がある」「0.3〜0.5中等度の相関がある」「0.5〜0.7高い、強い相関がある」「0.7〜0.9非常に高い、強い相関がある」「≧0.9ほとんど完全な相関がある」という表現をすることが多い。

変動係数(CV)

　得られたデータのばらつきの指標で、標準偏差を平均値で割った値で単位のない数値となり、100を掛けて%で表す。coefficient of variationの頭文字をとってCVという記号で表す。CVが小さいほど測定の精度が高く信頼性があることを示す。スポーツサイエンスでは、「>10%低い信頼性」「5〜10%中等度の信頼性」「<5%高い信頼性」という判断基準を用いることが多い。

統計(学)的に有意

　トレーニングの前と後、トレーニング方法による効果の違い、測定方法による違いなどを、得られた平均値によって比較するときに、その差が生じる確率を計算し、その確率が偶然では生じないくらい十分小さい場合、それは偶然ではなく、そこに何らかの効

果や意味があると判断する。そのことを「統計（学）的に有意な差」という。有意差はP値によってその有意性の大きさが異なる。

P値

　確率を意味する英語のprobabilityの頭文字をとったもので、スポーツサイエンスで一般的に使われる「P値＝0.05」。これは、その結果や現象が起こる確率が5％だということを意味する。普通なら95％は起こらないこと、5％しか起こらないような、めったに起こらないことが起きたということは、その差は偶然ではなく、そこに何らかの効果や意味があると解釈し、P値が0.05以下の場合、統計的有意差があるといい、「P≦0.05」と記す。0.01や0.001より小さいP値が得られればさらに有意性は高いと判断される。

妥当性

　測定で、意図したものや測ろうとしたことがどれだけ正しく測れているかということ。あるVBTデバイスで測定した値が、他の基準となっている別の測定法によって得られた結果とどれだけ一致しているかというような場合、基準関連妥当性という。射的で例えれば、いかに的の中心またはその周辺に命中しているかの度合い。

信頼性

　1つの対象に対して同じ条件であれば、疲労や慣れといった条件を統制して複数回測っても同じような値が得られるかどうかを示すもの。測定する度に違うデータが得られるようであれば、その測定から適切な判断を下すことができない。射的で例えれば、いかに同じ箇所にまとまって当たっているかの度合い。

級内相関係数(ICC)

　2回以上同じ被験者に対して同じ測定をしたときの測定値の一致度で、その測定の信頼性の指標となる。0～1.0の値を取り、一致度の高さの解釈は相関係数に準ずる。intra class correlationの頭文字からICCと略される。

効果量(ES)

　2つの平均値の差が2つの標準偏差の平均の何倍になっているかによって標準化した指標で、条件の違いや介入効果の大きさや差の大きさの判断に用いられる。effect sizeの頭文字でESまたは最も多く用いられているCohenのdという記号で表す。「$d<2.0$であれば些少」「$0.20<d<0.5$なら小さい効果」「$0.51<d<0.79$であれば中等度の効果」「$d≧0.8$であれば大きな効果」という判断基準が一般的。効果の出にくいレベルの高いスポーツ選手を対象とした場合には、「<2.0些少」「$0.20～0.59$小さい効果」「$0.60～1.19$中等度の効果」「$1.2～2.0$大きな効果」「>2.0非常に大きな効果」という基準が用いられることもある。

95％信頼区間

　サンプルデータから得られた平均値を含む下限と上限の範囲として示される。その範囲に母集団の平均値が含まれる確率が95％あるという意味。

第7章

VBTの未来

本書でVBTというものを初めて詳しく知った、これまでなんとなくVBTを使っていたが、これを機にさらに本格的にVBTによる指導を徹底していきたい、と思った読者に対して、いきなりこういうことを言うのは少しおかしいかもしれませんが、VBTの未来とは、実はVBTという言葉が消滅することなのです。

　誤解のないように言うと、本書で紹介した内容は、今後さらに広範な科学的研究と実践、そしてテクノロジーの進歩によってその確かさと有用性が確認され、ますます精錬されていくことは間違いありません。しかし、同時にそれが当たり前になると、もはや「速度に基づく」などと敢えて言う必要がなくなり、ウェイトトレーニングというものは挙上速度を測りながらやるのが当たり前で、挙上速度を測らずに行うウェイトトレーニングは、時間を測らずに距離だけ決めてマラソンのトレーニングをするような、野蛮な走り込みか、気軽な気晴らしのジョギングと同様、まともなトレーニングと呼べるものではなくなると想像できます。

　本書のこの最終章では、そんな先のことではなく、すぐそこまで来ている、あるいはすでに始まっているVBTの新たな挑戦を紹介したいと思います。その一部はすでにここまでの章で少し触れているものです。

1 リモート指導と完全ペーパーレス化

　現代社会において、ICTとIoTの発展の勢いはとどまるところを知らず、産業から日常生活まで広く行き渡っています。スポーツトレーニングも例外ではありません。2020年に始まった新型コロナウイルスの世界的蔓延により、スポーツ界においてはそれまでと同じように、チームの選手が一堂に会して同じ施設でトレーニングを行うということが困難となりました。

　アメリカの野球界では、すでにオフシーズンやプレシーズントレーニングを選手が地元に帰った際に、各選手がVBTデバイスを持ち帰り、あるいは個人で購入し、個々の選手のトレーニングプログラムをコーチがリモートで個人のスマートフォンに送り、実施した結果がインターネットを介してコーチのパソコンに集約され、チーム全体のトレーニングの傾向や、個人ごとのトレーニングの結果や傾向を確認し、新しいプログラムが送信される、ということが行われ始めていました。それがコロナ禍で急速に世界的な規模で多くのスポーツ界に拡大しました。

　個人別のバインダーの中の、印刷されたあるいは手書きの

プログラムを見ながら、トレーニングを行い、使用質量と挙上回数を記入して返却するというスタイルは、もはや過去のものとなりつつあります。世界中の様々なスポーツ界において、選手が一堂に会して行うトレーニングでもすでに完全ペーパーレスが実現しており、少し探せばインターネットでそうした実際の映像を見ることができます。

　コーチがトレーニングプログラムを送り、選手がトレーニングした結果を入力して返信するというだけなら、別にVBTでなくとも、インターネットの発展のおかげで当たり前になっていたでしょうけれども、VBTによって、ウェイトを挙上するというトレーニング動作の速度データが客観的に取得されることにより、選手の行ったトレーニングの全容が客観的に手に取るようにわかるようになったということが、このリモート指導とペーパーレス化にとって最も重要な出来事であったといえます。

2 コーチの手元まで来た バイオメカニクス

　ウェイトの質量であるkgと、1RMに対するパーセンテージ、それを何回持ち上げたのか、という回数くらいしかなか

ったウェイトトレーニングの世界に、速度という新たな客観的指標が持ち込まれた結果、それまでの研究や実践によって経験的に確かめられてきた最大筋力、筋肥大、パワー、スピードといったトレーニング目的と1RMのパーセンテージとの対応関係も、VBTが進歩していく過程で新しい角度から位置づけ直され、より適切に使える知識へと変貌を遂げました。つまり、VBTによって、それまでの先人たちの努力の成果をより効率よく有効に機能させる条件が整えられたともいえます。

　ウェイトトレーニングの世界に、それまでは大学の研究室や論文の中でしかお目にかかれなかったバイオメカニクスの数値データや指標のグラフ表示、さらにはグラフと同期処理された映像が誰の目にも、そして誰の手元にも、日常的にリアルタイムで普通に触れるところにまで来ました。その結果、ウェイトトレーニングに関するコーチや選手の科学的な認識が一気に深化し、それまでとは比較にならないレベルに突き進んでいます。従来の古い科学的方法や概念しか知らない研究者よりも、トレーニングの現場で日々そうしたデータに触れ、試行錯誤しているコーチのほうが、ウェイトトレーニングのもっと効果的な方法や、バイオメカニクスに関する知見を深化させているようにさえ思えます。

今日、VBTを知らなくても、知ろうとしなくてもやり過ごすことができる環境で満足することは可能でしょう。しかし、知っているのにわざと使わずに済ますことは困難です。VBTは、もはや20年以上前のウェイトトレーニングにおける単なる挙上速度の計測とは一線を画す進歩を遂げてしまっています。

　単にトレーニング現場で挙上速度の計測をする、というだけでもウェイトトレーニングの進化にとっては大きな一歩でしたが、インターネットを介した情報処理と通信技術の目覚ましい進歩のおかげで、過去には想像もしなかったアイデアが生まれ、現実化しているのです。

　前述のリモートコーチングはその代表例です。その他にも、同じ施設内の異なるステーションで実施している別々のグループのトレーニング結果、あるいは遠く離れた地域で同時にトレーニングしている選手のトレーニング状況が、1つのモニター上にリアルタイムで時々刻々と表示され続けるリーダーボード機能により、選手同士のコミュニケーションが活発化し、大きな動機付けとすることができます。

　個人ごとのプログラムの作成やトレーニング結果の整理と分析、という作業に向けられていたトレーニング指導者の労力と時間を、より効果的なトレーニング法を考えたり、選手

に対するきめ細かな対応に向けたりすることができるように
なっています。

　トレーニングに関する多角的なデータが簡単に収集できる
ことにより、現場のコーチがカンファレンスやミーティング
でそうしたデータから得られた知見を報告することも容易と
なり、コーチ間のコミュニケーションが活発化し、それによ
りウェイトトレーニングに対する新しいアプローチが生まれ
やすい環境がつくられています。

③ SNSによる新たなコミュニティー

　ウェイトトレーニングを趣味とする人たちの間でも、
VBTによって得られる様々なデータを基に、トレーニング
の様々な側面やトレーニングの成果を披露し合ったり、質問
したり、アドバイスを受けたりするといったSNSによるコミ
ュニティーが構築され、ウェイトトレーニング界にこれまで
存在しなかった新しいトレンドが生まれつつあります。フィ
ットネス目的や何らかのパフォーマンス向上のために個人で
ウェイトトレーニングに取り組む人々が増える中、できるだ
け効率よく成果を上げたいという人達の間で、VBTに対す
る注目が高まり、様々な国の様々な年齢とトレーニング経験

の人々がトレーニングに関する情報を交換し合う環境が整えられてきています。

　パーソナルトレーナーやチームのトレーニング指導者も、教科書で習っただけの古い知識と経験だけでは、最新の情報についていくことが難しくなるかもしれません。

4 AIの活用

　15,000,000セット、50,000,000レップ、2,000,000セッション。これはいったい何の数字でしょうか。

　正解は、2021年に販売を終了したPUSH2.0のサーバーに保存されている全世界のユーザーから得られたトレーニングデータの数です。

　PUSH2.0には、この膨大なビッグデータを基に、トレーニング目的に合致した負荷を自動的に設定・調整するための「負荷推奨エンジン」と、トレーニングが正しく実行できているかを判断するための「トレーニング目的適合率スコア」という人工知能（AI）によって、トレーニング指導者のより高度で的確な判断をサポートする機能が内蔵されていました。

　ターゲットとする最大筋力、パワー、スピードのいずれか

のトレーニング目的を選択すると、目標速度が提案され、過去のトレーニング結果や入力した推定または実測の1RM値から、推奨負荷質量が提案されます。そして、ターゲットメーターに示された速度ゾーン内（表1）にすべてのレップが入るように努力しながら、設定したVLCに到達するまで1セット目を実施します。セットを終了すると、その結果を分析し次のセットの負荷質量を提案してくれます。

　目標スピードゾーンに届かない遅すぎるレップが多い場合は少し軽い負荷が、逆に目標スピードゾーンを超えてしまうレップが多いと少し重い負荷が表示されます。

表1 PUSH2.0におけるトレーニング目的別の%1RMに対応した挙上速度ゾーン			
	最大筋力	パワー	スピード
スクワット	75〜90%1RM: 0.3〜0.6m/s	45〜75%1RM: 0.6〜1.0m/s	0〜45%1RM: 1.0〜5.0m/s
ベンチプレス	75〜90%1RM: 0.2〜0.6m/s	45〜75%1RM: 0.6〜1.0m/s	0〜45%1RM: 1.0〜5.0m/s
デッドリフト	75〜90%1RM: 0.2〜0.5m/s	75〜90%1RM: 0.5〜0.8m/s	0〜45%1RM: 0.8〜5.0m/s

　また、セット終了時に、トレーニング目的適合率スコアが表示されます。このスコアの80%は、指定された速度範囲で挙上できていたかどうか、です。セット内のすべての挙上がゾーン内であった場合、適合率は80%となります。残りの

20%は、セット内で挙上速度がどの程度安定していたかという評価です。セット内のすべてのレップが全く同じ速度であった場合、つまり標準偏差が0のとき、20%となります。これを式で表すと次のようになります。

> **トレーニング目的適合率（%）**
> **＝{0.8×（推奨速度範囲内のレップ数/セット内レップ数）＋**
> **0.2×（1－セット内速度の標準偏差）}×100**

これによって、いかに安定して目標スピードでの筋力発揮ができているかがわかります。レベルの高い選手の調子のよい日には、100％に近い数値が得られます。

PUSH2.0に替わるものとして今日では、VmaxproがAIの開発に力を入れています。Vmaxproでは、トレーニング目的の違いによる%1RM値を、最大筋力85～100%、筋肥大70～85%、爆発的筋力50～70%、スピード30～50%と定め、そのいずれかを選択すると、それまでに実施したトレーニングにおける使用重量と速度の関係から作成されているその選手個人の種目ごとの負荷-速度プロフィールに基づいて、推奨質量とレップ数を設定してくれます。

正確な推奨値が提案されるようにするためには、それまでに様々な大きさの負荷で何回も全力での挙上をしておく必要があります。それにより、その種目に対する負荷-速度プロ

フィールが精緻化されていき、より正確な推奨値が提案されるようになります。また、70〜90%1RM程度の負荷を用いて反復し、疲労によって0.5m/s程度に挙上速度が低下してからさらにフェイリヤーまで行い、MVTを記憶させておくことにより、負荷-速度プロフィールがより正確となります。これ以外にも、その日の体調に合わせて負荷とレップ数の微調整を簡単に行うモードも用意されています。

このように、本書の第3〜5章で説明した負荷-速度関係やプロフィールの作成、オートレギュレーション、無駄な疲労を招いたり遅筋化を防いだりするためのVLC、様々なVBTに関する介入研究、そして、様々なVBTのアイデアを基に、こうしたAIによるトレーニングの自動化がますます開発されていくものと思われます。

セッション全体のトレーニング量のコントロールや、詳細な速度設定といったより高度な推奨や提案事項を備えた次のバージョンが、世界中のユーザーから集積される膨大なビッグデータを基に、各VBTの開発元によってすでに構築され始めています。映像とバーの軌跡とスピードの変化から、筋力バランスについての情報が提供されるようになるかもしれません。そうなると挙上フォームについても一般論ではなく、個人ごとの客観的な証拠に基づいた判断が可能になります。

それはまだ先の話だとしても、最新の科学と人工知能を活用することによって、これまで以上に効果的かつ効率的なトレーニングを実現することができるのです。

VBTの深化により、トレーニング指導者は、プログラムの作成やピリオダイゼーション計画の立案やデータの整理・分析ではなく、アスリートそのものに目を向けて、最適な効果を生み出すためのコーチングに集中することがこれまで以上にできるようになるでしょう。

5 VBTが可能にする 新たな研究スタイル

VBTの浸透により、日々行われているウェイトトレーニングから得られる膨大な量のデータや分析結果が世界中に配信されています。

このことはウェイトトレーニングに関する科学研究の世界にも大きく影響を与えています。まず、従来では考えられないいくらい多くの数の被験者によって研究が行われており、また、複数のパラメータが簡単に収集できるようになったため、それらの関係が詳細に研究されるようになっています。さらに介入トレーニング研究の期間もかつてより長くなり、プロ

選手のシーズン中のデータも研究結果として公表されるようになってきました。

その結果、従来のような、少人数の被験者を2つまたは3つのグループに分け、条件統制を行った短期間のトレーニング結果から統計的に推測して結論を導き出すというスタイルから、ビッグデータを用いたランダム化研究、あるいは逆に個別で特殊な事例を用いて多角的な視点から行われるケーススタディーが重視されるようになってきました。

誰にでも当てはまる魔法のようなトレーニング法は存在しない、というのはもはや疑う余地のないトレーニングサイエンスの到達点です。目的や対象やトレーニング期間やその他の諸条件に応じて、最も適切なトレーニング方法を考案し、トレーニング経過をモニタリングしながら軌道修正して最適な結果を導く以外に王道はありません。ですから、そうした王道を歩くためには、類似した目的や対象やトレーニング期間で行われた、他のトレーニング指導者によるケーススタディーがとても役に立つわけです。

統計的有意差があるからといっても、その差が実践的にどれくらいの意味を持つのかは別問題です。微々たる差や、さほど強くもない外れ値だらけの相関関係から導かれた法則性やメカニズムに関する推測よりも、実践報告で示される効果

量とその信頼区間の持つ重みのほうが大きいといえます。統計的有意差がないからといって、示された差に意味がないと考えるのは誤りであることは、最近の統計学の常識です。

　今後は現場で収集されたデータを基にした独自のアイデアから生まれたケーススタディーが増加し、その蓄積によって新たな方向性や可能性が示されると考えられます。

　また、現場で直接トレーニング指導にあたるのではなく、大学や研究機関で、条件統制が可能な環境で研究することがやりやすい研究者にも、従来とは異なる研究手法が求められます。つまり、トレーニング現場には導入することがほとんど不可能な高額で複雑な研究機器を用いて行われる法則性やメカニズム解明のための研究だけではなく、トレーニング指導現場で、誰もが取得可能な方法とパラメータを用いつつも、現場ではなかなか実行するのが難しい比較や構成による研究を推進していくことで、現場で直接応用することができるヒントを提案できるような研究が重要になると思われます。

　本書で紹介した様々な研究や、提案されている実践上のアイデアを参考に、VBTの可能性をさらに深く解明し、効果的なトレーニングを進める方法を探るための研究が増えることを願っています。

スポーツや日常生活の一瞬のミスは0.01秒の差で起こる。この差を埋めるには日頃の行いとその積み重ねによるところが大きいと考えれば、やるべきことは明確。

　本書をまとめるにあたり、「はじめに」でも触れた過去の冊子や連載や最近のプレゼンテーションの資料を基に執筆を開始しましたが、書き進めていくうちに、次々と新しい論文や研究情報や新たな提案や指導実践例が出てきて、その内容を反映させるために、調べなおしたり確かめたりする作業に時間を取られました。こうしている最中にも、新たな研究や事例報告や、新たな機器の開発やアプリのアップデートが行われている、というのが今日のVBTの現状です。日進月歩

とはまさにこのことだと、この間ひしひしと感じました。これらの最新情報は、できるだけ早く、JATI Expressやその他の機会にお伝えしたいと思います。

　拙著『Velocity Based Trainingの理論と実践』のエピローグにも書いたように、スポーツの世界は決してコンマ何秒、つまり0.1秒の差といった悠長な世界ではなく、0.01秒が勝負を決める世界です。

　目で見ただけではわからないミクロの世界は虫眼鏡によって、それでもわからない世界は光学顕微鏡、さらには電子顕微鏡によって解明することができ、それによって人間の認識が進化し、より正確な判断が可能となります。それと同様に、スポーツの世界でも目で見ただけでは区別のつかないことがストップウォッチによって、それでもはわからない差が光電管によって明確となり、その差が勝負を決していることがわかるようになったおかげで、トレーニングの成果をより正確に、より詳細なレベルで確認し、その差を埋めるためのより高度なトレーニングが追求されるようになってきました。

　ウェイトトレーニングも全くこれと同様に、ただ単に重いウェイトを何回も持ち上げていればそれだけでコーチも選手も満足しているだけの世界はすでに遠い昔の話で、ウェイトトレーニングをすることによって、いかに目標とするパフ

ォーマンスレベルに到達するか、そのための最適なトレーニング方法を徹底的に探り、実行する必要があります。そのためには、電子顕微鏡や光電管がそうであったように、目で見ただけ、感覚だけではわからないウェイトトレーニングにおける力やパワー、あるいはスピードの変化を捉える必要があるのです。それがVBTです。

　スポーツや日常生活の一瞬のミスは0.01秒の差で起こります。どちらが勝ってもおかしくない勝負を決するのは偶然や幸運だけではなく、この差をいかに埋めるかという日頃の行いとその積み重ねによるところが大きいと考えれば、やるべきことは明確であり、現代は、その差を埋めるトレーニングができているかどうかを客観的に判断し、共有できるツールを簡単に入手できる時代なのです。

　　　　　　　　　　　　　　　　　　　　　長谷川 裕

推薦のことば

　著者の長谷川裕先生と初めてお会いしたのは、NSCAジャパン主催の米国研修に参加したときでした。早いもので、もう25年以上も前になります。その出会いを機に、毎年初夏になると、米国の大学やプロチームを訪問し、セミナーの受講やトレーニング施設視察をご一緒させていただいたことは、私にとって生涯忘れられない思い出となっています。現在も公私ともにお付き合いをさせていただいていますが、お会いする度に、新たな刺激と向上心のスイッチを押していただく――、そういう意味では、まさに時代を先取りするトレーニング界の革新者といえるでしょう。

　その後、長谷川先生は、ペンシルベニア州立大学に客員研究員とし渡米され、本書の原点ともなるVBT測定の第1号機、フィットロダインに出合います。それは、トレーニング中のスピードとパワーがリアルタイムでフィードバックできる画期的なデバイスで、帰国後、長谷川先生は日本での普及にも尽力されました。

　それから、20年以上、長谷川先生はウェイトトレーニング中の挙上スピード、爆発的筋力やパワーを測り、そのトレーニング効果について研究と実践を継続され、世界中で取り組まれている新たな研究やトレーニング指導現場の動向に関する新情報を常に収集、そのVBTの成果を学会やセミナーなどで報告されてきました。そして、挙上速度を基準としてトレーニング全体を管理し効率化する新たな視点であり、到達目標といえるVBT：Velocity Based Trainingの原理原則、指導法を構築されるに至りました。長谷川先生は、現在でも世界中のご自身のネットワークから、最新情報や知見を更新し、研究及び実践を継続されています。その探究心、熱意は本書の中で感じとれるでしょう。

　本書は、長谷川先生のスポーツテクノロジストの集大成の一冊として多くのトレーニング指導現場の大きな武器となることと思います。また、本書ではVBTを理解する上で必要なスポーツテクノロジーの基礎であるバイオメカニクスや運動生理学についてもわかりやすく解説されており、学生や現場の指導者にとっても理想的なトレーニングサイエンスの参考書といえるでしょう。

　最後に、同世代の人間として長谷川先生との出会い、本書の出版に立ちあえたことに感謝し、推薦の挨拶とさせていただきます。本書が皆様の、"革新"のスイッチとなれば幸いです。

特定非営利活動法人 日本トレーニング指導者協会 理事長

有賀雅史

文献

序章

1. 日本トレーニング指導者協会. スポーツトレーニングの常識を疑え. ベースボールマガジン社, 2007.
2. 日本トレーニング指導者協会. スポーツトレーニングの常識を超えろ. 大修館書店, 2019.
3. Siff MC. Supertraining. Supertraining Institute, 2000.
4. Verkhoshansky Y, Verkhoshansky N. Special strength training manual for coaches. Verkhoshansky SSTM, 2011.

第1章

1. Siegel JA, Gilders RM, Staron RS, Hagerman RC. Human muscle power output during upper-and lower-body exercise. J Strength Cond Res 16(2): 173-178, 2002.
2. Tidow G. Aspects of strength training in athletics. NSA 1(93): 93-110, 1990
3. Tidow G. Muscular adaptations induced by training and de-training – a review of biopsy studies. NSA 10(2):47-56, 1995.
4. Comstock BA, Solomon-Hill G, Flanagan SD, Earp JE, Luk HY, Dobbins KA. Validity of the Myotest in measuring force and power production in the squat and bench press. J Strength Cond Res. 25(8):2293-2297, 2011.
5. Jovanovic M, Flanagan E. Researched applications of velocity based strength training. J Aust Strength Cond 21(1): 58-69, 2014.
6. Mann JB, Ivey PA, Sayers SP. Velocity-based training in football. Strength Condi J 37:52-57, 2015.
7. Richens B, Cleather DJ. The relationship between the number of repetitions performed at given intensities is different in endurance and strength trained athletes. Biol Sports 31(2): 157-161, 2014.
8. Hasegawa H, Mochizuki K, Hasegawa A, Nishiyama K, Saito T. Daily fluctuation of predicted 1RM using load-velocity profile and stable relationship between lifting velocity and the percentage of 1RM. 10th International Conference on Strength Training abstract book, 2016.
9. Gonzalez Badillo JJ, Sanchez Medina L, Parejo Blanco F, Rodriguez Rosell D. Fundamentals of velocity-based resistance training. Ergotech Consulting, S.L. p.104, 2017.
10. Sampson JA, Groeller H. Is repetition failure critical for the development of muscle hypertrophy and strength? Scand J Med Sci Sports 26:375-383, 2015.
11. Padulo J, Mignogna P, Mignardi S, Tonni F, D'Ottavio S. Effect of different pushing speeds on bench press. Int J Sports Med 33(5):376-380, 2012.
12. Izquierdo M, Ibañez J, González-Badillo JJ, Häkkinen K, Ratamess NA, Kraemer WJ, French DN, Eslava J, Altadill A, Asiain , Gorostiaga EM. Differential effects of strength training leading to failure versus not to failure on hormonal responses, strength and muscle power gains. J Appl Physiol 100: 1647-1656, 2006.
13. Drinkwater EJ, Lawton TW, McKenna MJ, Lindsell RP, Hunt PH, Pyne DB. Increased number of forced repetitions does not enhance strength development with resistance training. J Strength Cond Res 21(3): 841-847, 2007.
14. Pareja-Blanco F, Rodríguez-Rosell D, Sánchez-Medina L, Ribas-Serna L, López-López C, Mora-Custodio R, Yáñez-García JM, González-Badillo JJ. Acute and delayed response to resistance exercise leading or not leading to muscle failure. Clin Physiol Func Imaging 37(6): 630-639, 2016.

15. Pareja-Blanco F, Rodríguez-Rosell D, Aagaard P, Sánchez-Medina L, Ribas-Serna J, Mora-Custodio R, Otero-Esquina C, Yáñez-García JM, González-Badillo JJ. Time course of recovery from resistance exercises with different set configurations. J Strength Cond Res 34 (10): 2863-2876, 2020.
16. Davies T, Orr R, Halaki M, Hackett D. Effect of training leading to repetition failure on muscular strength: a systematic review and meta-analysis. Sports Med 46: 487-502, 2016.
17. DeLorme TL. Restoration on muscle power by heavy resistance exercise. J Bone Joint Surg 27: 645-667, 1945.
18. Siff MC. Supertraining. Supertraining Institute, 2000.
19. Mann B, Ivey PA, Sayers SP. Velocity-based training in football. Strength Con J 37(6): 52-57, 2015.
20. Weakley J, Mann B, Banyard H, McLaren S, Scott T, Garcia-Amos A. Velocity-based training: from theory to application. Strength Cond J 43(2): 31-49, 2021.
21. アンガス・マッケンアイア, キャメロン・マッケンタイア(長谷川昭彦/長谷川裕 訳)GymAwareがt繋いだオリンピックへの道. https://sport-science.jp/blog/detail/20200630170414/, 2020.
22. キャシー・ワークナー(齋藤朋弥/長谷川裕 訳)NCAAトーナメントに向けたテキサス大学アーリントン校におけるVelocity Based Trainingの取り組み. https://sport-science.jp/blog/detail/20200708130449/, 2020.
23. Baker D, An essential guide to VBT(無料PDF) http://sandcplanning.com/solution/category/detail/?cd=31
24. Flanagan E(齋藤朋弥/長谷川裕 訳)RSI revisited. 反応筋力指数の再考. http://sandcplanning.com/solution/category/detail/?cd=47
25. 長谷川裕. Velocity Based Trainingの理論と実践. エスアンドシー株式会社 2017.

第2章
1. Zatsiorsky VM. Science and practice of strength training. Human Kinetics, 1995.
2. Stone MH, Stone M, Sands WA. Principles and practice of resistance training. Human Kinetics, 2007.
3. Fleck SJ, Kraemer WJ. Designing Resistance Training Programs. Human Kinetics, 2014.
4. Komi PV, Strength and power in sport. Blackwell Science, 1996.
5. Kraemer WJ, Häkkinen K. Handbook of Sports Medicine and Science: Strength Training for Sport. John Wiley & Sons. 2002.
6. 菅野昌明, 長崎大, 仲立貴, 島典広. スクワットの異なる負荷重量と最大床反力との関係. 第7回日本トレーニング指導学会大会抄録集, 24,2018.

第3章
1. González-Badillo JJ, Sanchez-Medina L. Movement velocity as a measure of loading intensity in resistance training. Int J Sports Med 31:3347-352, 2010.
2. Sanchez-Medina L, Perez CE, Gonázlez-Badillo JJ. Importance of the propulsive phase in strength assessment. Int J Sports Med 31:123-129, 2010.
3. García-Ramos A, Pestaña-Melero FL, Pérez-Castilla A, Rojas FJ, Haff GG. Mean velocity vs. mean propulsive velocity vs. peak velocity: which variable determines bench press relative load with higher reliability? J Strength Cond Res 32(5):1273-1279, 2018.
4. Banyard HG, Nosaka K, Vernon AD, Haff GG. The reliability of individualized load-velocity profiles. Int J Sports Physiol Perform 13: 763-769, 2018.
5. Sánchez-Medina L, Pallarés JG, Pérez CE, Morán-Navarro R, and González-Badillo JJ. Estimation of relative load from bar velocity in the full back squat exercise. Sports Med Int

Open 1: E80–E88, 2017.

6. Morán-Navarro R, Martínez-Cava A, Sanchez-Medina L, Mora-Rodríguez R, , Gonázlez-Badillo JJ, Pallarés JG. Movement velocity as a measure of level of effort during resistance exercise. J Strength Cond Res 33(6): 1496–1504, 2019.

7. Elsworthy N, Callaghan, DE, Scanlan AT, Kertesz AHM, Kean CO, Dascombe BJ, Guy JH. Validity and reliability of using load-velocity relationship profile to establish back squat 1m·s-1 load. J Strength Cond Res 35(2): 340–346, 2021.

8. Spitz RW, Gonzalez AM, Ghigiarelli JJ, Sell KM, Mangine GT. Load-velocity relationships of the back vs. front squat exercises in resistance-trained men. J Strength Cond Res 33(2): 301–306, 2019.

9. Morán-Navarro R, Martínez-Cava A, Escribanopeñas P, Courel-Ibáñez. Load-velocity relationship of the deadlift exercise. Eur J Sports Sci: published online, 2020.

10. Sánchez-Moreno M, Rodríguez-Rosell D, Pareja-Blanco F, Mora-Custodio R, González-Badillo JJ. Movement velocity as indicator of relative intensity and level of effort attained during the set in pull-up exercise. Int J Sports Phsiol Perform 12: 1378–1384, 2017.

11. Sánchez-Medina L, González-Badillo JJ, Pérez CE, Pallarés JG. Velocity- and power-load relationships of the bench pull vs. bench press exercises. Int J Sports Med 35: 209–216, 2014.

12. Bosqeut L, Porta-Benache J, Blais J. Validity of a commercial linear encoder to estimate bench press 1RM from the force-velocity relationship. J Sports Sci Med 9:459463, 2010.

13. Loturco I, Kobal R, Moraes JE, Ktamura K, Cal Avad CC, Pereira LA, Nakamura FY. Predicting the maximum dynamic strength in bench press: the high precision of the bar velocity approach. J Strength Cond Res 31(4): 1127–1131, 2017.

14. Pérez-Castilla A, García-Ramos A. Changes in the load-velocity profile following power- and strength-oriented resistance training programs. Int J Sports Physiol Perform 15(10): 1460–1466, 2020.

15. Balsalobre-Fernádez C, García-Ramos, Jiménz-Reyes P. Load-velocity profiling in the military press exercise: Effects of gender and training. Int J Sports Sci Coach 13(5): 743–750, 2018.

16. García-Ramos A, Ulloa-Diaz D, Barboza-González P, Rodrguez-Perea Á, Martinez-García D, Quidel-Catrilelb ún M, Guede-Rojas F, Cuevas-Aburto J. Janicijevic D, Weakley J. Assessment of the load-velocity profile in the free-weight prone bench pull exercise through different velocity variables and regression models. PROS ONE Feb 27: 1–12, 2019

17. Dorrell HF, Moore JM, Gee TI. Comparison of individual and group-based load-velocity profiling as a means to dictate training load over a 6-week strength and power intervention. J Sports Sci 38(17): 2013–2020, 2020.

18. Izqulerdo M, González-Badillo JJ, Häkkinen K, Ibáñez J, Kraemer WJ, Altadill A, Eslava J, Gorostiaga EM. Effect of loading on unintentional lifting velocity declines during single sets of repetitions to failure during upper and lower extremity muscle actions. Int J Sports Med 27: 718–724, 2006.

19. Carroll KM, Sato K, Beckham GK, Triplett NT, Griggs CV, Stone MH. Relationship between concentric velocities at varying intensity in the back squat using a wireless inertial sensor. J Trainol 6: 9–12, 2017.

20. García-Ramos A, Janicijevic D, González-Hernández M, Keogh JWL, Weakley J. Reliability of the velocity achieved during the last repetition of sets to failure and its association with the velocity of the 1-repetition maximum. PeerJ 8: e8760: 1–14, 2020.

21. Garcia-Ramos A, Jaric S. Two-point method: A quick and fatigue-free procedure for

assessment of muscle mechanical capacities and the 1 repetition maximum. Strength Cond J 40(2):54-66, 2018.

22. García-Ramos A, Barboza-González P, Ulloa-Díaz D, Rodriguez-Perea A, Martinez-Garcia D, Guede-Rojas F, Hinojosa-Riveros H, Chirosa-Ríos LJ, Cuevas-Aburto J, Janicijevic D, Weakley J. Reliability and validity of different methods of estimating the one-repetition maximum during the free-weight prone bench pull exercise. J Sports Sci 37(19): 2205-2212, 2019.

23. García-Ramos A, Haff GG, Pestaña-Melero FL, Pérez-Castilla A, Javier Rojas F, Balsalobre-Fernández C, Jaric S. Feasibility of the 2-point method for determining the 1-repetition maximum in the bench press exercise. Int J Sports Physiol Perform. 13:474-481, 2018.

24. Pérez-Castilla A, Jaric S, Feriche B, Padial P, García Ramos, A. Evaluation of muscle mechanical capacities through the 2-load method: Optimization of the load selection. J Strength Cond Res 32(5): 1245-1253, 2018.

25. Jiménez-Alonso A, García Ramos A, Cepero M, Miras-Moreno S, Rojas FJ, Pérez-Castilla A. Velocity performance feedback during the free-weight bench press testing procedure: an effective strategy to increase the reliability and one repetition maximum accuracy prediction. J Strength Cond Res XX(X): 000-000, 2020.

26. Peérez-Castilla A, Suzovic D, Domanovic A, Fernandes JFT, García-Ramos A. Validity of different velocity-based methods and repetitions-to-failure equations for predicting the 1 repetition maximum during 2 upper-body pulling exercises. J Strength Cond Res XX(X): 000-000, 2019.

27. Zangakis DS, Snyder BW, Moir GL, Munford SN. Validity and reliability of the two-point method for estimating squat and bench press one-repetition maximums. Int J Exerc Sci, Conference Proceedings 9(8): Article 126.

28. Pérez-Castilla A, Jiménez-Reyes P, Haff GG, García-Ramos A. Assessment of the loaded squat jump and countermovement jump exercises with a linear velocity transducer: which velocity variable provides the highest reliability? Sports Biomec, 20(2): 247-260, 2021.

29. García-Ramos A, Haff GG, Jiménez-Reyes Pérez-Gastilla. Assessment of upper-body ballistic performance through the bench press throw exercise: which velocity outcome provides the highest reliability? J Strength Cond Res 32(10): 2701-2707, 2018.

30. Fleming W, Brooks T. Velocity based training for weightlifting: Current concept & application. 1Kilo publishers/WilFeming.com & Chaplain Publishing, 2020.

31. Haff GG, Garcia-Ramos A, James LP. Using velocity to predict the maximum dynamic strength in the power clean. Sports 8: 129, 2020.

32. Jidovtseff B, Quiévre J, Hanon C, Crielaard J-M. Les Profils musculaires inertiels permettent une definition plus precise des charges d'entraïement. Science Sports 24:91-96, 2009.

第4章

1. Hasegawa H. A real time feedback and monitoring of speed and power in resistance training for athletes. 7 th International Conference on Strength Training, Conference book, 2010.

2. Randell AD, Cronin JB, Keogh JWL, Gill ND. Effect of instantaneous performance feedback during 6 weeks of velocity-based resistance training on sport-specific performance tests. J Strength Cond Res 25(1): 87-93, 2011.

3. Argus C, Gill N, Keogh J, Hopkins W. Acute effects of verbal feedback on explosive upper-body performance in elite athletes. ISBS 28th International Conference on Biomechanics in Sports, Conference book, 2010.

4. Randell AD, Cronin JB, Keogh JWL, Gill ND. Reliability of performance velocity for jump

squats under feedback and nonfeedback condition. J Strength Cond Res 25(12): 3514-3518, 2011.

5. Vanderka M, Bezák A, Longová K, Krcmár M, Walker S. Use of visual feedback during jump-squat training aids improvement in sport-specific tests in athletes. J Strength Cond Res 34(8): 2250-2257, 2020.

6. Keller M, Lauber B, Gehring D, Leukel C, Taube W. Jump performance and augmented feedback: immediate benefits and long-term training effects. Human mov Sci 36: 177-189, 2014.

7. Nagata A, Doma K, Yamashita D, Hasegawa H, Mori S. The effect of augmented feedback type and frequency on velocity-based strength training-induced adaptation and retention. J Strength Cond Res 34(11): 3110-3117, 2020.

8. Hirsch SM, Frost DM. Consideration for velocity-based training: the instruction to move "as fast as possible" is less effective than a target velocity. J Strength Con Res 35(1): 589-594, 2021.

9. Gazovic O, Hamar D, Schickhofer P. Effect of weight training with different velocity in concentric phase on strength and power. 1th International Conference on Strength Training, Conference book, 1998.

10. González-Badillo JJ, Rodríguez-Rosell D, Sánchez-Medina L, Gorostiaga EM, Pareja-Blanco F. Maximum intended velocity training induces greater gains in bench press performance than deliberately slower half-velocity training. Eur J Sport Sci 14(8): 772-781, 2014.

11. Pareja-Blanco F, Rodriguez-Rosell D, Sánchez-Medina L, Gorostiaga EM, González-Badillo JJ. Effect of movement velocity during resistance training on neuromuscular performance. Int J Sports Med 35(11): 916-924, 2014.

12. Dorrell HF, Smith MF, Gee TI, Comparison of velocity-based and traditional percentage-based loading methods on maximal strength and power adaptations. J Strength Cond Res 34 (1): 46-53, 2020.

13. 長谷川裕. 挙上速度を基準として重量の増減と反復回数を管理するレジスタンストレーニングの効果. 第26回日本運動生理学会ランチョンセミナー, 2018.

14. Orange ST, Metcalfe JW, Robinson A, Applegarth MJ, Liefeith A. Effects of in-season velocity- versus percentage-based training in academy rugby league players. Int J Sports Phyisiol Perform 15: 554-561, 2020.

15. Banyard HG, Tufano JJ, Weakley JJS, Wu S, Jukic I, Nosaka K. Superior change in jump, sprint, and change-of direction performance but not maximal strength following 6 weeks of velocity-based training compared with 1-repetition-maximum percentage-based training. Int J Sports Phsiol Perform 16(2): 232-242, 2020.

16. Padulo J, Mignogna P, Mignardi S, Tonni F, D'Ottavio S. Effect of different pushing speeds on bench press. Int J Sports Med 33(5):376-380, 2012.

17. Pareja-Blanco F, Rodrígez-Rosell, D, Sánchez-Medina L, Sanchis-Moysi J, Dorado C, Mora-Custodio R, Yáñez-García JM, Morales-Alamo D, Pcrez-Suárez I, Calbet AL, González-Badilllo JJ. Effect of velocity loss during resistance training on athletic performance, strength gains and muscle adaptations. Scand J Med Sci Sports 27(7):724-735, 2017.

18. Pareja-Blanco F, Sánchez-Medina L, Suárez-Arrones L, González-Badillo JJ. Effects of velocity loss during resistance training on performance in professional soccer players. Int J Sports Physiol Perfom 12:512-519, 2017.

19. Pérez-Castilla A, Carcía-Ramos A, Padial P, Morales-Artacho AJ. Effect of different velocity loss thresholds during a power-oriented resistance training program on the mechanical capacities of lower-body muscles. J Sports Sci 36(12): 1331-1339, 2018.

20. Banyard HG, Tufano JJ, Delgado J, Thompson SW, Nosaka, K. Comparison of the effects of velocity-based training methods and traditional 1RM-percent-based training prescription on acute kinetic and kinematic variables. Int J Sports Physiol perform 14: 246-255, 2019.
21. Weakley J, Ramirez-Lopez C, Mclaren S, Dalton-Barron N, Weaving, D, Jones B, Till K, Banyard H. The effects of 10%, 20%, and 30% velocity loss thresholds on kinetic, kinematic, and repetition characteristics during the barbell back squat. Int J Sports Physiol perform 15: 180-186, 2020.
22. Weakley J, Mclaren S, Ramirez-Lopez C, Garcia-Ramos A, Dalton-Barron N, Banyard H, Mann Bryan, Weaving D, Jones B. Application of velocity loss thresholds during free-weight resistance training: responses and reproducibility of perceptual, metabolic, and neuromuscular outcomes. J Sports Sci 38(5): 477-485, 2020.
23. Pareja-Blanco F, Alcazar J, SÁnchez-ValdepeÑas J, Cornejo-Daza PJ, Piqueras-Sanchiz F, Mora-Vela U, SÁnchez-Moreno M, Bachero-Mena B, Ortega-Becerra M, Alegre LM. Velocity loss as a critical variable determining the adaptations to strength training. Med Sci Sports Exerc 52(8): 1752-1762, 2020.
24. Galiano C, Pareja-Blanco F, Hidalgo de Mora J, Sáez de Villarreal E, Low-velocity loss induces similar strength gains to moderate-velocity loss during resistance training. J Strength Cond Res xx(x): 000-000, 2020.
25. 砂川力也, 古堅南美. Velocity-based Training における速度低下率の違いが筋機能特性に与える影響. 九州体育・スポーツ学研究　35(1): 1-12, 2020.

第5章
1. Mann B. Developing explosive athletes: Use of velocity based training in training athletes. Ultimate Athlete Concepts, 2016.
2. Thompson S, Comfort P, Suchomel T, Banyard H. Power Cleans: Peak or mean velocity? And what are training zones? https://www.flexstronger.com/velocity-zones-for-power-cleans/
3. Riscart-López J, Rendeiro-Pinho G, Mil-Hmens P, Sares-daCosta R, Loturco I, Pareja-Blanco F, León-Prados A. Effect of four different velocity-based training programming models on strength gains and physical performance. J strength Cond Res 35(3): 596-603, 2021.
4. Guerriero A, Varalda, Piacentini MF. The role of velocity based training in the strength periodization for modern athletes. J Funct Morphol Kinesiol 3(55): 1-13.
5. Riscart- López J, Rendeiro-Pinho G, Mil-Homens P, Soares-daCosta R, Loturco I, Preja-Blanco F, León-Prados JA. Effects of four different velocity-based traning programming model on strength gains and physical performance. J Strength Cond Res 35(3): 596-603, 2021.
6. Balsalobre-Fernández C, Cordón Á, Unquiles N, Muñoz-García D. Movement velocity in the chair squat is associated with measures of functional capacity and cognition in elderly people at low risk of fall. PeerJ 6: e4712, 2018.

第6章
1. Weakley J, Morrison M, García-Ramos A, Johnston R. The validity and reliability of commercially available resistance training monitoring devices: a systematic review. Sports Med 51: 443-502, 2021.
2. Dorrell HF, Moore JM, Smith MF, Gee TI. Validity and reliability of a linear positional transducer across commonly practiced resistance training exercises. J Sports Sci 37(1):67-

73, 2019.

3. McGrath GA, Flanagan EP, O'Donovan P, Collins DJ, Kenny IC. Velocity based training validity of monitoring devices to assess mean concentric velocity in the bench press exercise. J Aust Strength Cond 26(19: 23-30, 2018.

4. Orange ST, Metcalfe JW, Marshall P, Vince RV, Madden L, Liefeith A. Test-retest reliability of a commercial linear position transducer (GymAware PowerTool) to measure velocity and power in the back squat and bench press. J Strength Cond Rec 34(3): 728-737, 2020.

5. Weakly J, Chalkley D, Johnston R, García-Ramos A, Townshend A, Dorrell H, Pearson, M, Morrison M, Cole M. Criterion Validity, and interunit and between-day reliability of the FLEX for measuring barbell velocity during commonly used resistance training exercises. J Strength Cond Res 34(6): 1519-1524, 20201.

6. Hughes L, Peiffer JJ, Scott BR. Reliability and validity of using the Push Band v2.0 to measure repetition velocity in free-weight and smith machine exercises. J Strength Cond Res XX(X): 000-000, 2019.

7. Lake JP, Augustus S, Kieran Austin, Mundy P, McMahon JJ, Comfort P, Haff GG. The validity of the push band 2.0 during vertical jump performance. Sports 6(4):140, 2018.

8. Ståhol DO, Öhrner P. Concurrent validity of an inertial sensor for measuring muscle mechanical properties. Umeå Universitet, 2020.

9. Beckham GK, Layne DK, Kim SB, Martin EA, Perez BG, Adams KJ. Reliability and criterion validity of the Assess2Perform Bar Sensei. Sports 7(11): 230, 2019.

10. Sherwood JJ, Inoue C, Webb SL, O J. Reliability and validity of the sit-to stand as a muscular power measure in older adults. J Aging Phys Act 6:1-12, 2019.

11. Perez-Castilla A, Piepoli A, Delgado-Garcia G, Garrido-Blanca G, and Garcia-Ramos, A. Reliability and concurrent validity of seven commercially available devices for the assessment of movement velocity at different intensities during the bench press. J Strength Cond Res XX(X): 000-000, 2019.

12. Held S,Rappelt L, Deutsch JP, Donath L. Valid and reliable barbell velocity estimation using an inertial measurement unit. Int ,J. Environ. Res. Public Health 18(9170): 2021,

著者略歴━━━━
長谷川 裕 はせがわ・ひろし
龍谷大学教授。スポーツサイエンス、とくにパフォーマンス分析の研究に注力。1956年京都府出身。79年筑波大学体育専門学群卒業。81年広島大学大学院教育学研究科博士課程前期修了。龍谷大学サッカー部部長・監督（88年〜）、ペンシルベニア州立大学客員研究員兼男子サッカーチームコンディショニングコーチ（97〜98年）、名古屋グランパスエイトコンディショニングアドバイザー（2004〜08年）、本田技研工業ラグビー部Honda Heat スポーツサイエンティスト（2008〜2011）。スポーツ科学計測テクノロジー・S&C Corporation代表。著書に『IOC hand book-strength training for athletes-』（John Wiley & Sons）『アスリートとして知っておきたいスポーツ動作と身体のしくみ』『サッカー選手として知っておきたい身体のしくみ・動作・トレーニング』（ともにナツメ社）、訳書に『レジスタンストレーニングのプログラムデザイン』（ブックハウス・エイチディ）『爆発的パワー養成プライオメトリクス』『パフォーマンス向上に役立つサッカー選手の体力測定と評価』（ともに大修館書店）等がある。日本トレーニング指導者協会名誉会長。JATI認定特別上級トレーニング指導者（JATI-SATI）。

VBT トレーニングの効果は「速度」が決める
2021©Hiroshi Hasegawa

| 2021年7月22日 | 第1刷発行 |
| 2022年8月25日 | 第2刷発行 |

著　　　者	長谷川 裕
装　幀　者	山﨑裕実華
発　行　者	藤田 博
発　行　所	株式会社 草思社
	〒160-0022　東京都新宿区新宿1-10-1
	電話　営業 03(4580)7676　編集 03(4580)7680
印　刷　所	中央精版印刷 株式会社
製　本　所	加藤製本 株式会社

ISBN978-4-7942-2527-6　Printed in Japan　検印省略

アスリートのための解剖学

トレーニングの効果を最大化する身体の科学

大山卞圭悟 著

スポーツの現場にフォーカスした機能解剖学の専門家が、部位ごとに「運動時の状態」を詳しく解説。最新のスポーツ科学の知見にもとづくアスリート必読の一冊！

本体 2400 円

良いトレーニング、無駄なトレーニング

科学が教える新常識

アレックス・ハッチンソン 著

児島修 訳

マラソン、筋トレ、ストレッチ……。「常識のウソ」がこんなにあった！ 最新の研究データをもとにトレーニングに関する驚きの情報をわかりやすく紹介する一冊。

本体 1800 円

アスリートは歳を取るほど強くなる

パフォーマンスのピークに関する最新科学

ジェフ・ベルコビッチ 著

船越隆子 訳

アスリートが、加齢を味方につけることで熟年になってなお活躍する秘密に、トレーニング方法、栄養学、心理療法などから迫る。人生100年時代のスポーツ科学！

本体 2000 円

脚・ひれ・翼はなぜ進化したのか

生き物の「動き」と「形」の40億年

マット・ウィルキンソン 著

神奈川夏子 訳

動物は、効率的な移動のため、物理法則に適応して形を進化させてきた。人間の二足歩行から鳥の飛行、魚の泳ぎに細胞のべん毛まで、動きと形の進化に関する最新研究。

本体 2800 円

＊定価は本体価格に消費税を加えた金額です。